信仰与变迁

——卡力岗人的民族志研究

刘夏蓓 著

社会科学文献出版社

SOCIAL SCIENCES ACADEMIC PRESS (CHINA)

谨以此书纪念我的外祖母郭纯茹

100 周年诞辰

目 录

引 言

认同（Identity）研究滥觞于哲学，发展于人类学、社会学、心理学、政治学等诸多学科，在当今世界中，其所显示出来的社会整合力量越来越令人瞩目。民族认同（ethnic identity）是认同研究中的重要组成部分，一直以来，族群认同与民族认同、国家认同（national identity）之间的关系时而整合为一体、时而分裂为对立，不时引发民族运动、国家解体、区域独立及冲突战争等，其对近代以来形成的民族国家及世界格局产生了极大的影响，族群认同研究显示出从未有过的重要意义与需求，也形成了亨廷顿《我们是谁》、哈罗德·伊罗生《群氓之族》、冈－米达尔《美国的抉择》等一批具有广泛影响的重要著作。族群认同已经成为诸多学科无法回避的研究课题。

我国人类学界对族群认同的研究大致可以分为实证与理论两大类。理论研究主要集中在族群的概念、族群与民族概念的比较、认同的含义、认同的建构及其功能与作用等问题上，围绕上述问题形成了不同的理论与观点。近年来，实证研究以族群认同、民族认同的个案研究成果居多，虽然观点各异，但多数研究者深入研究地点，在田野调查的基础上获得一手资料并展开研究，为认同研究议题增加了诸多的中国经验，产出了知识，探索了方法。

本书就是一个关于族群演变与族群认同的个案研究，本书的个案是发生在两百多年前，至今仍在继续的"卡力岗人"的族群演变与文化变迁。个案的性质决定了本研究历时性与共时性相结合的特点。因此，本研究从历史出发，通过文献研究与田野调查获得资料，在此基础上，分析卡力岗人信仰改变与族群认同之间的关系，并从地方与国家、社区与社会的不同角度与语境切入，讨论族群认同建构的一般规律，区分族群与族群认同研究中的社会文化事实与生物事实，反思族群认同理论，从文化、地域（社区 community）、国家三个维度研究族群认同的结构。

本文选取卡力岗地区面积最大、人口最多、最具代表性的德恒隆乡六个村为田野点，它们分别是回族聚居的藏语村①德一村、汉语村纳加村，撒拉族聚居的多语村东加村，藏族聚居的若索村和回藏杂居的团一村、团二村。本文运用人类学的田野工作方法，在参与式观察、访谈及问卷调查的基础上，形成了本研究成果。

本研究的主要结论如下：

（1）在地方语境下，卡力岗人的族群认同建构是一个与信仰演变的互构过程，其主要表现为一个历时过程，即从对藏传佛教组织涣散、社会功能弱化的失望与否定，到对伊斯兰教社会整合、组织社会功能的认可与接纳。在地方空间里，历时近三百年，卡力岗人从信仰佛教的"安多哇"② 演变为信仰伊斯兰教的"哦回"③，成为区别于周边回族与藏族的"藏回"。

（2）在国家语境下，卡力岗人族群认同的建构过程是以国家对藏传佛教及伊斯兰教的政策互为前提的。同样表现为一个历时过程，即自清中期以来，清政府对藏传佛教的持续打击和对伊斯兰教阶段性的"怀柔"，藏传佛教被严格限制发展，在国家层面丧失部分重要权力的同时，也逐渐丧失了民间权力的合法性。反之，伊斯兰教获得了更多的传播空间，这一切为卡力岗人"藏回"身份认同的建构提供了可能。民国至新中国成立，卡

① 指以藏语为主要交际语言的村庄，村民在家中、阿訇讲解经典、村中的节日聚会和其他公共活动时均使用藏语，因此，称为藏语村；反之为汉语村。多语村则指使用藏语、汉语、撒拉语的村庄。

② 安多藏族的自称。

③ 卡力岗人的自称和当地人对他们的称呼。

力岗人一直保持着缓慢的文化变迁。20世纪50年代，政府开展了民族识别工作，在国家层面归置了卡力岗人回族的国家身份，之后实行的民族政策打破了地域界限，将卡力岗人与全国的回族联系在了一起，从国家层面促成了其回族的民族认同，逐步完成了卡力岗人民族认同建构的第二个阶段，卡力岗人从"藏回"演变为回族，从一个"文化共同体"演变为"权利共同体"。

（3）卡力岗人的族群演变是其文化变迁的一部分，其文化变迁梯度验证了韦伯的"价值决定论"，表现为从"精神到制度再到物质"的变迁过程。在精神层面，卡力岗人逐渐接受了伊斯兰教信仰，从而改变了旧有的价值观念，建立了一套新的价值体系。在制度层面，伊斯兰教的门宦制度取代了藏传佛教的政教制度，村庄制替代了原来的部落制。在物质生活层面，其生计方式也从牧业生产为主，转化为以农业为主。在文化层面，伊斯兰教的宗教禁忌形成了新的社会生活禁忌和道德规范。卡力岗人逐渐确立了以伊斯兰教教规为主导的生活方式并"风俗化"，其语言则由藏语演化为藏汉双语或藏、汉、撒拉多语并用，同时，大量的阿拉伯语词汇进入其语言中，作为最具稳定性文化要素之一的语言的变迁目前还尚未最后完成。

（4）卡力岗人的族群认同建构梯度与其文化变迁过程相同，同样表现为"先价值认同后文化认同再制度认同"的过程。在精神文化层面上，首先是对伊斯兰教信仰的认同、对新的价值观念体系认同的建构。其次是对穆斯林社区生活、伊斯兰教传入社会记忆认同的建构。再次是对多语言现状认同的建构；在国家制度层面上，则表现为国家语境下，对回族国民身份认同的建构，在文化自觉基础上的对中华民族一员身份认同的建构。

（5）卡力岗人文化变迁与族群认同建构梯度的主要成因，是伊斯兰教价值观念的决定性作用和国家在场的推动作用。观念对制度的决定作用和制度与观念的互动作用也在该过程中被充分昭示。

（6）卡力岗人的文化变迁、族群演变与族群认同建构模式对于"三多地区"具有普遍意义。本书认为，卡力岗人精神—制度—物质的文化变迁模式在多民族、多元文化、多价值体系的三多地区具有普遍意义；同样，卡力岗人宗教—制度—文化的族群演变层次在三多地区亦具有普遍意义；卡力岗人的价值—文化—国家在场的认同建构梯度与层次也具有一定的普遍意义。

第一章　导论：一类特殊的文化现象

第一节　卡力岗现象

一　何为卡力岗现象

在中国青藏高原与黄土高原交界的青海省海东地区，居住着一支特殊的人群，由于其所居住地区为卡力岗山区，因而被称为卡力岗人。卡力岗山区是由尕加山、尕吾山、路曼山、尕加昂山等诸山组成的一个山系，其隆起于青海省海东地区化隆回族自治县的南面，横亘于黄河北岸，以绵延百里之长、海拔三千四五百米之高而雄踞于青藏高原和黄土高原的交界处，这里也是藏文化与穆斯林文化及汉文化的交汇之处。

从化隆回族自治县府所在地的巴燕镇出发，沿着到阿什奴乡的县级公路西南行18公里便是尕加山，也就到了卡力岗山区的边缘，沿着一条蜿蜒崎岖的乡级公路向山区深处行进，依次经过阿什奴（藏语音译，意为宽广的地方）乡，沙连堡（藏语音译，意为潮湿的地方）乡，最后到达卡力岗山最深处的德恒隆（藏语音译，意为老虎沟）乡，这里据巴燕镇 39 公里。阿什奴、沙连堡、德恒隆合称卡力岗三乡，目前，三乡共有 53 个行政村①，2000 年第五次全国人口普查统计数据显示，三乡合计人口 24616 人，其中，沙连堡乡 6148 人，阿什奴乡 5310 人，德恒隆乡 13158 人。其人口的民族构成依次为回族，占人口的绝大多数，其中阿什奴乡回族占 47%，沙连堡乡回族占 81%，德恒隆乡回族占 82%。其次为藏族，大约 6000 人，然后是撒拉族 1600 多人，还有汉族及其他民族，但人口数目较少，均为近年来迁入者。据 2010 年人口普查数据②，三乡目前共有人口 17686 人，其中沙连堡乡 4106 人，阿什奴乡 3881 人，德恒隆乡 9699 人。据统计，外迁是其人口下降的主要原因。

卡力岗人引起学界关注的原因并非是其民族构成的多元化。由于青海海东地区"民族走廊"的特殊位置，这里"多民族共居一隅、共享同一族称"的人群较为常见，小有万余人的"家西番"③，大有整体具有"藏化倾向"④的青海黄南蒙古族等。卡力岗人的独特之处，在于其人群中约有 2/3 的人是因改奉宗教而发生族群认同（ethnic identity）改变，由藏族逐渐演变为回族，即学界所称的"昔藏今回"现象，亦称之为"卡力岗现象"。⑤

本研究所定义的卡力岗现象，主要是指卡力岗人的族群演变和文化变迁，包含以下两个不同场景的语境和三个不同演变内容，其是本书的主要研究内容。

---

① 引自国家统计局《第五次人口普查乡、镇、街道数据（2000 年）：青海省乡、镇、街道人口》，http：//www. stats. gov. cn/tjsj/ndsj/renkoupucha/2000jiedao/html/J63. htm。

② 引自国务院人口普查办公室《中国 2010 年人口普查分乡、镇、街道资料》，中国统计出版社，2012。

③ 家西番，"假西番"的转音，即"假藏族"。家西番的含义还有一种说法，即"坐家的西番"，是对那部分最早能够修家立业藏族的俗称。家西番自我认同为藏族，以农业为主，经商或兼营少量牲畜，说汉语（青海方言），目前懂藏语的已不多，他们的风俗中，既有汉族的祭祖、祭灶，也有藏传佛教的传统节日。他们祭奠亲人时，与汉族一样烧纸钱。过春节也贴对联、放鞭炮，过程几乎与汉族完全相同。同时，他们又保留着藏族农历十月二十六日纪念宗喀巴逝世念"岗索"经等藏民族的习惯。

④ 这里指文化上的藏化倾向，详见刘夏蓓《安多藏区族际关系与区域文化研究》，民族出版社，2003。

⑤ 卡力岗人因放弃藏传佛教，改奉伊斯兰教，继而发生的文化变迁和族群认同改变，逐渐由藏族演变为回族的文化现象。

首先，在地方语境下，卡力岗现象是指族群认同与信仰演变的"互构"过程，即卡力岗人从对藏传佛教组织涣散、社会功能弱化的失望与否定，到对伊斯兰教社会整合、组织社会生活功能的认可与接纳。历时两百多年，卡力岗人从信仰藏传佛教的"安多哇"演变为信仰伊斯兰教的"哦回"，成为区别于周边回族与藏族的"藏回"。

其次，在国家语境下，卡力岗现象是指族群认同建构与国家认同建构的"互构"过程。即自清中期以来，清政府对藏传佛教的持续打击，对伊斯兰教阶段性的"怀柔"，使藏传佛教被严格限制发展，致其在国家层面丧失部分重要权限的同时，也逐渐丧失了民间权威的合法性。反之，伊斯兰教却获得了发展的空间，穆斯林精英逐渐在民间确立了权威，而怀柔政策又赋予了其传播的合法性。由此，在国家层面，为卡力岗人"藏回"身份认同的建构提供了可能。新中国建立后，开展了民族识别工作，在此基础上实行的少数民族政策又在国家层面归置了卡力岗人回族的国族身份，直接促成了其回族的民族认同，开始并逐步完成了族群演变与民族认同建构的第二个阶段，即促成了卡力岗人从藏回族群认同向回族民族认同的过渡。而该阶段的族群演变与族群认同建构，国家在场！

再次，卡力岗现象还是族群演变与文化变迁的互构过程，其文化变迁梯度验证了韦伯的"价值决定论"，表现为从精神到制度再到物质的文化变迁过程。在精神层面，卡力岗人逐渐接受了伊斯兰教信仰，从而改变了旧有的价值观念，建立了一套新的精神文化体系。在制度层面，伊斯兰教的门宦制度取代了藏传佛教的政教制度，村庄制替代了原来的部落制。在生产方面，其生计方式也从牧业生产为主，转为以农业为主。在文化层面，伊斯兰教的宗教禁忌形成了新的社会生活规则和道德规范。卡力岗人逐渐确立了以伊斯兰教教规为主导的生活方式、风俗习惯，其语言则由藏语演化为藏汉双语或藏、汉、撒拉多语并用，同时，大量的阿拉伯语词汇入其语言之中。[1]

---

① 目前，在卡力岗人中，藏语仍然是其"官方语言"。作为最具稳定性的文化元素，语言的变迁目前还未最后完成，但是，田野调查和其他学者的研究均显示，卡力岗人也仅仅讲藏文却不愿意用藏文书写，"在化隆地区确实也有这样一种说法，即说藏语的回族认为藏文是藏民的东西而不学藏文。"（沈玉萍：《卡力岗现象分析》，《西北第二民族学院学报》2003 年第 4 期。）

综上所述，卡力岗现象包含丰富的内容，其族群认同演变经历了两个阶段。一是地方空间语境下的族群（ethnic groups）认同演变，该过程与其文化变迁交错展开；二是国家在场的民族（nation/nationality）身份的确认，其实质是国家认同、中华民族认同的建构。因此，卡力岗现象对于研究两类认同的建构均具有重要的意义，可以主要归纳为四个内容和三对关系，四个内容指改奉宗教、族属演变、族群认同建构与文化变迁，三对关系则均关涉信仰与变迁，是改奉宗教与族群演变的关系、改奉宗教与族群认同建构的关系、改奉宗教与文化变迁的关系。

卡力岗现象是文化变迁的一种模式，本书认为，卡力岗人从精神到制度再到物质的文化变迁模式，在多民族共存、多元文化并存、多宗教信仰（价值体系）共生的"三多地区"具有典型性；同样，卡力岗人从宗教到制度再到文化的族群演变层次在"三多地区"亦不乏代表性；其从价值到文化再到国家在场的认同建构梯度也具有普遍性。卡力岗现象的实质是两种文化（藏穆）交汇的结果，可以说，哪里有民族杂居，哪里有文化交流，哪里就有可能存在这类现象，从这个意义上来说，卡力岗现象绝非孤案，事实上，爬梳多民族杂居地区，不乏类似的案例，如甘肃甘南藏族自治州的"西道堂"和青海的"蒙回"、云南的"傣回"和四川的"彝回"，更有拉萨的穆斯林及巴基斯坦北部地区的巴尔蒂人①等，因此，可以说卡力岗现象是一种客观存在的文化变迁模式。

发生在两百多年前的"卡力岗现象"至今尚未完全结束，它似族群演变与文化变迁的"活化石"，使我们得以观察到一个由改奉宗教而引发的族群演变与文化变迁现象，观察到信仰与变迁的关系，其异常丰富的内涵和重要的研究价值，使其成为学界关注的热点。

二　卡力岗现象的研究价值

卡力岗现象大约始于清中期的乾隆年间，至今经历了近三百年的时间。从历史的角度看，此阶段的宗教演变似乎并不少见，以我国的西域地区为例，历史上就经历了由改奉萨满教到佛教再到伊斯兰教的变迁过程。

---

① 沈玉萍：《卡力岗现象分析》，《西北第二民族学院学报》2003 年第 4 期。

但是，其与卡力岗人不同的是，这些部落和族群并没有因为改奉宗教而发生族属变化，他们往往由信仰佛教的某一民族，演变为信仰伊斯兰教的某一民族，虽然改奉宗教但是完好地保留着自己原有的族群属性和族群认同。如维吾尔、哈萨克、柯尔克孜等。而卡力岗人却因改奉宗教而引发了族属演变，随着伊斯兰教被接纳，其形成一个既有别于"母族"，又不同于周边"他族"的特殊文化共同体，这对于研究信仰与变迁的关系，研究改奉宗教与族群演变、改奉宗教与族群认同、改奉宗教与族群文化变迁之间的关系具有重要的价值。

曾经有学者质疑卡力岗现象的真实性，提出了"迁入说"① 等观点。但是，爬梳历史文献、民族学资料及田野调查所获，均显示"迁入说"缺乏有力的支持，由周边迁入的只是少量村民。反之，却支持了"族群演变说"。新中国成立后，在政府民族识别和民族政策的推动下，卡力岗人逐渐建构起了回族的民族认同、国家认同和中华民族认同，完成了其族群认同演变的第二个阶段，从文化共同体过渡为权利共同体。该阶段的族群认同建构，为我们提供了研究族群认同与民族认同、国家认同之间关系的微观视角，这是其重要的研究价值之二。

卡力岗现象还是我们目前能够观察到的"改奉宗教与族群演变和族群认同建构"的完整的典型案例，其既具有多元文化互动下的族群认同的自然变迁阶段，也有民族国家建构族群认同的完整过程。正因为如此，卡力岗人的个案才引起学界持续关注，一般意义的文化融合都无法与其比拟。

卡力岗人族群认同演变的研究价值还不仅仅如此。目前，还有 4000 多"卡力岗藏族"没有改奉伊斯兰教，他们的祖上与演变为回族的卡力岗人同为一个部族，如今亦同居一隅② ，却完好地传承着藏族的信仰与族群认

---

① 有学者认为，卡力岗人是周边的回族迁入该地区与当地人融合而形成的。历史资料显示，卡力岗人中，确有从周边迁入的回族，但人数极少。调查得知，卡力岗最大的德恒隆乡，其 55 个自然村中，只有两个村是母语为汉语的回族村，其村民是从周边迁入的回族，一个是纳加村，有 66 户人家，另一个是有 116 户的安措，两个村加起来也只有 182 户，仅占德恒隆乡 2541 户的 7.1%。排除杂居或者不能确定是否迁入等因素，迁入的回族也会大于 8%。可见，迁入的回族在卡力岗人中只占极少数，调查结果并不支持"外迁说"。

② 目前这部分藏族大部分聚居在德恒隆乡的若索、哇西、西后加、加家四个藏族村中，另有少部分与回族杂居在团一、团二两个村中。

同。这两部分卡力岗人共同经历着文化变迁，而历史的列车却驶向不同方向，是什么力量改变了历史发展方向？这部分卡力岗人是解开这一谜底的不能或缺的对照样本，这使我们今天除了用历史人类学的方法研究这一现象之外，还可以借助"卡力岗藏族"开展实证性的比较研究，从而，使我们能够准确地把握其独特的文化变迁梯度和认同防御层次，可以让我们在普遍意义上，用人类学田野工作的方法来观察这一特殊的文化现象，来探究族群认同的建构条件，分析族群演变的过程与原因。可以说，卡力岗文化现象的完整性，使其成为人类学难得的研究案例，这是其研究价值之三。

调查显示，目前，卡力岗人中的绝大多数仍然在使用自己的母语[①]，即藏语的安多方言。语言作为最具稳定性的文化要素在卡力岗文化变迁中完整地体现了出来。我们观察到，在社会交往和社会流动中占据主位的卡力岗男性，目前的双语使用率较高，这固然有国家推行义务教育的作用，但是，年龄组统计显示，低龄男性的藏汉双语比例与高龄男性的双语比例的差别并没有想象得那样巨大，而高龄男性村干部（包括曾经的村干部）的双语比例却明显高于普通高龄男性村民。也就是说，卡力岗男性第二语言的能力并不都是来自学校教育，而是文化变迁的一部分。语言的研究是其研究价值之四。

可以说，我们有幸正在"目睹"一幕族群演变与文化变迁历史剧的"尾声"，这对于人类学研究而言是何等的幸运与弥足珍贵，其研究价值无需再述。

卡力岗人为什么会选择伊斯兰教而放弃藏传佛教？这一选择为什么会

---

① 语言人类学研究显示，一个社会的男女语言使用的差异现象，是由社会分工和社会化程度决定的。由于历史性的分工模式及所造成的社会化程度的差异，女性往往比男性保留更多的传统文化元素，如服饰、语言等，由于语言的交际功能决定了其使用者的交际范围和使用的种类与水平，因此，在男权社会，受社会交往需要的影响，能够使用多语言的人群往往首先是男性，而女性往往是本族语言的最后使用者。本调查显示卡力岗人中60岁以上男性村干部的双语与三语使用率明显高于一般男性。由此，笔者认为，绝大多数女性只能使用藏语的村庄，该村庄人群的母语就是藏语，这些村庄原为藏族村寨部落，因"随教"而逐渐演变成为回族的聚居地，而绝大多数女性使用汉语的村庄则是迁入卡力岗地区的、母语为汉语的回族，其中，有一部分是汉族，同样是因"随教"而演变为回族的。

导致族群认同的改变？其结论是否能够指向认同建构的谜团？是什么使一个群体自我认定为所归属的类别？国家在场对于民族身份的建构有着怎样的意义？国家语境与地方语境之间又是怎样的一种关系？在卡力岗这样的多民族聚集、多元文化共存、多种宗教信仰共生的"三多地区"，这种族群演变及认同建构模式是否具有普遍意义？这些问题本身的"学术级别"就使卡力岗现象研究具备了非同一般的重要意义。

第二节　解释此类特殊现象的主要理论与路径

从皈信伊斯兰教到社会文化的改变，从"安多哇"到"哦回"族群认同的演变，从地域性的族群认同到国家层面制度化的民族认同建构，是卡力岗现象的三个曲部。这一特殊的文化现象从外在变化来看，是信仰改变引起了族群演变，而内在实质却是改奉宗教所造成的观念上的根本性变化在社会、文化、制度上的体现，是一系列自我认同与他认同的建构与再建构过程；更深远的理论关怀则是观念与制度的关系、族群性与族群认同的关系、社会变迁与变迁动力的关系问题，其中还贯穿着族群与民族、政治与民族认同、宗教与社会等诸多的问题。爬梳以往揭示此类特殊现象的基础理论、观点与成果，是本研究的起步与开始。

一　族群理论

族群认同研究无法回避对族群概念的认识与讨论，何为族群不仅是本研究对象的界定问题，也是一个具有重要意义的基础理论问题。本研究的起步就关涉了族群概念的辨析与讨论。

（一）族群概念的形成、语境与背景

族群一词，形成于西方，其在英语国家出现的并不算早，大致以20世纪50年代为界线，之前，更多地使用 race（种族）、people（人）、tribe（部落）来区分人口和指代不同人群，20世纪50年代以后，ethnic groups（族群）逐渐替代 races（种族）一词，成为指代人群的主要词汇，究其原因，一是因为受到了民权运动和反种族歧视的影响，二是社会精英的推动作用。

20 世纪 50 年代至 60 年代中期，美国爆发了黑人争取政治经济和社会平等权利的大规模民权运动，他们反对种族歧视和种族隔离。在民众的巨大压力下，美国国会于 1964 年通过《公民权利法案》，1965 年通过《选举权利法》，正式以立法形式结束了美国黑人受到的不公正待遇，结束了在选举和各种公共设施使用方面的种族歧视和种族隔离制度。在民权运动和种族平等观念的推动下，反对种族歧视的社会思潮逐渐成为社会主流价值观念。1950 年，由著名人类学家列维·斯特劳斯（Claude Lévi – Strauss）、英国生物进化论学家朱利安·赫胥黎（Julian Huxley）、瑞典经济学家古纳尔·迈尔达（Gunnar Mydral）等世界著名学者共同签署了"种族问题"报告，该报告指出"各种国家的、宗教的、地域的、语言的和文化的群体并非必然与种族群体相一致；这些群体的文化特征并没有显示与种族特征有遗传基因的联系。当'种族'被运用于流行用语时，通常都会犯上述类似的严重错误，因此，这些宗教建议当说及人种（human races）时最好完全不用'种族'（race）一词，而用'族群'（ethnic groups）"。① 这份形成于 1950 年的联合国教科文组织发表的，由众多世界著名学者共同签署的报告，将 ethnie 作为 race 的对立面提出，强调了族群的文化性、社会性、历史性和建构性，意欲消除 race 生物血缘在族群概念中的地位和造成的混乱，从 20 世纪 60 年代之后，"ethnic group"逐渐成为欧美社会人文学科的流行术语。②

据翁乃群教授考证，从语言学的角度来看，"15 世纪前英文中的'ethnic'，是源自于希腊语形容词'ethnikos'，即意义为'异族的'（gentile）、'异国的'（foreign）。而希腊文形容词'ethnikos'则是源自于希腊文名词'ethnos'（人民、国民、异国人）。在翻译《希伯来圣经》时，希腊文'ethnos'又被用作为希伯来文'gōyīm'，即'gentile'（非犹太人）的译文……1728 年之后，虽然其形容词形式'ethnic'仍被使用，但其被赋予的'gentile'（非犹太人），以及相关联'heathen'（异教徒、未

---

① 翁乃群：《国家和地方语境下的族群认同》，《中国研究》2009 年春季卷，社会科学文献出版社，2010。

② http://en.wikipedia.org/wiki/Ethnic_group；A. Metraux（1950），"United Nations Economic and Security Council Statement by Experts on Problems of Race"，in *American Anthropologist* 53（1）：142 – 145.

开化的人）意义的英文名词形式‘ethnics’则基本消失了。或许是因为其形容词意义的不断扩延，在 1945 年，其名词意义以‘ethnic group’的形式重新出现，并延续至今。”① 由此看来，ethnic 一词本身就有边缘的、非主流的文化含义。② 术语流行的结果之一就是外延的扩大而引起概念的庞杂和混乱，而当族群一词在 20 世纪 60 年代以后逐渐成为流行术语后，其所具有的文化情境的“原罪”，更加导致了这一混乱的加剧。虽然，看起来“种族问题”报告似乎解决了这一概念的使用问题，但事实上，随着使用学科与领域范围的扩大，对族群概念的争议也才刚刚开始，并伴随着族群认同、族群边界、族群身份、民族、民族国家、民族认同、国家认同、国家意志、社会实践等词汇的使用及研究分歧而日益加剧。

（二）西方定义族群的方法取向与多元化发展

爬梳西方定义族群的方法取向与视角，大致可以分为主观、客观与综合三大类，主要有文化论、原生论、场景论、边界论、想象论与象征论等，另有一些观点则兼具综合特征。无论是上述何种定义方法取向均呈现出日益多元化的发展趋势，而主观视角的定义取向多元化则更加突出。

主观定义族群的方法取向中最广为人知的是场景论，也称工具论。其主要观点是认为族群在本质上就是一种被建构起来的共同体，而建构的力量来自于生存策略、利益、国家等外部力量和不同场景。人类学家罗奈尔德·科恩（Ronald Cohen）是该观点的主要代表人物。科恩认为，当下社会科学研究者对族群的识别往往反映的是错误标识而不是土著的本相。“族性/族群特点”（ethnicity）是构造一系列“包括”和“排他”的二分法。族群性在边界要求上可以根据政治动员的需要或窄或宽。

人类学家琼·文森（Joan Vincent）也同样指出，族群界线是被构建的，也是常常变化的。③

---

① 翁乃群：《国家和地方语境下的族群认同》，《中国研究》2009 年春季卷，社会科学文献出版社，2010。
② 范可：《中西文语境的“族群”与“民族”》，《广西民族大学学报》（哲学社会科学版）2003 年第 4 期。
③ Cohen, Ronald (1978), "Ethnicity: Problem and Focus in Anthropology", in Bernad Siegel, Alan Beals and Stephen Tyler (eds.), *Annual Review of Anthropology* 7, Palo Alto: Annual Reviews Inc.

著名社会学家马克斯·韦伯（Max Weber）从社会学的视角出发，将族群视为与阶级、地位、政党相对的一个概念。在他看来，族群是那些因体质类型，或习俗，或两者的相似性，或因殖民或移民的记忆，而对共同的血统享有主观信仰的人群。从韦伯的这个定义可以看出，首先，他将族群与生物学意义的种族区分开来，认为构成族群的并非是生物差异，而是自身与他人对这些特征的主观感受。其次，他强调了拥有共同的记忆，即主观信仰这些共同记忆对于族群的决定意义。可见，韦伯认为，ethnic "与其是否存在客观的血缘关系毫无相干"①，而是强调了所谓一致性的主观建构性。

近年来，定义族群的方法取向中"边界论"成为最具影响力的观点，其创始人是著名挪威人类学家 F. 巴斯（Fredrik Barth）。1969 年，巴斯出版了他的名著《族群与边界》（*Ethnic Groups and Boundaries*）②，首次明确提出了族群的边界问题，他以族群的结构差异和由此产生的族群边界来阐释族群现象，将"边界"作为划定族群的标志，将族群的排他性和归属性特征作为界定族群的标识，由此，形成了"族群边界"理论。族群边界理论的主要观点包括，文化特征只是族群用来界定和稳定边界的工具和手段；族群是由其本身组成成员认定的范畴，造成族群最主要的是边界，而不是语言、文化血缘等内涵；一个族群的边界不一定是地理的边界，而主要是"社会边界"；族群的边界不是固定的，其具有很强的流动特性，族群不是一成不变的；族群依"根"而定，范围可大可小，"根"可以是语言，可以是姓氏，可以是人种，可以是肤色，可以是宗教，可以是职业，可以是趣点；随着"根"意识的不同，族群关系会复杂化，族群边界会模糊化、不确定化，也由此组成不同的族群、不同的关系；同一个人可以分属不同族群，同一族群可以与其他族群相合、相对，从而形成族群间的复杂互动关系；族群边界的特性是绝对模糊，相对清晰。我国台湾学者王明

① http://en.wikipedia.org/wiki/Ethnic_group; Max Weber（1922），*Economy and Society*, Vol. 1, eds. by Guenther Roth and Claus Wittich, trans. by Ephraim Fischof, Berkeley: University of California Press: 389.

② Barth, Fredrik（1969），*Ethnic Groups and Boundaries: The Social Organization of Culture Difference*, Boston: Little, Brown and Company.

珂对巴斯的族群边界论述有一个形象的比喻:当我们在一张纸上画一个图形时,事实上是它的"边缘"让它看来像个图形。由此,巴斯开创了族群理论的新视角。①

"边界论"不强调族群和族群关系的分类,而是关注和探讨族群得以产生和存在的过程,其重点在族群边界及其保持,因其所强调的边界具有客观性质,因此,有学者认为其兼具了主客观定义族群方法的双重取向,在定义族群的方法取向上具有特殊意义。

边界理论一经提出就引起了各国学界的讨论,我国民族学、人类学界同样十分关注,一些学者对该理论著作进行了译介并运用其展开研究,其中,台湾学者王明珂教授运用该理论对中国汉族边界的研究最具代表性,其发表的《华夏边缘——历史记忆与族群认同》《羌在汉藏之间——一个华夏边缘的历史人类学研究》② 等著作,在我国学界引起了极大的反响。

20 世纪 60~80 年代,族群理论在西方得到了进一步的发展,兴起了"想象论""象征论"等新观点,其是对族群定义反思的结果,将主观视角定义族群的取向推向了极致,并且与民族概念联系在了一起,重点强调了民族的建构性。正如巴斯所言,随着人们对族群概念的使用和民族志研究的发现,族群的建构不仅与族群认同相关,也与民族及民族国家(nation/nationality)、民族认同、认同建构的"国家在场"等有着密切的关系。

与"边界论"相比,"想象论"主要强调了族群和民族之间的共性,即政治性、市民(或公民)性。其主要代表人物有:厄内斯特·盖尔纳、约翰·布鲁伊利、艾利·凯杜里、安东尼·吉登斯、本尼迪克特·安德森、埃里克·霍布斯鲍姆、布拉克特·威廉斯等。美国康奈尔大学著名教授、世界著名政治学家、东南亚地区研究专家本尼迪克特·安德森,是想象论的重要代表人物。他先后就民族与民族主义等撰文,包括《比较的幽灵:民族主义、东南亚与全球》及研究民族主义的经典著作《想象的共同

---

① Barth, Fredrik (1998), "Preface 1998", in Fredrik Barth (ed.), *Ethnic Groups and Boundaries: The Social Organization of Culture Difference*, Waveland Press, Inc.: 5-7. 引自 〔挪〕弗里德里克·巴斯《族群与边界》,高崇译、周大鸣校,《广西大学学院学报》(哲学社会科学版) 1999 年第 1 期。

② 王明珂:《羌在汉藏之间——一个华夏边缘的历史人类学研究》,台湾联经出版事业有限公司,2003。

体——民族主义的起源与散布》，2007 年，他又创作了《旅行与交通：论〈想象的共同体〉的地理传记》，其观点在学界引起了巨大的反响。1983 年《想象的共同体——民族主义的起源与散布》一书一经发表，很快热销，该书独辟蹊径的研究视角使其成为当代研究民族与民族主义的经典著作，影响所及几乎横跨所有人文与社会学科，被奉为理解人类社会诸多现象不可或缺的指引。在书中，安德森将民族、民族属性与民族主义视为一种"特殊的文化的人造物"，认为其实质是一种现代的想象形式，是一种政治与文化的构建物。他将民族定义为"一种想象的政治共同体"，对民族做如下的界定："它是一种想象的政治共同体……族群并非共同记忆的基础和前提，相反，是因为有了这些被选择被建构的历史记忆，才有了所谓的民族、族群和社会……事实上，所有比成员之间有着面对面接触的原始村落更大（或许就连这种村落也包括在内）的一切共同体都是想象的……这些'想象的共同体'的形成主要取决于宗教信仰的领土化、古典王朝家族的衰微、时间观念的改变、资本主义与印刷术之间的交互作用、国家方言的发展等。"① 通过比较史和历史社会学的方法，安德森对民族主义的起源与散布进行了论证，他否定了学界大多数学者所认同的民族主义起源于欧洲的观点，认为 18 世纪末 19 世纪初的南北美洲殖民地独立运动才是民族主义的"第一波"，由此，民族主义经由美洲而散播至欧洲、亚洲、非洲和全世界的各个角落。安德森百科全书式的欧洲史素养与当代东南亚研究权威的学术背景，以及他对东西方多种语言的能力，使他的民族是一个"想象的共同体"的大胆论证得到了多数学者的重视并对其展开讨论。当然，也有学者认为他将主观视角的民族定义推向了极致，难免有偏颇之嫌。

　　20 世纪 80 年代，在想象论的基础上，兴起了"象征论"。该理论主要借鉴了想象论的观点，并在此基础上对族群的符号性和历史性做出了进一步的阐释。象征论的代表人物有：休塞顿－沃森、约翰·哈金森、约翰·阿姆斯特朗、安东尼·史密斯和阿德里安·哈斯廷斯等。其中最主要的代

---

① 〔美〕本尼迪克特·安德森：《想象的共同体——民族主义的起源与散布》，上海人民出版社，2003，第 54 页。

表人物为安东尼·史密斯。安东尼·史密斯认为,神话、记忆、价值和象征符号等"神话—符号丛"是族群产生的必要条件,没有神话和记忆就没有认同,没有认同也就不存在族群。"族群是民族形成的基础。"① 族群的神话、记忆和象征符号无论在哪个时代都是稳定的、保持不变的,是一种"深层次"的体系和规范。"'神话—符号丛'能够附着于各种不同的原有或外来文化特征上,是保持和维护族群内在稳定性和凝聚力的核心工具"。② 除此之外,专门研究民族主义和国际关系的布拉克特·威廉斯也指出,无论是原生论还是场景论,都只看到了族群是在利益和竞争中所产生的组织和群体,但都忽略了竞争中的不对称权力关系,为了民族构建的需要,人们往往利用民族主义对主流族群的同质性加以放大和强化,使其成为立国的根基,从这个意义上来讲,族群是在民族建构过程中被生产出来的,是工业社会发展的需要。著名的英国社会学家安东尼·吉登斯就指出,民族和民族主义均是现代国家的特有属性,而人类社会可以划分为传统国家、绝对主义国家和民族—国家,而民族属于后者所有的。

由此可见,"欧美多数学者认为是现代国家构建了民族……民族认同在很大程度上是政府政策的结果,即政府通过对已有的国家进行统一,以及现代化建立现代民族国家。"③

需要指出的是,学界对此也有不同看法,在一些民族主义者看来,"民族"先于"(现代)国家"出现,不是国家建构了民族,而是民族构建了(现代)国家。

综上所述,族群建构论将"民族""民族主义"与17世纪现代国家制度联系在一起,认为其是资本主义国家制度的产物。"民族"的建构是与现代国家的建立紧密相连的,是与国家地域边界的建构相关联的,19世纪的现代国家往往是通过声称代表"民族"以证明其政治合法性的。目前,建构论已经成为当下族群理论的主要话语。

---

① 叶江:《当代西方的两种民族理论——兼评安东尼·史密斯的民族(nation)理论》,《中国社会科学》2002年第1期。

② 孙菲:《试析20世纪西方族群认同理论在中国民族研究领域的运用》,延边大学硕士论文,2013年5月。

③ 翁乃群:《国家和地方语境下的族群认同》,《中国研究》2009年春季卷,社会科学文献出版社,2010。

然而，回溯 20 世纪 60 年代，客观视角的族群定义曾经是人们普遍认同的方法取向，其观点主要包括"文化论""原生论"等，其中"文化论"最具影响力。"文化论"又称"特征论"，顾名思义，是以文化的"显性特征"来定义族群的，语言、服饰、宗教信仰、节日、风俗习惯等均被作为判断族群的标准，认为族群的本质在于其"客观的"文化特征。美国人类学家纳罗尔是文化论的主要代表人物之一。他在《论族群单位的分类》[①] 中提出，族群的定义包含有四个方面的内容：生物层面上的自我延续、文化形式上的一致性和可识别性、地域上的共享性、身份上的自我认定或被他人认定。他还倡议建立一个以语言、服饰、宗教、习俗等"客观的文化特征"来定义的"新的文化单位"——族群单位对人群进行分类。

客观定义族群方法取向的又一重要流派是"原生论"，其形成于 19 世纪中后期。"原生"指族群的自然原生属性、历史原生性等。原生论认为，族群具有"自然属性"，通过语言、宗教等非理性的原生性自然纽带获得内聚外斥的力量，是亲属制度的延伸，是以天赋情感为联系纽带的，而这种根基性的情感来自于亲属传承的既定资赋。[②] 原生论的主要代表人物有美国人类学家克利福德·格尔兹、范·登·伯格、查里斯·凯思和菲什曼等。他们的共同之处是认为族群的原生情感是自然的、非理性的，它起源于精神上的同源关系，而不是社会中的族群互动。其中范·登·伯格则明确提出，族群是一种根植于人类基因中的生物学理性的外化形式，是由人类的基因决定的。其从生物进化论的角度将民族的起源归结为生物特性，使族群研究从文化领域倒退回生物学领域，其片面性和极端性显而易见，遭到了众多的质疑与批判，被大多数学者所否定。

无论是族群的"客观特征论"还是"主观建构论"，都有其自身的合理性和所强调的重点。前者描述了族群整体的外在显性特征，后者则侧重于关注族群成员主观个体的认同。两者都无法全面、系统地定义和理解族群的真正含义，而将两种取向综合起来界定族群，这成为近年来更多学者

---

① Naroli, Raoul, "On Ethnic Unit Classification", *Current Anthropology*, 1964（4）: 283 – 291, Comments 306 – 312.

② 纳日碧力戈：《现代背景下的族群建构》，云南教育出版社，2000，第 45 页。

认同的一种方法取向，我们暂且将其称为"综合论"。《哈佛美国族群百科全书》给族群所下的定义就是综合论的典型代表。该书将族群视为"一个有一定规模的群体，其意识到自己或被意识到与周遭他者不同，并且有一定的特征以与其他族群相区别。这些特征有共同的地理来源，迁移情况，种族，语言或方言，宗教信仰，超越亲属邻里和社区界限联系的共有的传统、价值和象征，文字、民间创作和音乐，饮食习惯，居住和职业模式，对群体内外不同的感觉"。①

综上所述，族群一词起源于西方且具有特定的文化语境，20 世纪中期，在民权运动和社会精英的推动下，其逐渐取代了种族而成为指代人群的用语，也成为一个颇具争议的学术概念。从定义族群的方法取向来看，主要包括三种倾向，即主观的、客观的与综合的。从定义的内容上来看，则无论是哪一种方法取向，均有自己的逻辑，也具一定的合理性，相信随着民族志经验研究成果的积累与扩大，学界对族群的认识会更加全面、系统与深入。

（三） 族群概念的传入与我国定义族群的方法取向

20 世纪 80 年代后期，随着我国的改革开放及其与国内外学术交流的加强，中国的学术界开始接触到西方的族群理论与相关研究成果，"族群"（ethnic group）概念也随着港台学者的著作被介绍过来并很快被接纳与使用。广西民族大学徐杰舜教授认为，"族群"概念及其相关理论被中国学术界所接受，是缘于学者们对中国"民族研究的反思、海外学者的大力引介和青年学者的介绍与传播"。② 由于族群一词源自西方，中西语境不同，学科视角不同，加之翻译问题，族群一词一经传入，就成为中国学界诸多学科关注与争论的问题，也是我国学界分歧最大、争议最多的概念之一，对于族群一词的使用更是乱象丛生，可谓让人莫衷一是。

从 20 世纪 90 年代末至今，我国大陆人类学、民族学界的郝时远、翁乃群、纳日碧力戈、范可、周大鸣、徐杰舜、菅志翔、兰林友以及台湾学界的乔健、王明珂等一批学者，曾先后就此概念进行了多次撰文讨论。从

① 周大鸣:《论族群与族群关系》,《广西民族大学学报》(哲学社会科学版) 2001 年第 12 期。
② 海路、徐杰舜:《中国族群研究:缘起、成就及问题》,《广西民族研究》2011 年第 1 期。

讨论的内容来看，与西方一样，我国学界定义族群方法的取向也大致涵盖了西方族群定义的三种取向。具体如下。

首先，是族群的"主观建构"视角，又称"主观情感模式"。该模式不仅是目前西方学界定义族群的主流话语，在我国也同样得到越来越多学者的赞同。主观建构视角强调了族群的建构性，也是"族群建构论"在定义族群方法上的体现。与西方学界相同，我国学者提出了"主观相信"对于族群的决定意义。中国社会科学院翁乃群教授在《国家和地方语境下的族群认同》中的阐述就体现了这一方法取向，他指出，"族群指的是有主体性认同的社会群体，他们认为相互之间有着共同的祖先和血缘谱系，有着共同的历史，操共同语言、遵行共同文化和习俗、或信仰共同宗教，以及有着相同行为和生物特质。他们也可以被其他族群视为具有共同语言、共同文化习俗和宗教信仰，以及行为和生物特质的群体。"① 翁教授强调所谓族群共同的"东西"，并非原生，而是被自己和他人主观认为如此，主观建构是其所有共同性的基础。中央民族大学的潘蛟教授也指出，族群并非是一种根本差别为文化的人类共同体，如果是，则会随着现代社会的发展、地域隔绝的消除而消解，但正好相反的事实证明，族群是被建构的。

上文提到的台湾学者王明珂教授的《华夏边缘——历史记忆与族群认同》一书也强调了这一点，王教授认为，文献记载可被看作历史记忆，而历史记忆中所表达的"我群"与"他群"边缘分野及其变迁，具有建构特性。他认为我国古代北方族群"非我族类"概念的确立，是基于所谓的"华夏边缘"而确定的，华夏边缘则表现为：重视畜牧、不重农业、不定居并有武力倾向的混合经济人群，即为"异族"。由此，"华夏"也自认为是定居的，以农业经营为目标的，并且爱好和平的人群。他列举了大量例子来说明人们是寻找失落的华夏祖先后裔，而非接受一个不同于自己的华夏祖先，华夏化及相应的华夏边缘的扩张造成了华夏边缘的不断流动。"近代华夏边缘的再造，则是在资本主义国家列强的全球边缘空间再造的结果。而近代中国国族擎造之始，便将传统华夏与其边缘的部族聚为一整

---

① http://en.wikipedia.org/wiki/Ethnic_group.

体国族。"① 他同时还强调了族群的互动与族群建构的关系，即"族群"并不是单独存在的，它存在于与其他族群的互动关系中。没有"异族意识"就没有"本族意识"，没有"族群边缘"就没有"族群核心"。②

上述对族群界定的方法取向被称为"主观建构"倾向，该方法取向也是目前西方学界定义族群的主要学术倾向之一。③

同样，回溯 20 世纪 80 年代之前，我国学界定义族群的主要标准是"客观属性"，更多的学者是用族群的"原生特殊性"来定义与区别族群，他们认为是族群的"文化独特性"与"原生性"决定了"我是谁"的问题，即强调"客观属性"对族群界定的价值。他们认为族群是因族源、地域、语言、服饰、信仰及行为模式的差异而形成"我群"与"他群"之分的。20 世纪 50~60 年代，我国开展的民族识别工作所遵循的"斯大林的民族定义"④ 就是这一取向的典型代表，曾经得到了我国学界的广泛认同。台湾人类学家乔健先生也据此给族群做了如下定义⑤，族群包括以下四个特征，缺一不可：一是具有最大的生物学意义的（即有一定的人口基数）自我持续性；二是分配基本的文化价值，认识文化形式（文化模式）的明显统一；三是开辟一个交际和相互作用的场地（共同的地域）；四是有认同它自身的成员，而且也被其他人所承认。

综上所述，这种客观定义族群的"客观属性"视角，也是较早时期广泛见之于西方社会科学经典的方法取向，如上文梳理的西方定义族群的文化论、原生论等，虽然随着时间的推移受到了诸多的诟病与解构，但是在我国，其生命力至今仍不可小觑，可以说，其依然是我国民族学界的主流

---

① 王明珂：《华夏边缘——历史记忆与族群认同》，社会科学文献出版社，2006。
② 王明珂：《华夏边缘——历史记忆与族群认同》，社会科学文献出版社，2006。
③ 范可：《中西文语境的"族群"与"民族"》，《广西民族大学学报（哲学社会科学版）》2003 年第 4 期。
④ 斯大林在 1912 年底 1913 年初发表了《马克思主义和民族问题》，其中首次提出了他对民族的定义。1929 年，他发表了《民族问题和列宁主义》一文，文章重申了该定义。"民族是什么？民族首先是一个共同体，是由人们组成的确定的共同体。"他认为民族这个共同体既不是种族的，也不是部落的。民族是人们在历史上形成的一个有共同语言、共同地域、共同经济生活以及表现于共同文化上的共同心理素质的稳定的共同体（引自《斯大林全集》第二卷，人民出版社，1953，第 291 页）。
⑤ 乔健：《族群关系和文化咨询》，《社会文化人类学讲演集》，天津人民出版社，1997。

话语①，这也是 20 世纪 90 年代末至今中国学界对族群概念争议不断的主要原因之一。

随着我国学界对不同族群研究的深入，随着更多研究案例的累积，与西方学界一样，目前有相当一部分的中国学者认为族群既有建构的特点，也有原生的特征，他们从微观出发，从经验研究出发定义族群，其方法取向兼具了"原生"与"建构"的双重特点。② 但总的来看，上述两种视角的族群理论仍然是主流话语。

对民族概念的辨析以及族群与民族关系的讨论也是目前中国学界的热门话题，其中对中西方话语中民族概念的讨论最多。翁乃群教授在《国家和地方语境下的族群认同》一文中，就分别从国家语境、地方语境和一般语境三个层面梳理和论证了我国学界的族群与民族定义，并在此基础上展开比较。他指出，我国的族群概念与西方的概念并不完全对应，在国家语境和地方语境下有着广义与狭义之分，"就广义来说，它既包括国家语境下的'民族'，也包括地方语境下的具有主体性认同意义的'社会文化共同体'。从'狭义'来说，'族群'是指在地方语境下具有主体性认同的'文化共同体'。"③ 广义则指国家（nation/nationality），由此，他提出我国 20 世纪 50 年代实行的"民族识别"就把并非具有 nation/nationality 特性的 ethnic 划分成了民族（nation/nationality）。"很显然，绝大多数被认定的中国少数民族并未进入到这一社会发展阶段，至少在民族识别之前这些族群还尚未进入到'民族'的社会发展阶段。即绝大多数中国少数民族在'民族识别'之前，还未形成具有政治意义的民族（nation）……其'政治性'意义的差异绝大多数是在地方语境下的，而不是国家语境下的。"④

综上所述，我国的族群概念界定已经由文化特征的"客观化"向族群文化特征建构的"主观化"过渡。从"原生论"到"建构论"，共同丰富

---

① 纳日碧力戈：《现代背景下的族群建构》，云南教育出版社，2000，第 45 页。

② 参见广西民族大学周建新教授对客家人的研究，兰州大学黄少华博士对虚拟空间的中国穆斯林的族群认同研究等。

③ 翁乃群：《国家和地方语境下的族群认同》，《中国研究》2009 年春季卷，社会科学文献出版社，2010。

④ 翁乃群：《国家和地方语境下的族群认同》，《中国研究》2009 年春季卷，社会科学文献出版社，2010。

了族群与民族概念的探索与讨论，构成了一个特殊的中国文化的知识产出，贡献了一个不同文化的视角，它从一个侧面显示了语言、语境的重要意义，为语言人类学的研究提供了一个很好的研究案例。

本文上述梳理可谓挂一漏万，鉴于族群与民族概念的复杂性与使用的混乱性，本文重点梳理了人类学研究领域影响最为广泛的观点，相信一些具有一定影响的观点并未纳入上述梳理之中，而上述爬梳，也仅限于定义族群与民族概念的方法倾向，族群、民族概念纷繁复杂的内容及其细微差异并不在本文的爬梳之内，已经有很多学者非常细致地做了这方面的工作，并已著书立说，本书不再赘述。

二 认同与民族认同理论

（一） 认同界定

"认同"（identity）是学界又一个复杂、意义含糊，却无法回避的学术概念，根据菲利普·格里森的研究，identity 一词来自于拉丁文 idem，原意为"相同"或"同一"（the same），16 世纪在英语中出现，起初主要用于代数和逻辑学。从洛克时代开始，identity 才与哲学中的认识主体问题发生关联。20 世纪 50 年代，急剧的社会变迁使很多人都面临着认同和身份确定的问题，identity 成为社会科学中一个流行的词语，也是一个无处不在的社会文化现象。

随着认同概念的普及，其内涵的不确定性迅速增加，特别是"认同"与认识主体密切相关，这使其更具有了主观多元性，以至于见仁见智，众说纷纭。大体来看，各个学科有自己的视角和不同观点。在社会学领域，identity 主要描述一种特殊的集体现象，包含群体特性和群体意识两个层面，一是指代一个群体的成员具有重要的乃至根本的同一性，即群体特性；二是指群体成员的一致性，即共同的情感意识和集体行动。

在政治学领域，identity 是一个不同于"物质利益"的分析概念，学者们用它来解释政治行为的非工具性（non‑instrumental），强调身份和集体认同对个人行为的深刻影响。

心理学则侧重对认同心理层面的研究，认为"认同"是人类的基本特性之一，是某种深刻的、基础的、持久的或根本的东西，以区别于"自我"表面的、偶然的、易变的内容和表征。

在人类学研究中，"认同"被当作"原因"或者"动力"用来解释群体特性、感情、行为及社会文化现象。

随着学界对其研究的深入，认同研究也在专门化，主要有社会认同、身份认同、自我与他认同、民族认同、国家认同等研究领域，而不同研究对认同的界定也不同。

一般认为，identity 具有主观建构性。美国学者塞缪尔·亨廷顿（Samuel P. Huntington）在其著作《我们是谁》一书中指出，在绝大多数情况下，identity 都是构建起来的概念。它首先"是一个人或一个群体的自我认识，它是自我意识的产物：我或我们有什么特别的素质而使得我不同于你，或我们不同于他们……人们是在程度不等的压力、诱因或自由选择的情况下，决定自己的 identity"。① 其次，"identity 还是由自我界定的，但同时又离不开他者肯定的，自我与他人交往的产物。对一个人或一个群体的看法，影响到该个人或群体的自我界定……人们也许希望得到某种identity，但只有当人们受到已具有该种 identity 的人们欢迎时，这一愿望才会实现。"② 从上述意义来讲，认同具有两个方面的主观认定性，一是自我认同，二是他认同。

美国社会学家、哈佛大学著名教授塔尔科特·帕森斯（Talcott Parsons）也十分注重认同研究，他认为，认同是社会结构和行动的基础，他从社会和文化环境两个方面来定义认同，他认为每一种连续的认同都把个人进一步带到一个社会/文化的关系中来，并且更加远离他的生物根源。③ 他认为认同是建构的主观意识。

英国当代著名社会学家安东尼·吉登斯（Anthony Giddens）也对认同研究十分感兴趣，吉登斯认为，"自我认同"与"现代性"相关，"现代性"的核心就是确立一些与自我反思性互动的结构性特征。在反思中才能

---

① 〔美〕塞缪尔·亨廷顿：《我们是谁：美国国家特性面临的挑战》，程克雄译，新华出版社，2005。

② 〔美〕塞缪尔·亨廷顿：《我们是谁：美国国家特性面临的挑战》，程克雄译，新华出版社，2005。

③ 王歆：《认同理论的起源、发展与评述》，《新疆社科论坛》2009 年第 2 期。

确定自我属性，因此，是现代性的一部分。

本尼迪克特·安德森在其名著《想象的共同体》一书中指出，认同是可以多种共存的，是在行动者之间互动的过程中、在一定情景中构建的，而不是预先给定的，认同也不可能完全以自我为中心，必然受到共同规则的制约和引导。

著名社会学家哈贝马斯则从社会制度凝聚力的角度界定认同，他认为，群体认同是社会凝聚力的基本前提，多元是认同的基本内涵。因为认同载体观念的多元性，决定了认同的多元性。

北京大学社会学系方文教授对认同研究颇有心得，他指出，当代社会科学文献中的 identity 或 identities，已经超越了哲学同一性和心理学自我同一性的原初含义。认同，即行动者对自身独特品质或特征积极的认知评价、情感体验和行动承诺，其已经成为当代社会科学研究的核心。[①] 他认为，应该进一步辨析认同的基本内涵并指出，行动者在多元社会力量的型塑下有多元品质或特征，行动者的认同必然是多元的；行动者多元品质或特征是自身对多元社会力量进行主观界定的结果，认同必然是主观性的；行动者的主观界定不是一蹴而就的，它是多元力量之间的博弈和权衡，认同必然是动态的；行动者的主观界定不是私人性的，它以社会共识和社会协商为基础，认同必然是共识、协商性的，或者说任何认同都是社会认同；行动者并不总对自身的某种品质或特征有积极的认知评价、情感体验和行动承诺，或者说，行动者有时会采取行为策略进行认同解构和认同重构。认同建构、解构和重构过程必然是能动的，同时也是微观社会变迁的基本动力。[②]

钱雪梅在对国家认同研究中总结认同概念涵盖的内容后认为其具有三个突出的特性。

第一，认同观念与观念的客体（认识的客观对象）不完全等同，原因有两点。首先，物体本身在不断发展变化，但观念却相对稳定，而且，观念对现象秩序的复制本身就"有一点残缺和变化"。因此，认识对象的变化与认同观念之间的"视差"，或者说"想象"是客观存在。其次，由于

---

① 方文：《学科制度和社会认同》，中国人民大学出版社，2008，第148、149页。
② 方文：《学科制度和社会认同》，中国人民大学出版社，2008，第148、149页。

认同是用过去的知觉与当下的知觉进行对比，记忆在识别和确认同一性方面具有重要的作用。而记忆错误会加剧认同观念对事物客观存在状态的偏离，且"就大多数人来说，错误记忆绝不是罕见的事"。①

第二，认同观念是社会经验的产物，个人的自我认同是一个与社会互动的过程，具有多重性的特点。认同观念并非与生俱来，自我认同也是如此，而由于人的社会属性，人往往具有多重身份和认同。自我认同是一种意识，因而是社会行动的直接或潜在驱动力。②

第三，个体的自我认同与集体、集体认同直接相关。洛克指出，"集体自我"是个人自我扩展的结果。人的自我认同可以随着意识的扩展，建构起一个跨越历史和地域的认同，形成集体认同。即我们作为个体存在，却总是认同于特定的社会群体，同时也意味着遵守群体的规则和惯例。生活经验告诉我们，一个群体成员的言行或情感意志总是表现出某些群体特性。③

对认同概念的界定，并非限于上述观点，相反，更多的观点集中在不同的细分领域，限于本书的研究方向，在此不做赘述。

（二） 族群认同理论与研究取向

如同民族主义一样，族群认同是当今最具诱惑力的话题之一，也是多学科认为最具研究价值的话题之一。新近的研究发现，一直以来，ethnic identity（族群认同）与 national identity（民族认同或国家认同）之间关系的整合是民族运动产生的主要根源之一。因为在当代世界，族群总是属于某个国家，国家一般都包括多个族群。族群与国家的关系不是对等的，而是"个体"与整体之间的关系。相应地，就有了"族群的国家认同"问题。当族群的民族认同与国家认同分裂为对立时，就会引发大的民族运动。如苏联解体、爱尔兰民族运动、西班牙加泰罗尼亚独立运动、苏格兰要求脱离英国等，这些民族争取独立的运动，对近代以来形成的民族国家及世界格局构成了极大的威胁，族群认同的重要性与神秘性使它成为认同

---

① 钱雪梅：《从认同的基本特性看族群认同与国家认同的关系》，《民族研究》2006 年第 6 期。

② 钱雪梅：《从认同的基本特性看族群认同与国家认同的关系》，《民族研究》2006 年第 6 期。

③ 钱雪梅：《从认同的基本特性看族群认同与国家认同的关系》，《民族研究》2006 年第 6 期。

研究中具有重要意义的部分，也因此引发了学者的研究兴趣和持续关注，产生了亨廷顿的《我们是谁》、哈罗德·伊罗生的《群氓之族》、冈-米达尔的《美国的抉择》等一批具有广泛影响的重要著作，也形成了一套族群认同理论。

对族群定义有着特殊贡献的 F. 巴斯，从族群的角度定义了认同，他认为，从认同的角度来讲，族群是典型的社会群体，"族群"也就是个人集体认同的结果，而族群认同也是一种集体认同的存在，"己群"和"他群"是互动中相互归类的，其边界的界定具有重要意义。族群间持续的接触不仅造就了认同的标准和区分的符号，而且也构造出结构化的互动。正是后者使族群间文化差异得以长期持续。从巴斯对认同的论述不难看出，族群认同理论与族群理论是紧密相关的，与族群定义的方法取向相同，以往对族群认同的研究也关涉了对其的界定，爬梳观点，主要分为两大类：一类认为族群认同自古有之，认同是族群固有的内在要素，是族群之间客观特征和构成要素的差异形成了族群之间泾渭分明的边界，使此族群与彼族群区别开来。这实际是定义族群的客观取向，即"原生论"（Primordialism）在认同领域的直接体现。另一类则认为，族群认同并非先在，它具有后生性与建构性，该派学者认为，在近代以前，没有大众文化教育，人们根本没有族群观，族群的边界也是模糊的，族群认同同样模糊不清。族群认同是近代民族国家的产物，是基于不同场景，因人们的认识而建构的，这一观点可谓是工具论、"场境论"（Circumstantialism）在族群认同理论中的体现。同族群定义一样，上述两种倾向均被认为有失偏颇，于是，也产生了"主客观综合视角的族群认同"理论。

族群认同的"原生论"有一个基本假设，那就是族群成员共有的群体认同超越时空而存在，是原生的。他们认为，人们处于某一社会中，生活在其他成员周围，与他们相互联系，共享宗教信仰，说同一种语言，遵循共同的生产生活习俗，从而产生一致感，油然而生感情认同，而且这样的认同可以超越时空而维持。他们强调族群认同主要来自于天赋或根基性的情感联系，并指出这种根基性的情感来自亲属传承。一个人获得的既定的血源、语言、宗教、族源、习俗，使他与群体其他成员凝聚在一起。根基论者并不是强调生物遗传造成了族群，也不是以客观文化特征定义族群。

相反，他们注重主观的文化因素，认为造成族群认同的不是血统传承，而是血统的文化解释的传承。如一个人从出生的家庭和社区中获得一些非自我能选择的"既定资赋"——语言、宗教、社会记忆中的族源信仰等。

马克斯·韦伯认为，族群认同是一种主观信仰，即对体质的、习俗的、殖民化或者移民的记忆认同，是对共同的血统拥有主观信仰的群体认同，这种信仰对非亲属的"共同关系"具有重要的意义。族群不等同于亲属群体。韦伯的这个概念强调了血统、习俗（文化的表现形式）和共同的历史记忆等族群构成要素在族群认同中的重要性，但同时指出血统只是一种建构而已，并不一定是真正的生物遗传的同一血缘，并指出族群认同不是亲属群体认同，其比亲属群体范围要广得多。从这里可以看出，韦伯赞成族群认同的要素论，但反对族群认同的血统论，认为文化要素是实在的，而血统是构建的。

近年来，"族群认同原生论"的主要代表人物希尔斯（Edward Shills）、菲什曼（Joshua Fishman）、格尔茨（Clifford Geertz）等人进一步强调族群的情感纽带是"原生的"，甚至是"自然的"，而基于语言、宗教、种族、族属性和领土的"原生纽带"是族群成员互相联系的因素，也是族群认同的基本元素，这些元素的"原生纽带性"存在于一切人类团体之中，并超越时空而存在。所以，对族群成员来说，原生性的纽带和感情是根深蒂固的、非理性的、下意识的，因此，族群认同也是原生的。

与此相反，"族群认同场景论"观点持有者则强调族群认同的情景化、族群性的不稳定性和群体成员的理性选择性。他们主张，政治、经济结构等族群面临的外部环境引起和决定了集体认同的产生，引发了成员的共同立场、利益意识、制度创建和文化建构。场景论强调族群认同对场景的回应能力。例如宗教压迫的加深会促使族群一致感的加强；在政治、经济利益的竞争中，族群领袖会利用族群认同来维护群体利益。在个人层面，场景论强调人们有能力根据场景的变迁对族群归属做出理性的选择。由此，认同是不确定、不稳定的，是暂时的、弹性的；群体成员认为认同符合自己利益时，个体就会从这个群体加入到另一个群体，政治经济利益的追求常常引导着人们的这种行为。由于场景论认为族群认同是族群以个体或群体的标准对特定场景的策略性反应，是政治、经济和其他社会权益的竞争中使用的一种工具，所以也叫"工具论"（Instrumentalism）。

持场景论观点最具代表性的人物是厄内斯特·盖尔纳（Ernest Gellner）和艾里克·霍布斯鲍姆（Eric Hobsbawm），两人用《民族与民族主义》[①]这一相同的书名对犹太民族进行了研究。盖尔纳认为，社会再生产（教育）对于构成民族认同是非常重要的，他认为，工业革命之后，教育文化的普及，为塑造民族共同体创造了条件。族群认同不是自古有之，而是人们在一定的历史条件下构建起来的，认同主体在这一构建过程中自觉或不自觉地选择了自己的族群归宿，当然影响选择过程的原因是复杂的。他强调，民族认同方式和政治体制，是近代工业化和知识传承方式变迁的直接产物。工业化使传统社会中的人们逐渐被疏离于他们的血缘、地缘、共同体之外，使他们原有的面对面的知识传承方式发生重大改变，其结果造就了普遍性的国民知识传承体系，而其在国民的自我认同构成中，起着日益重要的作用，并最终推动了民族意识和公民意识的生成。

霍布斯鲍姆认为，民族认同通常由民族国家内部的精英所提倡和促发，但是，这种特定的情感和政治意识，与一般民众的假想、希望、需求、憧憬和利益均有关系。在民族认同的过程中，可以区分官方的民族认同和民间的民族认同的诸多认同形式。

与上述理论不同，有学者另辟蹊径综合上述两类观点展开研究，英格尔（Yinger）就是从影响族群认同的客观因素来分析族群认同的，他提出了14个影响族群认同的变量，可以归纳为以下六个方面：①人口因素（与其他族群的比例、迁移方式）；②体质差异（种族因素）；③文化差异（语言、宗教等）；④社会总体特征（阶级构成、社会流动、教育水平）；⑤社会的族群关系政策（族群歧视、居住格局）；⑥与母国关系。他的指标体系有一定的参考价值。

阿布尼尔·科恩（Abner Cohen）则注重探讨族群认同的形式。他认为，族群是和权力联系在一起的，任何认同都可以看作与一定的权力争取

---

① 〔英〕艾里克·霍布斯鲍姆：《民族与民族主义》，李金梅译，上海人民出版社，2000；
〔英〕厄内斯特·盖尔纳：《民族与民族主义》，韩红译，中央编译出版社，2002。

有关，族群之间的关系就是权力问题，是隐性的、主观的。

近来，一些权威学者把两派理论综合起来，他们认为只有在可行的根基认同与可见的工具利益汇合时，族群认同才会产生。美国华盛顿大学教授、著名海外汉学家斯蒂文·郝瑞（Stevan Harrell）就指出，族群情感与工具因素尽管同时存在，但事实上，在不同情况下，两者发挥的作用不同。在中国表现为，一方面，国家介入民族识别，通过法令使官方认定的民族成为永久性的范畴；另一方面，工具论的利益只要符合国家的政策，也会在某一民族范畴中持续下去。①

（三）民族认同与国家认同

民族与族群最大的区别被认为是文化与权利的关系问题，民族具有权利的意义，而族群则具有文化色彩，两者的相同点则是均具有建构特性。目前，我国学界对民族的界定是：既指中华民族统一体，又包含这一统一体内的各民族。

民族认同概念包括两层含义：其一，民族首先是一个人群共同体，对其中的人们的相互关系的认同是民族认同的核心。产生民族认同问题，主要是区分此民族与彼民族界限引起的。其二，是民族自然文化的认同。总体上看，第一层次是对人们之间作为一个民族的关系的认同，第二个层次则是对一个民族的表现形式——文化的认同。

在人类学领域，马凌诺斯基认为，"民族认同"是从民族研究领域内衍生出来的。挪威人类学家巴斯认为，族群主要是由其成员自我认定和建构的范畴，族群认同存在于与其他族群的互动关系之中。②

美国学者迈尔威利·斯徒沃德认为，民族认同是指某一民族共同体的成员将自己和他人认同为同一民族，对这一民族的物质文化和精神文化持接近态度。③ 卡拉（J. Carla）和雷格奈德（J. Reginald）则把民族认同界定为个体对本民族的信念、态度，以及对其民族身份的承认，并认为群体的认同包

---

① 〔美〕斯蒂文·郝瑞：《田野中的族群关系与民族认同》，巴莫阿依、曲木铁西译，广西人民出版社，2000。
② 李忠、石文典：《当代民族认同研究述评》，《西北民族大学学报》（哲学社会科学版）2008 年第 3 期。
③ 李忠、石文典：《当代民族认同研究述评》，《西北民族大学学报》（哲学社会科学版）2008 年第 3 期。

括群体认识、群体态度、群体行为和群体归属感四个基本要素。①

在心理学领域，弗洛伊德（Sigmund Freud）将"认同"这一传统的哲学问题移植到了心理学领域，并把其表述为个体与他人、群体或被模仿人物在感情上、心理上趋同的过程。"认同作用是精神分析理论认识到的一人与另一人有情感联系的最早的表现形式。"后来，埃里克森（E. H. Erikson）在弗洛伊德研究的基础上，进一步指出"认同"实际上是关于"我是谁"这一问题或明确或隐晦的回答。②

在社会学领域，吉登斯（Anthony Giddens）、泰勒（Charles Taylor）、哈贝马斯（Jurgen Habermas）、卡斯特（Manuel Castells）等人的研究则更多地关注全球化与现代性对个体或群体认同的意义，并指出在全球化的语境下，文化产业化的迅猛发展致使人们身份日益模糊化。③

国家认同，是指一个国家的公民对自己祖国的历史文化传统、道德价值观、理想信念、国家主权等的认同，即国民认同。国家认同是一种重要的国民意识，是维系一国存在和发展的重要纽带。国家认同实质上是一个民族确认自己的国族身份，将自己的民族自觉归属于国家，形成捍卫国家主权和民族利益的一种主体意识。

"国家认同"的概念首次被引入政治学是在所谓的行为科学革命时期，与处理政治发展、整合以及与国际关系等议题有关，特别是随着苏联解体与东欧剧变，国家认同问题的重要性日益彰显。国家认同与社会秩序的生成密切相连，国家认同的水平直接影响着国家的安全和社会的稳定。西方学者对国家认同的研究起步较早，研究多从政治学、国际关系学的角度出发，并与民族主义交织在一起，使国家认同从诞生之初就带有强烈的政治色彩。国内学者对国家认同的研究主要以思辨和理论探讨为主，从国家认同的概念、内涵，直至国家认同感的培养等方面皆有涉及。正如高丙中所说："个人、社会和国家是共生的，个人在社会中，在国家中；社会在个人中，在国家中；国家在个人中，在社会中。"④

---

① 袁娥：《民族认同与国家认同研究述评》，《民族研究》2011年第3期。
② 袁娥：《民族认同与国家认同研究述评》，《民族研究》2011年第3期。
③ 袁娥：《民族认同与国家认同研究述评》，《民族研究》2011年第3期。
④ 袁娥：《民族认同与国家认同研究述评》，《民族研究》2011年第3期。

（四） 我国的民族 （族群） 认同研究与 "多元一体理论"

我国人类学界的民族认同研究主要集中在族群认同、民族认同、国家认同的关系上。也可分为主客观两种取向，其中，"客观视角的代表性研究主要有：孙九霞的《澳门"土生葡人"的认同解析》、徐杰舜的《从多元磨合到整合一体——以广西贺州民族关系为例》和《华南族群的互动与认同》、李祥福的《城镇化情景中的族群认同——以云南省元阳县彝族为例》、李然的《当代湘西苗族土家族互化现象探析》、王志清的《从日常生活视角看烟台营子村蒙古族族群认同的多重表述》、郭静伟的《多民族杂居背景下的西双版纳州阿卡人的族群认同》、雷波的《路蛇泉传说——撒拉族的历史记忆与族群认同》等等"。[①]

上述研究大多从微观研究出发，突出了民族（族群）的客观属性，阐释了民族（族群）认同的客观基础和结构，归纳了民族（族群）认同的特性。

主观视角的民族（族群）认同研究则包括了多个研究领域，如：蒙秋月的《边民跨境务工的族群认同研究——以广西那坡县那孟屯为例》、王琛的《都市生存的文化策略与族群认同——对一个苗族流动群体的个案研究》、吕俊彪的《族群认同的血缘性重建——以海村京族人为例》、嘉日姆几的《云南小凉山"农场彝人"的姓氏选择》、杨圭的《民间传说与甘肃文县白马人族群认同》、陶瑞的《民族认同与想象——以撒拉族为讨论个案》、朱志燕的《屯堡族群与族群认同——以天龙屯堡为例》、吕俊彪的《想象的共同体与共同体的想象——广西临江古镇平话人族群意识的变迁》、李技文的《革家人的社会记忆与族群认同》、马成俊的《基于历史记忆的文化生产与族群建构》、落桑东知的《集体记忆与族群认同———个边缘化藏族社区的山神体系对族群认同的功能》等。

主观视角的民族（族群）认同研究，强调了建构与想象在民族（族群）认同中的重要意义，用微观研究揭示这一属性，并总结了主观建构在民族（族群）认同中的作用类型。

近代以来，我国的民族（族群）认同研究最具影响力的当属费孝通先生和

---

① 孙菲：《试析 20 世纪西方族群认同理论在中国民族研究领域的运用》，延边大学硕士论文，2013 年 5 月。

其"多元一体"理论。1989年夏，费孝通先生赴香港中文大学在"泰纳演讲"上做了题为"中华民族多元一体格局"的讲演，提出了中华民族是"多元一体"的民族，是一个有着"民族自觉"的民族实体，是由56个兄弟民族所组成的复合民族共同体，是在近百年来与列强的抗争和千百年前的历史演化中形成的，各民族在中国历史上生息、繁衍，在历史舞台上扮演了不同角色，形成一个相互依存、相互紧密联系、不可分割的整体，最终形成了"多元一体"的特征。他认为，由56个民族构成的中华民族的认同也是多层次的，既有最高层次的"共休戚、共存亡、共荣辱、共命运的感情与道义的对中华民族认同，也有低层次的认同，不同层次的认同可以并存不悖，甚至在不同层次的认同基础上可以各自发展原有的特点，形成多语言、多文化的一个整体。①

中华民族"多元一体"理论包含如下要点。

第一，中华民族是包括中国境内56个民族的民族实体，并不是把56个民族加在一起的总称，因为这些加在一起的56个民族已结合成相互依存的、统一而不能分割的整体。在多元一体格局中，56个民族是基层，中华民族是高层。

第二，在形成多元一体格局的过程中，汉族既是多元基层中的一元，也在多元结合成一体过程中起着发挥凝聚的作用，"一体"不再是汉族而成了中华民族，是一个高层次认同的民族。

第三，高层次的认同并不一定取代或排斥低层次的认同，不同层次可以并存不悖，甚至在不同层次的认同基础上可以各自发展原有的特点，形成多语言、多文化的整体。

"多元一体"理论强调多民族国家内部，共同的政治价值、文化准则和经济生活已将各民族的利益、福祉紧密地联系在一起，但由于语言和文化的差异性，国家利益不可能取代、消解民族利益，后者的存在既是"多元一体"的本质特征，又显现了"一体"与"多元"之间的矛盾纠葛。"多元一体"不仅作为我国民族结构的生动概括，而且是从历史到现实，我国民族发展和民族利益协调空间的鲜明表征。②

① 费孝通：《中华民族多元一体格局》，中央民族学院出版社，1989。
② 常开霞、贺金瑞：《"多元一体"：中国民族利益协调论纲》，《中央民族大学学报（哲学社会科学版）》2009年第6期。

费先生多元一体格局的提出，引起国内外学界的广泛关注，也引起了诸多的肯定和争议，其中，绝大多数学者认同这一理论，而部分学者认为还需进一步论证和完善，如对多元一体中汉族的"凝聚"作用问题，就有学者提出应该是"汉文化"的凝聚作用。但总的看来，当时检验这一理论的科学实证的研究却不多，大多只是停留在对这一理论的"思辨"上。

近年来，关于民族认同的人类学民族志研究成果越来越丰富，如：关于藏彝走廊的诸系列研究，关于云南的多民族聚居与杂居，西北多民族地区的诸多研究，人口较少诸民族的研究以及跨境、跨国民族的诸多研究等，可以说几乎涉及我国 56 个民族中的所有少数民族和汉族。虽然这些研究的直接目的并不是为了检验费先生的"多元一体"理论，但又都无法绕开这一问题，其理论关怀直接关涉这一理论，客观上检验了这一理论，虽观点各异，但扎实的经验研究为该理论的丰富和发展提供了支持。本书即为卡力岗人族群认同的民族志研究，希望通过此经验研究与"多元一体"理论对话。

三 文化变迁理论与解释路径

（一） 价值决定论——价值文化导向路径

价值决定论是指社会变迁的根本源泉是价值观念。该观点最具代表性的研究成果，是德国社会学家马克斯·韦伯关于资本主义制度的研究。韦伯在《新教伦理与资本主义精神》一书中提出，资本主义的兴起不仅仅是一个经济和政治制度综合体的建立，它有着特殊的精神信念与文化意义，其所呈现的特征与某种宗教上的伦理态度相互呼应，共同构成了资本主义制度的普遍生活方式。从文化的角度讲，近代资本主义在欧洲而不是其他大陆发轫和发展的根源，是制度背后的精神力量，即新教伦理是经历了数百年时间才酝酿出来的资本主义的生活秩序。新教的禁欲主义教条化为一种以勤劳、节俭和积累为核心的行为理想和职业观，这种新的职业观和禁欲主义打破了传统伦理对获利行为的禁锢，当节欲和获利活动自由地结合在一起的时候，就使资本源源不断地投入生产过程成为可能，一种理性的、追求效率的资本主义生产方式最终战胜了其他的生产方式在西方世界占据了统治地位。由此，韦伯认为推动西方社会发生变革的巨大力量，是来自人们对信仰的追求。正是由于这一点成为社会共同认同的美德，而大大促进了欧洲资本主义的原始积累，促进了欧洲资本主义的兴起与发展。这个美德就是资本主义精神。韦伯认为资本主义精神就是指个人把努力增加自己的资本并以此为目的活动视为一种尽责尽职的行动，"一个人对天职负有责任乃是资产阶级文化的社会伦理中最具代表性的东西，而且在某种意义上说，它是资产阶级文化的根本基础。"新教入世禁欲主义伦理为资本主义企业家提供了一种心理驱动力和道德能量，从而成为现代理性资本主义兴起的精神动力，也是现代资本主义得以产生的重要条件之一。正如他在《新教伦理与资本主义精神》中所述："上帝应许的唯一生存方式，不是要人们以苦修的禁欲主义超越世俗道德，而是要人们完成个人在现世世界里所处地位赋予他的责任和义务，这是他的天职。""要是上帝为你指明了一条路，沿循它你可以合法地谋取更多的利益，而你却拒绝它并选择不那么容易获利的途径，那么你会背离从事职业的目的之一，也就是拒绝成为上帝的仆人，拒绝接受上帝的馈赠并遵照他的训令为他而使用它们。他的圣训是：你须为上帝而辛劳致富，但不可为肉体、罪孽而如此。"[①] 显然，韦伯关注宗教与社会秩序之间的关系，关注宗教对人们的行为所赋予的意义，关注宗教观念等精神文化因素在一种全新的生活秩序、一种新的制度体系形成中的地位与作用。同时，"在韦伯看来，资本主义精神的实质不是对财富的贪欲，而是倡导一种新的生活态度，即那种把劳动当作生活的目的，当作一项天职来从事，他们以忠于职守的责任感尽力提高劳动的效率；若他们经营企业，就将企业的经营过程理性化，挖掘每一个经营环节的获利潜力，不放过赚取每一分钱的机会。将经营过程理性化的结果，打碎了贵族阶级和传统商人悠闲舒适的生活方式，凡是不愿意按资本主义的生活态度来指导自己的生活和经营活动的人，都将被资本主义所淘汰。韦伯同样将这种资本主义精神追溯到基督教新教的基本宗教伦理观念。"[②] 这也说明了宗教信仰与社会信念、宗教信仰与社会制度之间的关系。无独有偶，卡力岗人的文化变迁和新的社会制度的建立，正是这一理

---

① 〔德〕韦伯：《新教伦理与资本主义精神》，于晓等译，生活·读书·新知三联书店，1987，第 59、127、133 页。

② 曹正汉：《观念如何决定制度》，上海人民出版社，2006。

论的经验诠释。韦伯的理论逻辑，可以很好地解释卡力岗人族群演变与文化变迁的原因和动力问题，特别是变迁过程中宗教的源泉地位问题。田野调查表明，在卡力岗这样的"三多地区"，文化变迁多是由宗教信仰及价值观念的转变开始的，同时也是以新观念的确立、新文化模式的确立为标志的，其中由宗教信条而形成的社会行为理想与社会美德认同，是推动该族群演变与文化变迁的重要动力之一，也是新的社会制度和社会秩序形成的基础。但是，若仅用马克斯·韦伯的"社会动力论"解释卡力岗现象，显然又是不够的。马克斯·韦伯研究的中心是宗教信仰所造成的观念上的变化是如何引起社会行为的，主要是经济行为的变化，并导致近代政治经济组织变化，"具体而言，他关注的是宗教与现代性之间的关系"。① 特别是马克斯·韦伯的研究前提是工业化社会，而卡力岗人的族群演变与文化变迁发生在农业社会，且宗教信仰造成的观念上的变化并非引起了经济组织的变化，而是引发了认同的改变与族群性的变化。因此，价值决定论虽然对卡力岗现象具有极强的解释力，但其中还有许多问题有待进一步探讨。

除了马克斯·韦伯外，认为观念是变迁决定因素的，还有托克维尔、亨廷顿、埃弗雷特·哈根（Everett Hagen）、伯特·莫尔（Wilbert Moore）等一众学者。正如马克斯·韦伯在美国发现了"新教伦理"这一特殊的资本主义精神一样，托克维尔早于韦伯就提出了美国的"乡镇精神"这一美国式民主的灵魂。新教伦理和以私有产权为基础的自由企业制度相结合，造就了世界上最伟大的经济体；而乡镇精神则与公民权利基础上的民主制度相结合，创造了美国自由民主的神话。托克维尔在《论美国的民主》一书中指出，决定美国民主制度的因素有三点，一是地理环境、二是法制（乡镇自由）、三是特殊的民情。其中对美国民主制度起决定作用的是美国特殊的民情，民情最为重要，法制次之，地理最轻。"美国人都在用同样的方法指导他们的思维，根据同样的准则运用他们的头脑，这个共同的准则就是人民主权说。"这里使用的民情（moeurs）一词，其含意与其拉丁文原字 mores 一样，它不仅指通常所说的心理习惯方面的东西，而且包括

① 孙尚扬:《宗教社会学》，北京大学出版社，2001，第 17 页。

人们拥有的各种见解和社会上流行的不同观点，以及人们的生活习惯所遵循的全部思想。因此，他认为，把民情这个词理解为一个民族的整个道德和精神面貌。托克维尔说："在美国，人民主权学说，并不是一项与人民习惯和一切占有统治地位的观念没有联系的孤立学说；相反，可以把它看成是维系通行于整个英裔美国人世界观的链条的最后一环。每一个人，不管他是什么人，上帝都赋予他以能够自行处理与己最有密切关系的事务所必要的一定理性，这是美国的市民社会和政治社会据以建立的伟大箴言；家长把它用于子女，主人将它用于奴仆，乡镇将它用于官员，县将它用于乡镇，州将它用于县，联邦将它用于各州，这个箴言扩大用于全国，便成为人民主权学说。"① 这是托克维尔在美国所看到的一个极其重要的现象。正是由于美国人普遍奉行自由主义的观念，并且力求将这一观念贯彻到社会生活的每一个方面，才使美国人能够建立起民主制度，也才使民主制度能够顺利运作。② 托克维尔总结道："只有美国人特有的民情，才是使全美国人能够维护民主制度的独特因素。英裔美国人在各州建立的民主制度之所以在细节和发展程度上有所不同，也正是这个因素所使然。我确信，最佳的地理位置和最好的法制，没有民情的支持也不能维护一个政体，但民情却能够减缓最不利的地理环境和最坏的法制的影响。民情的这种重要性，是研究和经验不断提醒我们注意的一项普遍真理。我觉得应当把它视为我的观察的焦点，我也把它看作我的全部想法的终点。"③ 托克维尔追根溯源，认为美国特殊的民情起源于英格兰移民的清教教义，这与韦伯的观点不谋而合。

美国著名学者塞缪尔·亨廷顿也具有同样的观点，他在《谁是美国人》一书中指出，美国人之所以成为美国人是因为他拥有至高无上的国家身份特性认同，而其所认同的国家特性就是"美国信念"（American Creed），美国信念是美国制度的发源与基础。列西摩·马丁·李普塞特则认为美国"信念"的核心有五条原则：自由，平等主义（机会平等和人人受尊重，而不是贫富地位平等），个人主义，民粹主义以及经济自由放任，美国制度的基石就是美国信念。

---

① 〔法〕托克维尔：《论美国的民主》，董果良译，商务印书馆，1996。
② 曹正汉：《观念如何决定制度》，上海人民出版社，2006。
③ 〔法〕托克维尔：《论美国的民主》，董果良译，商务印书馆，1996。

　　近十几年，经济学家一直试图用理性选择的逻辑，来解释文化上的差异如何导致不同社会在基本制度与发展道路上出现分歧。在这一方面所取得的一项重要进展，是由格里夫（Avner Greif）等人建立的"历史比较制度分析"（HCIA）（Greif，1993，1994，1997，1998）。格里夫运用博弈论模型和借助于热那亚和马格里布这两个历史案例，论证了一类特殊的文化信念对社会的制度框架之形成与演进，产生了决定性作用。这类特殊的文化信念是"理性的文化信念"，指社会内部每个人预期他人在不同情况下如何行为所形成的共同预期。这种理性的文化信念一旦形成，为该社会每个人所知，则在社会成员之间的博弈中具有自我实施的特点，因而决定了每个人的最优战略选择，并进一步决定该社会的组织方式和制度选择。格里夫认为，理性的文化信念主要由社会的文化传统所决定，故不同社会在理性的文化信念上可能有差别，这是导致社会制度出现分歧的主要原因（Greif，1994）。[①]

　　热那亚和马格里布这两个地中海沿岸商业城市，在 11 世纪有着相同的贸易环境，使用大致相同的航海技术，从事相似产品的海外贸易。在海外贸易的方式上，却有着不一样的代理制，两种不同的代理制度，根源于两种不同的文化传统。热那亚人信奉基督教，具有个人主义的文化传统，他们在处理贸易代理问题上所形成的"理性的文化信念"是：当代理人欺诈委托人时，应由受害的商人惩罚代理人，其他商人不参与惩罚。而马格里布人接受了穆斯林的基本价值观，具有穆斯林社会的集体主义文化传统，认为马格里布人都是一家人，彼此之间有责任也有义务互相帮助和互相监督。因此，马格里布人在代理关系上所形成的"理性的文化信念"是：一个马格里布人若欺骗了另一个马格里布人，所有的马格里布人都将惩罚这个欺骗者。依据各自"理性的文化信念"，热那亚商人雇用代理人的策略是，在代理人市场上挑选代理人，不区分代理人是热那亚人还是非热那亚人；马格里布商人的策略是，只在马格里布商人团体内部建立代理关系。格里夫证明，这两种策略都构成各自文化背景下的子博弈完美均衡，因而都具有自我实施的特征（Greif，1994）。

---

　　① 　曹正汉：《观念如何决定制度》，上海人民出版社，2006。

我们对格里夫的论证逻辑做一简要归纳。

首先，社会成员面临一个共同的问题。在热那亚和马格里布，这个共同的问题是："如何监督和控制海外贸易中的代理人？"

其次，社会成员如何选择解决上述问题的策略，依赖于社会成员对他人行为的预期。在同一个文化传统下，社会成员容易达成共同的预期，此即"理性的文化信念"。

再次，这种"理性的文化信念"协调着每个社会成员的最优策略，因而引导社会形成某种博弈均衡。

最后，社会成员在最优策略的路径上，逐渐发展出相应的制度安排。

哈根认为在发展中国家，人格变迁促进了社会的剧变和革命。莫尔则认为坚持审美形式和超自然的信仰可以独立于其他部分变迁。他们从正反两个方面论述了观念在文化变迁中的决定作用。即社会价值观念的变迁通过人们的行为规范和思想体系表现出来。人们的社会活动程度不同地在价值观念指导下发生，由此社会价值观念的变化往往成为整个社会变迁的先声。

中国学者曹正汉从经验研究出发，在观念与制度的关系研究中取得了令人瞩目的成果，建立了制度分析模型，该模型引入了以威廉姆森为代表的交易费用理论（Williamson，1985），突出了社会的精英人物在制度形成与演变中所扮演的角色。具体来说，精英人物的作用表现在两个方面：第一，表现为主动创立、倡导或传播某种思想观念，因而影响到社会主流思想观念之形成与演变；第二，主动将某种思想观念应用于社会实践，因而影响到社会制度变迁。因此，从思想观念到制度安排，其背后的推动力量是精英人物的积极活动与社会大众的追随和响应。这是"文化导向的理性选择模型"之基本逻辑。将这一逻辑展开，则有三个主要环节：第一，社会主流思想观念的形成与演变；第二，从主流思想观念到社会制度安排的内在逻辑；第三，在环境因素或社会的主流思想观念变化之后，制度安排如何演变。曹教授提出思想观念包含两个层面：其一，属于社会理想和人生理想的层面，即人们认为社会应该实现的目标和形成的秩序，我们称之为价值目标；其二，人们为解释此价值目标的意义及如何实现此价值目标，所创立的一套思想理论。（如图 1－1 所示）

```
┌─────────────────────────────────────────────────┐
│  思想理论（B）              价值目标（V）          │
│  解释价值目标的意义 ──────→ （社会理想）          │
│  实现价值目标的方式                               │
└─────────────────────────────────────────────────┘
```

图 1 - 1　思想观念及其构成要素

不同的思想观念意味着不同的价值目标和思想理论，或者在相同价值目标下选择了不同的实现价值目标的思想理论。社会主流思想观念的形成和演变，既取决于社会精英从事思想观念的传播和创新活动，也取决于大众普遍接受哪一种思想观念。一套思想观念是一套关于理想人生和理想社会的假设，这套假设要得到社会大众的相信和认可，须具备一些条件：第一，在社会大众的心目中，提出和倡导这套思想观念的精英人物应是可以信赖的人，是道德高尚的人，他们倡导这套思想观念应是（或至少在外表上应是）为了实现社会的共同利益，因而社会大众在接受这套思想观念时，不会有被欺骗的感觉。第二，在社会大众的心目中，提出和倡导这一套思想观念的人，应是强者、成功者或"英雄"，使得社会大众有理由相信，这套思想观念和倡导它的精英人物能够解决社会面临的问题。第三，这套思想观念应同社会的文化传统有内在联系，能够从社会大众内心的传统资源中找到支持的力量。他对上述描述做了一些提炼，提出一个简化的主流思想观念形成模式（见图 1 - 2）。

```
┌─────────────────────────────────────────────────┐
│        社会的主流思想观念（B→V）                  │
│      社会普遍认同的价值目标与思想理论             │
└─────────────────────────────────────────────────┘
                        ↑
              社会精英在思想观念上的阐述、
              传播与创新，及社会大众的响应

┌─────────────────────────────────────────────────┐
│            思想观念的潜在选择集                   │
│  由社会的文化传统、社会面临的问题、社会精英从事思想观念 │
│  的创新活动决定                                   │
└─────────────────────────────────────────────────┘
```

图 1 - 2　主流思想观念的形成过程

曹正汉教授提出的关于社会变迁与思想观念之间的关系模型源于中国的经验研究，是近年来综合经济学、社会学、人类学等多学科理论与视角研究的结果，有着重要的意义，该理论与模型对本案具有重要的参考价值。本书的许多征引来自曹教授的专著《观念如何决定制度》一书。

（二） 物质文化超前论——技术路径导向

物质文化超前论是德国社会学家威廉·费尔丁·奥格本提出的解释社会变迁动力的理论，他认为大多数社会变革都是由物质文化的变革，特别是科学技术的变革引发的，一旦物质文化发生变革，非物质文化的制度文化即价值观、规范和意义、社会结构等也发生变化。因此，物质文化的变迁是文化变迁的决定因素，也是先于制度文化的社会变迁源泉，非物质文化的变革也就总是落后于物质文化的变革。物质文化超前论，强调物质给人们带来的更高层次的满足，其着眼点在于物质文化中的技术发明与创造，正是这些发明创造的运用改变了人类社会的结构。如蒸汽机的发明就从根本上改变了人们的时间、空间概念，打破了人们对经验和长者的崇拜，打破了旧有的价值观念体系，从而导致了文化与社会变迁。从这个意义上说，物质文化超前论认为发明创造在文化变迁中居于决定性地位。不容置疑，科学技术作为社会结构体系中独立存在的知识系统，对于现代社会的变迁有着越来越大的影响。科学技术发明创造的变化和研究规模、组织形式的变化，一方面直接影响到社会经济、政治、观念和生活方式的变化，另一方面促使现代社会变迁日益加速。但是，奥格本显然也认识到了不同社会的社会变迁中物质技术的不同作用，因为他在 1957 年发表"文化滞后理论"时，就曾提出文化变迁的"自变量也包括意识形态和非技术变量"。[①] 他还列举了长子继承制与古印度的变迁动因是制度与宗教而非技术，从而修正了其早期物质文化超前的绝对性。制度经济学家托斯丹·邦德·凡勃伦（Thorstein B. Veblen）也从经济学的角度论述了技术与思想观念及制度变迁之间的关系。与价值决定论一样，他也认为思想习惯是构成制度的系统的基础，制度既是思想习惯发展的基础，又随思想习惯的改变而改变。他发现，在经济与社会变迁的背后，是人们思想习惯的演变。但是，与价值决定论不同的是，凡勃伦所指的"思想习惯"，包含有价值观

---

① 〔美〕威廉·费尔丁·奥格本：《社会变迁》，王晓毅、陈玉国译，浙江人民出版社，1989，第 269 页。

和思维方式这两层意思，此种思想习惯的变化原因，是环境的变化（主要指技术革新）以及由此带来生活方式的改变。因此，在凡勃伦的制度演进理论中，技术革新通过改变人们从事经济活动的方法和人们的生活方式，逐渐改变了人们的思想习惯，同时进一步引起整个制度系统的演进［凡勃伦，（中译）1997；Veblen，1914］。凡勃伦认为技术革新与制度变迁并非是单方向的决定关系，而是互为因果的循环累积关系。技术革新发生在现行的制度体系之内，起初受到现行制度原则的鼓励；但在现行制度原则之下导入的技术革新如果影响到人们的物质生活条件和生活方式，使得人们的思想观念朝着现行制度的相反方向发展变化时，则将导致另一套制度原则的兴起，并将继续引起制度系统的调整。凡勃伦制度演进理论的逻辑见图 1−3。[①]

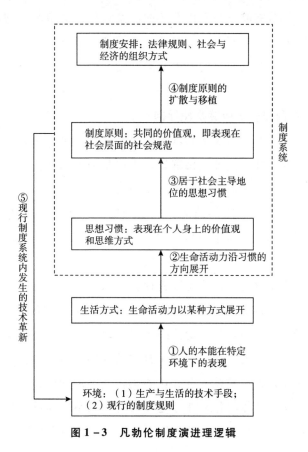

图 1−3　凡勃伦制度演进理逻辑

---

① 曹正汉：《观念如何决定制度》，上海人民出版社，2006。

从目前的经验研究来看，社会发展与文化变迁的动力不仅仅局限于物质技术的发明创造，更不仅仅是科学技术的发明创造，也包括观念、信仰的发明创造，正像哈默·巴尼特（Homer Barnett）给创新所下的定义："任何新的思想、行动或事物。他们所以新是因为他们在本质上区别于现存的东西"。① 新的观念、新的思想、新的宗教无一不是新的发明创造，其引起文化和社会结构改变的意义是等同的。谁能忽视马克思主义所造成的世界分化和对旧有社会制度的冲击力呢？对于发明与发现有学者进行了意义上的区分，但笔者认为，二者的区分与区别只是理论层面上的，无论二者在这个层面上有着怎样的不同，发明与发现都是前人所不具有的、没有察觉的，是全新的，那么也就是说它既可以是物质技术也可以是宗教制度。只要是创新就能够成为文化变迁的源泉。从这个角度将物质文化超前理论的逻辑运用到本案研究中，倒是也能够部分地解释了宗教作为卡力岗人族群演变与文化变迁源泉的根本原因和动力问题。当然要对创新重新加以界定。

（三） 均衡论——功能路径导向

人类学、社会学的功能学派认为社会文化是一个均衡的整体，由各具功能的元素构成，任何一种文化现象，不论是抽象的社会现象，如社会制度、思想意识、风俗习惯等，还是具体的物质现象都有满足人类实际生活需要的作用，即都有一定的功能，它们中的每一个与其他现象都互相关联、互相作用，都是整体中不可分割的一部分。"人的需求与文化功能"的均衡构成社会文化，而功能的丧失或需求的变化打破均衡后，社会文化系统会自行调整恢复功能，从而形成社会文化变迁，因此社会文化变迁的动力是均衡。马林诺夫斯基（Bronislaw Malinowski）与拉德克利夫－布朗（A. R. Radcliffe－Brown）是功能论的代表人物。马林诺夫斯基在《文化变迁的动力》一书中，对文化变迁做了具体的论述。他认为，解释人类文化事实的唯一途径是说明它在一定文化中正在发挥的功能，因此，文化研究的目标是把握文化整体与各个部分之间的有机联系，通过文化功能的转化研究文化变迁。与马林诺夫斯基相比，拉德克利夫－布朗更注重社会结构

---

① Homer G. Barnett, *Innovation*: *The Basis of Culture Change*, New York, 1953.

的研究，他论述了文化接触产生的相互作用，认为研究文化变迁，共时性研究优于历时性研究，当然同时也必须结合历时性研究，才能发现文化变迁的规律。

美国人类学家则通过研究印第安人与白人文化接触来研究变迁，师从人类学家法兰兹·鲍亚士的梅尔维尔·赫斯科维茨（Melville Jean Herskovits）（1895～1963 年），是美国学术界非洲人及非洲裔美国人研究的奠基者，从 20 世纪 30 年代开始便把文化变迁作为专门的研究课题。他认为文化的变迁是功能失调所致。

美国社会学家 T. 帕森斯也是均衡论的代表人物之一。他强调社会均衡一致和稳定是社会系统最一般和最基本的属性，是组成系统的各个要素之间相互依赖的关系。这种关系由社会一般的规范和价值维持调整，体现了社会系统各个组成部分的一致性、不矛盾性和稳定性。社会的相互作用体系一旦建立起来，本身就具有一种使原有状态保持不变的倾向。当某一部分因内部或外部力量造成整个社会失调时，社会系统的其他部分就会采取矫正措施，使社会恢复到均衡状态。20 世纪 60 年代以来，帕森斯将进化论与均衡论结合起来，形成进化的结构功能主义。他承认，社会历史是一个进化的过程，表现为社会适应力的增强，即社会系统从环境中获取资源并在系统内部分配这些资源的能力增强。社会要保持均衡的进化，最终取决于社会能否发展出一套新的、普遍化的价值体系，容纳与整合新的结构要素。

（四） 冲突论——矛盾权力路径导向

马克思恩格斯在探讨社会发展的动力时认为，"物质生活的生产方式制约着整个社会生活、政治生活和精神生活的过程。"他们指出，物质生产活动在人类社会生活中起决定作用，而物质生产本身，又包含着生产力和生产关系的矛盾运动，这对矛盾和另外一对矛盾即经济基础和上层建筑的矛盾都是社会的基本矛盾，这些矛盾运动是社会发展、变迁的动力。恩格斯强调在社会发展中各种因素之间的交互作用和合力的作用，但更强调的是经济因素归根到底还是具有决定意义。

冲突论的另一位代表人物德国社会学家 R. 达伦多夫和美国社会学家 L. A. 科瑟尔等人认为，应该将社会体系看作一个各个部分被矛盾地联结在一起的整体。最主要的社会过程不是均衡状态，而是各个社会集权为争夺权力和优越地位所进行的斗争造成的冲突。社会权力的资源是有限的，没有获得权力的人为了自身利益要求获得权力，已经掌握权力的人要防止别人夺走他们的权力并想获得更多的权力。任何社会成员都在为权力的分配与再分配进行斗争，一切复杂的社会组织都建立在权力分配的基础之上。人们对于权力再分配的欲望是无止境的，围绕权力所进行的斗争是持续不断的，由此造成的社会冲突是社会内部固有的现象。这种利益不可调和的冲突是社会生活的基础。社会变迁是必然的、急剧的，后果是破坏性的，任何宏观的社会变迁理论只有涉及与权力相联系的冲突时，才是有价值的。

（五） 进化论——竞争路径导向

从人类学诞生以来，社会文化的发展过程一直是其关注的重要主题之一，特别是人类的过去与现代变迁更是各个学派都在研究的主要内容，也形成了各种不一的社会文化发展理论与研究路径。

社会进化学派是人类学的第一个理论学派，由于用社会进化来解释人类社会变迁，所以被称为进化论，从创始人泰勒、摩尔根到怀特再到萨林斯，构成了社会进化论的主要理论体系，按其内容的发展可以分为两个不同阶段。以泰勒（E. B. Tylor）和摩尔根（L. H. Morgan）为代表的早期进化学派又称经典进化论学派，其用文化进化理论来说明文化发展的普遍性，认为人类文化普遍由低级向高级、由简单向复杂发展进化，形成一个发展顺序。古典进化论认为"人们要求进步的心智普同导致了社会的发展（变迁）"。其主要解释人类社会发展序列，拟构人类社会文化发展的阶段，由于不重视文化之间碰撞融合，不重视各个文化的特殊性以及正在发生的文化变迁过程，特别是进化理论"无法解释为什么有的社会退化甚至灭亡了"①，而普遍受到质疑，随着人类不同地区民族志研究的增多，其拟构的宏观进化序列也被证实不具有普遍意义，古典进化论由此而迅速衰落。

第二次世界大战后，美国出现了复兴进化论的热潮，其主要代表人物有 L. A. 怀特、J. H. 斯图尔德、M. 萨林斯等，他们坚持进化思想、同时

---

① 〔美〕C. 恩伯、M. 恩伯：《文化的变异》，杜杉杉译，辽宁人民出版社，1988，第56页。

又提出了一些与古典进化论不同的观点，故被称为"新进化学派"（new evolutionary school）。该派在古典进化论的基础上，提出了一般进化与特殊进化共同构成的"双重进化论"。① 双重进化强调了文化史与"文化进化"的不同，创立了新的文化学（cultureology），提出了文化的普遍进化可以依照"在技术发展中对能量的运用来加以测定"② 的观点，即"文化发展能量论"（White's Energy Theory of Culture Development），该观点的创始人怀特指出："文化的进化，根源于能量利用人均总数的逐步增长，或能量利用手段的效率（技术）的不断提高。"③ "换句话说，更为先进的技术能使人类控制更多的能量（包括人的能量、动物能、太阳能等），其结果是导致文化的扩展和变迁。"④ 这一理论取向是内部归因倾向的，其只强调了文化发展进化的内部作用而没有关注环境等外部条件对社会演化的作用。新进化论的另一个代表人物斯图尔德把怀特的进化论观点称为"普遍进化论"，他提出了自己的理论——"多线进化论"，他认为古典进化论是"单线进化论"，只能解释单一文化现象的进化，而不能解释具体的发展顺序，不能解释广泛分布在各个地理区域、顺序上平行发展而文化结构上有差异或者类似的问题。他提出了通过对全世界各地历史顺序的分析来解释这一现象的方法和研究路径，认为类似的历程产生类似的结构。他强调多线进化是要探究不同社会结构的不同发展阶段的因果关系，从而解释全世界进化的不平衡与不同。尽管如此，其与怀特的普遍进化论都太宏观和泛化。

萨林斯系怀特的学生，他把怀特的"普遍进化论"和斯图尔德的"多线进化论"作为进化论的两个方面同时并存于自己的理论主张中，认为演化是指一个特定社会在给定的环境中变化与适应的特殊顺序；从而整合与发展了新进化论的观点，即文化与社会演化的机制是人类文化对特殊环境的适应。受其导师怀特的影响，萨林斯假定在文化与自然的相互作用过程中，自然处于优先地位，决定着文化的实践。《文化与进化》一书清楚地

---

① 〔美〕托马斯·哈定：《文化与进化》序，韩建军等译，浙江人民出版社，1987，第4页。
② 指每个平均消耗的自然力量的增长。参照王海龙等《文化人类学历史导引》，学林出版社，1992，第157页。
③ 〔美〕怀特：《文化概念》，转引自〔美〕克莱德·伍兹《文化变迁》，施惟达、胡华生译，云南教育出版社，1989，第14页。
④ 〔美〕C. 恩伯、M. 恩伯：《文化的变异》，杜杉杉译，辽宁人民出版社，1988，第66页。

表明了他的"文化唯物论"立场。

进化论观点虽解释不了文明演化和文化变迁中的问题，但其文化适应理论特别是新进化论代表人物斯图尔德对生态与文化的适应研究与其创立的"生态人类学"理论，对本研究中的特殊文化现象的解释有重要的帮助。

（六）传播论——互动路径导向

传播学派侧重于进化论所忽视的文化的地理、空间和地方性变异，着重研究文化的横向散布，认为文化的变迁过程就是传播过程，文化主要在传播过程中发生变迁。他们认为"人类是主要的模仿者，而非创造者"。①他们认为文化变迁是文化的传播与借取的结果，主要有三个流派，其中，美国历史学派的代表人物 F. 博厄斯（F. Boas）对文化变迁的内部因素、外部因素和环境因素的考虑，使文化变迁研究有了理论上的突破。博厄斯强调每个民族的历史和文化的特殊性，认为这种特殊性一方面取决于社会的内部发展，另一方面取决于外部的影响。既考虑到独立发明，也要考虑到传播的作用。早在 1920 年博厄斯便指出美国学者应该对文化变迁的动态现象感兴趣，1932 年在《人类学研究的目的》一文中指出，"人类学必须研究文化现象的相互依赖，必须通过对现存社会的研究取得资料"，"我们不仅要知道现存社会的动力，还要知道它们如何变成这样"，应研究不同文化接触所产生的影响。研究文化分布不研究社会文化变迁则是不完全的，将其理论运用到卡力岗个案研究中，传播在该个案中的特殊作用凸显出来，对研究有重要帮助。

除此之外，还有环境决定论等不同的理论，但无论是哪一种理论都无法单独解释本案的文化变迁现象，也就是说，没有哪一种理论是可以解释一切文化变迁现象的。社会发展的合力是一个动力系统，这一动力系统有纵向的运动和横向的运动。动力系统的纵向运动使人类社会内部的发展表现为不同社会形态的更替；横向运动则使社会内部接受外部环境的影响，而内部各要素之间也相互作用。动力系统的横向运动推动着纵向运动，横向运动所引起的社会文化变化汇入纵向运动所引起的变化之中。研究社会

---

① 〔美〕克莱德·伍兹：《文化变迁》，施惟达、胡华生译，云南教育出版社，1989，第 9 页。

文化变迁，要研究社会内部的变化即纵向的变化，这是各种合力形成的动力系统的纵向运动所促成的。文化接触或涵化，接受来自外部的影响，文化系统互相接触，文化作用网互相连接，对外来文化特质的选择和适应、整合和分化、群体之间的涵化，这些都是横向运动的动力。由于各种合力的情况不同，所引起的文化变迁和文化接触的结果也各不相同。

不同的社会结构、不同的文化群体、不同的文化模式及其变迁的过程是不完全相同的。因此，虽然文化变迁的理论著作浩如烟海，但是对于不同的个案研究并没有能够直接"复制"的资源，本案关注的变迁历程中的族群演变与族群认同的时间、作用和意义，则需要对上述有关理论进行梳理和反思而加以运用，探寻本研究个案从全民信仰藏传佛教到全民改奉伊斯兰教的文化变迁及其变迁过程中三个文化系统的时间规律性，探讨文化变迁与民族认同的心理历程，研究多民族、多元文化区域文化适应的规律，尝试建构"三多地区"族群认同与文化变迁的理论框架和变迁模式。

四　研究现状与资料来源

（一）研究思路

首先，本项研究所采用的是人类学的个案研究方法，即在人类学田野调查和民族志研究的基础上，发现卡力岗人族群演变与族群认同建构过程的一般规律，并由此对话文化变迁及族群认同理论。

其次，本研究在赋予个案研究以理论意义的同时，试图走出个案，在一般意义上思考个案的特殊性，试图在类型学的视角下，解释此类现象的规律性，在严格限定前提条件（"三多地区"）的基础上，概括出此类族群演变、族群认同与文化变迁的"模式"，并推知相同前提条件下的普遍意义。当然，从个案研究中提出的理论模式是否具有一般意义，是人类学目前遇到的难题，也是所有个案研究的难题，本研究做此推断十分小心，目前对结论是否得当十分忐忑，还需做进一步的比较研究方可断言。

（二）研究现状与本书研究的主要问题

1. 学术界对卡力岗人的"描述"

学术界对卡力岗人的研究，可以分为三个不同的阶段，而这三个阶段恰好与中国人类学学术发展史的三个阶段相对应。即 20 世纪初至 1949 年为第一个阶段；新中国建立至"文革"时期为第二个时期；改革开放至今是第三个阶段。每个阶段对卡力岗人都有不同"描述"。

第一阶段，始于民国时期的"西部开发"热潮，止于新中国的建立。20 世纪 20～30 年代，在"西部开发"浪潮的冲击下，一些政要、学者陆续来到西部考察，有学者发现了这个特殊的群体，对该族群描述为"操藏语，信仰伊斯兰教，自称回族"的"藏回"，客观记录了这一特殊的文化现象。翻阅文献，二三十年代的《青海省巴燕县风土调查概况》①、《青海各县风土概况调查集》②、《西北考察记青海篇》③ 等调查报告中，均有关于卡力岗人的族群风俗的记载。由此，卡力岗人成为该人群的统称。该阶段的研究主要集中在"居住在卡力岗地区讲藏语的回族"的文化描述上，这些学者的描述与分析，重现了 80 多年前卡力岗人的社会和文化现状。

第二阶段，始于新中国成立，止于"文革"。新中国成立后为民族识别而进行的少数民族地区社会历史调查，使卡力岗人重新被学界重视和研究，许多有价值的资料被整理和保留了下来，后来出版的《化隆回族自治县概况》《化隆县志》《可爱的化隆》等著作中所记载的卡力岗人特殊的文化和该地区的风俗历史，资料均来自于此时的社会历史调查。遗憾的是，由于该调查深受当时意识形态的影响，过分注重卡力岗人社会形态的划定，对卡力岗人的研究仍然沿袭了旧的风俗描述和社会性质的确定，因此，仍然没有超出"操藏语回族"的描述，没有形成一部人类学意义上的完整研究成果。

第三阶段，始于改革开放，延续至今。随着民族学、人类学等学科的恢复和发展，随着学术界对文化变迁研究的关注，卡力岗人"正在进行时"的族群演变与文化变迁，再次引起了一些学者的关注。20 世纪 90 年代，西北民族学院的马学仁教授等一些回族学者，前往卡力岗地区调查并在 2001 年《西北民族研究》上发表了研究报告，后来还与该校电教中心的徐德华教授等合作，拍摄了《卡力岗人——讲藏语的回族》的电视片，

---

① 周明武编修《青海省巴燕县风土调查概况》，民国 19 年（1930 年），甘肃省图书馆存。
② 《青海各县风土概况调查集》，民国 21 年（1932 年），甘肃省图书馆存。
③ 马鹤天：《西北考察记青海篇》，民国 25 年（1936 年），青海省图书馆存。

并在"2002 中国国际影视人类学研讨会"上展映并获奖。但是，从研究论文和影视作品中不难看出，学者们的研究诉求基本集中在证明卡力岗人是"由回族演变而来的藏族"，或是"被藏化了的回族"，因而，此阶段的研究多运用"遗存法"寻找藏文化遗存，包括服饰、民居、语言、习俗等，以证明卡力岗人是"从回族到藏族"或是"被藏化了的回族"。近年来，中央民族大学、西北民族大学、宁夏大学的一批学者及上海复旦大学的学生先后对卡力岗人进行了更加深入的人类学民族志意义的调查与研究，他们不仅关注卡力岗人的族源、族群演变，也关注卡力岗人的教育现状、经济发展和人口流动等问题。此阶段对卡力岗人的研究不再局限于卡力岗人由藏族演变为回族的"定性"问题，但是，爬梳目前的研究，仍然尚无系统反映卡力岗人社会与文化变迁，特别是族群演变与族群认同变迁的研究成果。对该人群的研究还远未达到应有的深度。

2. 本书对卡力岗人的界定

本研究将卡力岗人定义为三部分人群，即居住在卡力岗山区的操藏语、汉语信仰伊斯兰教的回族，通过藏、汉、撒拉三种语言的"大撒拉"（撒拉族）和至今仍居住在卡力岗山区的一小部分（4000 多人）操藏语、信仰藏传佛教、保存完整藏族文化的藏族，因为是这三部分人共同承载了卡力岗现象。因此，本书的田野调查地点包括的讲藏语与汉语、信仰伊斯兰教的回族聚居村，讲藏、汉、撒拉语的撒拉族聚居村，讲藏语信仰藏传佛教的藏族聚居村。

3. 学界对卡力岗现象的研究现状

首先，从所发表研究成果的数量来看，卡力岗人的研究现状如下。

以"卡力岗"为关键词在学术期刊网（CNKI）搜索，共有 97 篇文章，发表年限如下：

第一，2010~2014 年：5 年共计 44 篇，年均 8.8 篇。

年　份	2010	2011	2012	2013	2014
数　量	7	14	9	10	4
合　计	44				
年　均	8.8				

第二，2000～2009 年：10 年共计 43 篇，年均 4.3 篇。

年　份	2000	2001	2002	2003	2004	2005	2006	2007	2008	2009
数　量	1	0	3	6	3	3	5	4	12	6
合　计	43									
年　均	4.3									

第三，整个 20 世纪 90 年代，只有 3 年有文章发表，3 年共计 3 篇，年均 0.3 篇。

年　份	1990	1991	1992	1993	1994	1995	1996	1997	1998	1999
数　量	0	0	0	0	1	0	0	0	1	1
合　计	3									
年　均	0.3									

第四，整个 20 世纪 80 年代，共计 7 篇，年均 0.7 篇。

年　份	1980	1981	1982	1983	1984	1985	1986	1987	1988	1989
数　量	0	2	1	2	0	0	1	0	0	1
合　计	7									
年　均	0.7									

上述统计结果显示，发表研究成果最多的 2010～2014 年，年均达到 8.8 篇，最少的是 20 世纪 90 年代，年均只有 0.3 篇，且 1990～1995 年的 5 年间只有 1 篇文章问世。其次是 20 世纪 80 年代，年均 0.7 篇，而发表成果数量居第二位的 21 世纪第一个十年，年均 4.3 篇，仅有 2001 年没有文章问世。可见，学界对于卡力岗人的研究，从数量上来看，呈现出从少至多的波浪式发展。即起步于 20 世纪 80 年代，经历了一个发展高峰，而进入 90 年代则受到冷落，其后则又呈现出持续增长势头，进入了目前的发展高峰期，且增长势头迅猛，可见，学界所称"卡力岗研究热"并非空穴来风。

其次，从内容上来看，我国学界对卡力岗现象的研究呈现出的总体趋势是由卡力岗人"藏回"的定性研究和记录向"卡力岗现象"研究转向，即从个案中对象的族属定性研究和特性记录转向个案的族群演变性质、文化变迁及其变迁模式研究，从个案研究转向了个案的普遍性研究，且呈现出多元化视角，涉及多学科、多问题的趋势，现分述如下。

如前所述，卡力岗现象的研究始于20世纪初，可分为三个阶段：第一个阶段（20世纪初至"文革"时期）的研究主要集中在20世纪20~30年代，当时，在国民政府的推动下，一批学有所长的专家为西部开发而先行前往考察，发现了这支人群，谓之藏回。此阶段研究多为对卡力岗特殊习俗的记载和其藏回身份的定性研究。主要的代表作包括：1930年周明武编修的《青海省巴燕县风土调查概况》、1932年编的《青海各县风土概况调查集》以及1936年马鹤天所著的《西北考察记》等。他们关于卡力岗回族的文化记载，为我们留下了珍贵的资料，是我们了解七八十年前该族群的生活状况的主要依据。新中国成立后，中国政府开始了民族识别工作，该阶段以民族识别和记录快要消失的文化为要义，"许多有价值的资料被整理和保留下来，后来出版的《化隆回族自治县概况》和《化隆县志》、《可爱的化隆》等书中记载的卡力岗人特殊的文化和该地区的历史风俗均来自于此时的社会历史调查。"① 这些都为我们留下了此阶段卡力岗人社会文化的宝贵资料。只可惜在太多意识形态色彩和价值判断之下，对所记录事实的选择决定了记录的零散性和不系统性，未能反映出卡力岗人当时的社会全貌。

卡力岗人研究的真正起步是始于20世纪80年代的"昔藏今回"争议。"上个世纪80年代初最早研究卡力岗的是李耕砚、徐立奎二人发表的《卡力岗地区部分群众昔藏今回的调查》。该文主要侧重于从宗教信仰变迁角度来论证卡力岗回族的由来。作者认为上述人群由藏族改信了伊斯兰教而变为回族，并且分析了这些人宗教信仰改变的社会、历史原因。随后，安才旦发表了《只要信奉伊斯兰教就可以说是回族吗？——〈卡力岗地区部分群众昔藏今回的调查〉一文质疑》，该文否认了卡力岗回族是由藏族改信伊斯兰教而形成。后来李、徐二人又撰文给予回应。据笔者所知，对

---

① 刘夏蓓：《卡力岗人·文化变迁的人类学研究》，北京大学2004年博士后出站报告（未出版），第17页。

卡力岗问题的研究，可谓始于上述论争。"① 其开启了 80 年代以来的卡力岗人研究之先河。

从研究内容来看，主要集中在以下几个方面。

第一，是关于卡力岗人的文化描述与族属的定性研究。

这方面的研究主要延续了第一阶段对卡力岗人社会风俗习惯及信仰文化的记录与描述，同时对其进行族属定性，主要从历史文献记载和田野调查中获取资料，普遍意义的理论关怀与对话较少。如马有福的《走近卡力岗》、冶清芳的《青海化隆卡力岗地区藏回渊源考》②、马宏武的《信仰变异与民族特征——卡力岗回族民族特征浅议》、李琰的《卡力岗人与伊斯兰教》、梁莉莉的《卡力岗的藏语穆斯林》、马云海与高桥健太郎合写的《伊斯兰文化在藏区：卡日岗穆斯林研究》等。

第二，是关于卡力岗文化变迁视角的调查报告与研究。

此类研究关注文化变迁理论，注重田野调查，将历时研究与共时研究结合在一起，从文化变迁的角度研究卡力岗的族群演变，具有一定的理论关怀。如刘夏蓓的《一个特殊回族群体的人类学调查——以卡力岗两个回族村为个案》《卡力岗人的文化变迁与变迁防御层次》，梁莉莉的《"卡力岗"回族群众生活方式及其现代变迁——德恒隆一村的实地调查》《多元共生中的文化涵化——青海河湟地区"卡力岗"和"家西番"族群的个案研究》，马学仁的《卡力岗人社会现象调查》，才项措的《青海卡力岗历史文化变迁研究》，马伟华的《青海卡力岗回族文化习俗传承与变迁的考察——以化隆县德恒隆乡德一村为例》，秀多吉的《化隆卡力岗地区的社会文化变迁探析》，桑才让的《卡力岗"藏回"现象的再调查与研究》，马秀梅的《青海化隆操藏语回族调查》，果建业的《汉藏边缘藏语穆斯林现状研究——以化隆甘都镇唐寺岗村和拉目村为例》等。

第三，是关于卡力岗人族属改变与族群认同的研究。

此类研究关注族群理论，从卡力岗人的族群认同入手，重点考察了卡力岗人的族群认同改变，具有一定的理论高度。如张中复的《历史记

---

① 马伟华、胡鸿保：《青海卡力岗人综述》，《西北民族研究》2006 年第 3 期。

② 冶清芳：《青海化隆卡力岗地区藏回渊源考》，《青海师范大学学报》1986 年第 4 期。

忆、宗教意识与"民族"身份认同——青海卡力岗"藏语穆斯林"的族群溯源研究》，马伟华的《青海卡力岗人族群认同及其变迁的考察——以化隆县德恒隆乡德一村为例》《青海卡力岗回族语言认同的调查报告——以化隆县德恒隆乡德一村为例》，刘夏蓓的《迁徙、文化传播与认同：以卡力岗人为个案》，达娃央宗的《青海卡力岗人的族群身份变迁》等。

第四，是关于卡力岗现象的研究。

此类研究已经将卡力岗人的文化变迁作为一种文化现象和模式从普遍意义的高度展开研究，该研究视角注重个案中的普遍性，对话族群、族群认同、宗教信仰、文化变迁等理论，具有较高的理论水平。如沈玉萍的《卡力岗现象及其分析》，马明德、马学娟的《"卡力岗"现象的文化地理学浅析》，丁明俊的《边缘化的中国穆斯林族群研究》，梁莉莉的《多元共生中的文化涵化——青海河湟地区"卡力岗"和"家西番"族群的个案研究》等。

第五，人类学、民族学之外其他学科的研究与综述。

此类研究从本学科出发，对卡力岗人展开研究，提供了多学科的研究视角。如马伟华、胡鸿保的《青海卡力岗人研究综述》，马明德、马学娟的《"卡力岗"现象的文化地理学浅析》，冯岩的《走近雪域高原的穆斯林》，梁莉莉的《青海河湟地区民族和谐相处典型案例调查》等。

综上所述，我国学界对卡力岗人的研究呈现出，由定性研究向调查报告再向关注族群认同与文化变迁，目前落脚在个案中的普遍性即卡力岗现象的研究上。另外，各种不同学科也涉猎卡力岗研究，成果跨人类学、民族学、社会学、文学等学科领域，其中很多研究对本书不无启发，是本书的重要参考，也是本文的成文基础。但客观地说，目前，普遍意义的卡力岗现象研究才刚刚开始，既缺乏成果数量的积累，也缺乏高质量、有影响的研究，只是在近两年才有了硕士学位论文，甚至没有一本博士学位论文来系统研究这一问题，专著更是缺见，与其他同类研究相比还停留在一个起步的水平，作者期待能够以本书抛砖引玉，为卡力岗现象研究贡献一个靶子，对接各方讨论之火力。

4. 本研究关注的主要问题

本研究关注以下主要问题:

卡力岗人的族群演变与族群认同建构的经过与层次;

伊斯兰教的排他性和社会整合功能与族群演变及族群认同的关系;

族群演变及族群认同建构的客观条件是什么;

多民族聚居和杂居格局与族群演变及族群认同改变的模式;

卡力岗人的族群演变梯度和族群认同建构层次及成因。

(三) 研究方法与资料来源

本书主要采用文献研究和田野调查方法获得资料,使用了参与式观察、深度访谈、口述史、问卷等方法获得一手资料,运用文献研究方法,获得了大量的历史资料,并在此基础上运用归纳、分析获得事件的全貌和实质。

本书所引用的德恒隆乡资料,绝大多数为田野调查的访谈记录、田野日记和原始文献资料。笔者自 2002 年 7 月 25 日,进入德恒隆乡做田野调查,之后,分别于 2007 年 1 月、2012 年 7 月两次再调查,在遍访所有行政村的基础上,以 6 个自然村为田野调查点,分别对该村进行了参与式观察和深度访谈,被访人员包括 6 个村的阿訇、活佛、教师、乡干部、老村长、现任村长、一般村民等僧俗群众。同时,还对化隆回族自治县的人大、政协、县政府领导和办公室工作人员进行了访谈,并对德恒隆乡中学(初中部)的学生、学生家长及教师发放问卷 200 份,回收有效问卷 160 多份,获得了他们对于自己文化和信仰的认识,并拍摄了大量的照片资料。具体如下。

1. 田野调查与田野访谈

访谈对象:

纳加村(回族村,汉语);德一村(回族村,藏语);东家村(撒拉族,三语通用);吾后列村(藏族村,藏语);团一、二村(藏、回杂居)。

被访人数:

6 个村,40 户,240 余人。涉及民族 3 个。访谈方式采用一对一的单独访谈,现场录音并做简要记录。

访问化隆县政府办公室、化隆县人大、化隆县县志办公室、化隆县档案馆及德恒隆乡政府的 6 名工作人员。

被访对象民族状况：

回族：分别居住在两个回族村（操汉语、操藏语各一个村）；

撒拉族：居住在撒拉族聚居村；

藏族：居住在藏族村；

汉族：乡政府和县政府、政协、人大工作人员。

被访对象语言状况：

操撒拉、藏、汉三种语言；

操藏语，男性大多通汉语，女性基本不通汉语；

操汉语，男性大多通藏语，女性基本不通藏语。

2. 具体访谈人物

A. 纳加村（纯回族村，操汉语，女性不通藏语，男性部分通藏语）

村庄简况：

位置：德恒隆乡北部；

人口：全村 60 户，394 人；

语言：其中 3 户讲藏语，其余皆使用汉语，妇女全部使用汉语。

访问对象：6 户（家）

a. ZHY 家（德恒隆乡中学，回族，操汉语，通藏语、撒拉语）；

b. HDL 家（纳加村干部，回族，操汉语，通藏语）；

c. 纳加村清真寺阿訇（回族，操汉语，通藏语）；

d. 老奶奶一家（回族，操藏语，流落该村）；

e. 普通村民 2 户（操汉语，通藏语、不通藏语各 1 户）；

B. 德一村（纯藏族村，藏语为主，3 户通汉语，部分男性懂汉语，女性不通汉语）

村庄简况：

位置：德恒隆乡政府所在地，德恒隆乡北部；

面积：1100 多亩；

人口：全村 239 户，1235 人；

语言：其中 10 户讲汉语，其余皆使用藏语，妇女全部使用藏语；

族源：由汉族演变为回族。

访问对象：10 户

a. 马姓乡干部（回族，操藏语，通汉语）；

b. 阿訇满剌（回族，操藏语，通汉语）；

c. 马会计（回族，操藏语，通汉语）；

d. 韩姓村民（回族，操藏语，通汉语）；

e. 德一村清真寺阿訇（回族，操藏语，通汉语）；

f. 村学校教师家（情况不明）；

g. 普通村民 1 户（撒拉族，操藏语、撒拉语，通汉语）；

h. 普通村民 1 户（回族，操汉语，通藏语）；

i. 普通村民 1 户（回族，操藏语，通汉语）；

j. 普通村民 1 户（回族，操藏语，不通汉语）。

C. 东加村（既是自然村，也是行政村，且该村只有东加 1 个自然村）

村庄简况：

撒拉族、回族杂居村，共 67 户、387 人，通用撒拉、汉、藏三种语言；

访问对象：6 户

a. 村学校教师马 LS 家（撒拉族，操撒拉语，通藏语、汉语）；

b. 村长（情况不明）；

c. 东家村清真寺阿訇（情况不明）；

d. 村民 2 户（撒拉族与回族通婚家庭）；

e. 村民 1 户（纯撒拉族家庭）。

D. 吾后列村（隶属于若索行政村）

村庄简况：

纯藏族村，藏语为主，个别人懂汉语。4 个自然村分别为塘格尔、拉口、古哇、吾后列。吾后列村隶属于若索行政村，人口 78 户，669 人。

访问对象：6 户

a. 若索村长 JD（藏族，操藏语，略通汉语）；

b. 若索寺院活佛（藏族，操藏语，通汉语）；

c. 若索寺院僧人 2 人（藏族，操藏语，通汉语、不通汉语各 1 人）；

d. 村民 2 户（操藏语，通汉语、不通汉语各 1 户）。

E. 团二村

村庄简况：

藏、回杂居村，81 户，453 人，1 个藏族自然村——南木相；其余 3 个以汉语为主，部分只通藏语；4 个自然村分别为关相湾、江村、卡浪、南木相。

访问对象：6 户

a. 村长一家；

b. 村学校教师一家；

c. 南木相村村民 2 户（藏族，操藏语，通汉语、不通汉语各 1 户）；

d. 卡浪村村民 2 户（回族，通汉语、不通汉语各 1 户）。

F. 团一村

村庄简况：

藏、回杂居村，54 户，351 人，1 个藏族自然村——树村（内有几户回族），汉语为主，部分懂藏语，3 个自然村分别为树村、合什藏、先群。

访问对象：6 户

A. 村长一家；

B. 村学校教师一家；

C. 树村村民 4 户（藏族、回族各 2 户）。

3. 主要访谈内容

（1）卡力岗人的自称与族群认同（包括自我认同、他认同）；

（2）卡力岗人族群认同与周边同民族（周边回、藏、撒拉）之间的关系认同；

（3）卡力岗人族群认同与宗教之间的关系；

（4）卡力岗人族群认同与地域之间的关系；

（5）卡力岗人族群认同与祖源（演变）之间的关系；

（6）卡力岗人族群认同与根（记忆、字号）之间的关系；

（7）卡力岗人族群认同与语言之间的关系；

（8）卡力岗人族群认同与日常生活方式之间的关系；

（9）卡力岗人族群认同的演变与发展。

4. 主要观察内容

（1）民居及室内陈设；

（2）建筑材料及其演变；

（3）村内家族系谱（家伍）；

（4）生产工具的演变；

（5）教育状况；

（6）休闲娱乐；

（7）节日仪式；

（8）村民交往、频率及其方式。

访谈采取一对一的单独访谈方式，被访者对本研究的调查目的知晓并认可，他们希望通过学者的研究，能够增加社会各界对卡力岗地区的了解与关注，从而为当地人带来福利。被访者一般都能坦诚地谈出自己对问题的真实看法和想法。在这些被访人员中，同笔者谈话次数最多的是德恒隆乡中学的校长张原及其家人，他也是我田野调查的报告人。张原校长通汉、藏、撒拉三种语言，我们能够深度交流，他不仅为我提供研究对象的情况，也为我提供了许多宝贵的文字资料，他的观点和看法给了我很多启发，从他那里我了解到了卡力岗人"文化自觉"的现状。在此，对张源校长和所有帮助过我的卡力岗村民表示衷心的感谢！

5. 文字档案资料

由于卡力岗人的族群演变与文化变迁始于两百多年前的清中期，其族群演变与文化变迁是历史性的，因此，只对当下尚未完成的族群演变和社会变迁进行田野调查是十分不够的，已经成为"过去时"的变迁部分需要借助大量的历史资料才能显现。况且，按照人类学的全貌论、整体论原则，对卡力岗地区社会文化背景及族群互动的历史研究，也需要借助大量文献资料。因此，本研究文献资料的收集工作量十分巨大。笔者用了半年的时间，分别在甘肃省、青海省图书馆、化隆县档案馆、县政府、县人大、县志办公室及德恒隆乡政府等处，查阅了大量资料。通过对政府文献等大量档案资料的梳理，在上述政府部门的支持下，搜集到的相关文字档案资料十余万字，特别是该地区的历史资料，经同意，对档案资料进行了摘抄，为卡力岗现象的历时研究提供了可能。

6. 问卷调查资料

除访谈之外，对德恒隆乡学校（初中部）的学生、学生家长、村民及教师发放问卷200份，回收有效问卷160份，获得了有关宗教行为、价值观念的第一手问卷资料。在德恒隆乡学校校长、我的报告人，也是纳加村村民的协助下，做了为期一年的纳加村"村庄日志"。它既是观察记录，也是村民自我观察的结果，有助于完整地把握纳加村的年周期活动规律。

第二章　卡力岗人的民族志调查

第一节　卡力岗现象的承载空间

一　本土观念中的卡力岗空间

田野调查显示，卡力岗人的空间观念主要由三类构成：一是以清真寺作为定位标志来区分空间；二是以自然村（"社"）的位置来确定具体的方位，一般是以小队的名称称呼；三是以地理方位指示空间。其中第三种占主位。卡力岗人多以山作为空间的定位标志，小到本村在山的哪个方位，大到对卡力岗人的范围划定，自然空间也成为是不是卡力岗人的定位标准。

"卡力岗"又称"恰力岗""卡日岗"，均为藏语的音译，"岗"即山，卡力岗就是"高山""大山"的意思。名副其实，横贯化隆回族自治县中南部的卡力岗山系由尕加山、尕吾山、路曼山、尕加昂山等共同组成，该山系顶峰海拔 3579 米，峰峦起伏，峻岭相接，崇山密布，气势磅礴，绵延数百余里，是化隆之锁匙，是青藏高原与黄土高原地理上的交界点，也是汉藏、穆斯林文化的交汇点。卡力岗人就是因该山系而得名。

与中国其他区域的空间观念一样，卡力岗作为一个地域，也分别有非本土的行政区划空间与本土观念中的空间和研究者建构的空间之分。在卡力岗人的本土观念中，卡力岗地区是指整个卡力岗山区，即以自然资源为参照的、本土认知的"文化空间"。

人类学家埃文斯－普理查德就曾十分关注人们是如何划分空间的，他认为经验与认知两个要素在空间的划分中具有重要意义，他在《努尔人》[①]一书中，将空间划分为三部分，即物理的、生态的和结构的。其中，"物理空间"是指实际存在的经验空间，也就是人们经验感知的空间；"生态空间"则是指以人口分布状况划定的、以自然资源为参照的、土著观念中的空间，也是本土认知层面的空间；"结构空间"则是指人类群体之间的距离，是研究者们构建的、以土著之间社会关系的疏密为标准划分出来的空间。而根据这三个维度所划分出来的空间虽为同一块区域却并不完全对等，这是由于各自不同的认知和标准所决定的。按照埃文斯－普理查德的这一划分，卡力岗人"以卡力岗山为参照系的本土空间观念"就是卡力岗人在经验感知的"物理空间"的基础上，以自然资源为参照，根据人口分布所逐渐形成的一种对自我的空间认知。

关于空间观念的形成根据与机制，许多人类学家做过经典的研究。著名结构主义大师、法国人类学家列维－斯特劳斯就曾通过房屋的空间布局研究，得出了"象征"是空间观念形成根据的结论。列维－斯特劳斯认为，房屋是介于简单社会与复杂社会中的一个独有宇宙观的社会，房屋的划分具有重要的象征意义。他还进一步指出，空间的经验性和认知性存在着涵盖关系，即认知涵盖经验，强调了认知在空间中所具有的重要意义。如此，认知的空间与经验的空间划分之间可能产生分裂，经验空间有可能小于认知空间，正所谓行政区划和研究者划定的地域"空间配置并不反映真实的、无意识地存在于土著人头脑中的那个模型"。[②]

---

① 〔英〕埃文斯－普理查德：《努尔人》，诸建芳等译，华夏出版社，2001。
② 〔法〕迪迪埃·埃里蓬：《今昔纵横谈——克劳德·列维－斯特劳斯传》，袁文强译，北京大学出版社，1997。

关于空间的形成机制，除了列维 – 斯特劳斯的象征论之外，另有许多不同观点。著名海外汉学家，美国国家科学院院士，康奈尔、斯坦福大学人类学系教授施维坚（G. William Skinner），在对中国晚清社会的研究中得出了一个新的结论，即市场才是空间形成的主要机制。他认为，"无论是宗族之间，还是通婚、械斗等地域关系，都不难看出市场是其形成的主要依据。"① 还有更多的学者则分别强调了"人的能动性"在空间建构中的重要性，"人类的实践"是空间的再生产机制。他们认为是人的各种活动使空间被认知、被生产和被再生产，而政治作为人类的主要活动是造就空间的主要因素之一，与此同时，仪式—地域崇拜也被引入了空间形成机制研究。至此，关于空间形成的机制有了多种观点，即政治的、实践的、象征的和市场的，等等。

从本研究来看，以本土地域空间命名的卡力岗人，其空间观念本身就是卡力岗人族群认同的一部分，是自我认同、群体认同的主要元素之一。卡力岗人空间观念的形成与当地的自然条件有直接的关系。卡力岗山系山大沟深、沟壑纵横，交通十分不便。长期以来，进出该地区也只能借助二（二塘乡）德（德恒隆乡）乡级公路，该公路主要为盘山砂石路，各路段坡度大，转弯急，往往一面是悬崖峭壁，另一面是望不见底的深渊，每遇雨雪天气则无法通行，形成了一个相对封闭的独立地理单元。而这个相对封闭的独立空间正是承载卡力岗现象的载体。自 2008 年起，青海省政府在"扩大内需"及"惠民工程"等项目的推动下，相继开始了对青海省乡级公路的修缮，将砂石路改造成为沥青路面，谓之"油路"，其中二德公路分为两段分别修缮，即从二塘乡至上塔村、从阿什努乡至德恒隆乡。至2012 年，已经完成了验收，这一惠民工程极大地方便了卡力岗人的出行，可以说是卡力岗人多年期盼的一个重要事件，笔者在卡力岗调查时就经常听到村民们抱怨这条公路，特别是外出打工回乡过年的青年们经常因为道路问题到了巴燕镇而进不去卡力岗，无法回家过团圆年。而我第一次进入卡力岗，也经历了从小轿车、面包车到越野车三次换车才得以成行。修缮后的卡力岗公路不仅使卡力岗人受益，也给卡力岗人的生活带来了目前还

① 〔美〕施维坚：《中华帝国晚期的城市》，叶光庭等译，中华书局，2000。

难以估量的作用。它打破了卡力岗千百年来的封闭空间，其结果是极大地改善了卡力岗人与外界交往的条件，必定会加速其与外界的文化交流，也必定会影响到卡力岗人的文化变迁速度。

抛开刚刚发生一年多的地理空间的变化，我们可以说，是其地理空间的相对封闭性，形成了该空间单元中经济文化的"内交流"性和经济文化生活的同质性，这也是卡力岗人本土空间观念形成的前提条件，与象征有关。无论这个相对封闭的区域如何更名，如何在行政区划上频繁改变，但卡力岗地区的空间边界在当地人心中始终是卡力岗山区的边界，该山系也是卡力岗人文化的象征。访谈资料显示，卡力岗人认为，卡力岗人的空间范围包括整个卡力岗山系，即北以尕吾山口为界，东与甘都镇相接，西与南以黄河为界的一个相对封闭的地理单元，这与卡力岗山系的地理位置是完全吻合的。在这个封闭的单元中，西、南部为悬崖峭壁，无法通行。笔者曾登上了海拔3500多米的卡力岗山最高峰，站在山上俯视山脚下千余米的黄河，巨大的落差高度，使汹涌澎湃的黄河犹如一条银色的带子，显得那样遥远而娟秀。山、水组合而成的天然屏障将卡力岗人与周边地区隔开，形成了一个相对独立的卡力岗地理单元。调查显示，当地人认同的卡力岗人就是指居住在卡力岗山区的所有"山里人"。在笔者的访谈中，卡力岗人把同属德恒隆乡行政区划的、两个位于卡力岗山脚下的村子——牙曲滩和哇家滩，戏称为"小台湾"，问其原因，他们说，一是因山高地远，和我们的联系少。的确，这两个村子位于卡力岗山脚下，由于山大沟深，看似相距并不那么远的两村村民，要到乡政府所在地的德一村办事，得走一个下午，百余里山路（当地人行走山路的速度快于一般人），途中经过15个自然村，受此限制他们平时与山里的卡力岗人交往较少，不比山内的村庄经常往来。这一切均是受自然条件限定的。正是以自然资源作为划分空间的参照，这两个村虽然行政隶属卡力岗三乡，村民也大多是五六十年前由山内搬迁下来的，但其游离于卡力岗山之外的地理位置，使其被称作"小台湾"。第二个原因是两村与卡力岗人经济生活的差异。由于其位于卡力岗山脚下，濒临黄河，其自然条件、农业生产条件，特别是饮水条件好于卡力岗山区，而其生产结构也与德恒隆乡整体结构有所不同，与德恒隆乡的经济交流也相对较少，因此，卡力岗人将其视为"外人"。第三个原因，是这两个村庄与卡力岗人的价值观念有着较大的差异。如前所述，处在行政区划所属边缘地带的两村，其村民大多数是自卡力岗"山里"搬迁下来的村民，刚搬来时，大多数人家一贫如洗，后来，一家人的年收入也只有几百元。于是，催生了化隆"传统手艺"——造枪的复兴。加之，地处行政区划的结合部，天高皇帝远，这两个村庄较少受到各种约束和管辖，村中从事造枪、贩枪等不法行为者较多，犯罪率高①，为卡力岗人道德规范所不容。在访谈中，当问及对两村造枪一事的看法时，村民们强调，"他们做了古兰经中不允许做的事，不是虔诚的穆斯林，不是我们卡力岗人"（村民，男，53岁）。因此，两村虽然行政区划属于德恒隆，村民也是原卡力岗亚曲村的村民，但山脚下、山外人、不"尊经守法"的角色和行为，使其游离于卡力岗人的认同之外。

可见，有着共同的自然环境、共同的经济生活和共同伦理观念的"卡力岗山里的人"才是卡力岗人，它包括三部分人，即居住在卡力岗山的操藏语、汉语，信仰伊斯兰教的回族；通用藏、汉、撒拉三种语言的"大撒拉"撒拉族；操藏语，至今仍保持着藏传佛教信仰和完整藏文化的藏族。这些宗教信仰不同、所操语言不同、自称不同、所属不同民族的人，却共同认同自己是"卡力岗人"。正是相对封闭的地理环境，造就了"山里人"的空间观念，该空间观念又成为卡力岗人区分"我群"与"他群"的要素之一，也成为本研究区分卡力岗人的边界。

二　行政区划的卡力岗空间

显性的行政区划是政府治国策略的探索，由于政府及其治国方略的频繁变更，也就导致了行政区划的屡次被更改。历史上，卡力岗地区的行政所属也经历了数次大的变动，大致如下。

唐、宋时期，在今卡力岗三乡之一的沙连堡乡建立了宁塞寨军事据点，吐蕃东进后这里逐渐成为吐蕃的聚居地。

① 牙曲滩、哇家滩村犯罪率远高于卡力岗其他村，主要集中在造枪、贩枪方面。据化隆县群科公安分局局长赵晓安透露，2003年，群科分局成立后，在牙曲滩村至少打掉了5个造枪窝点，抓进去100来人，该村号称"地下兵工厂"。近三年来，造枪、贩枪的犯罪活动也波及了卡力岗山里的其他村庄，在中央电视台的相关报道中，造枪也涉及了德一村。

元朝时期，统一全国，该地区属"吐蕃等处宣慰司·贵德州"管辖。

明朝时期，该地区属于吐蕃"马番二十五族"中"占哑族"的驻牧之地，内立 29 族。

明末清初，随着历次回民起义失败，回民开始陆续迁入相对封闭的卡力岗地区避难，而此地的部分吐蕃部落也陆续迁往海南（今青海海南藏族自治州），留居的部落开始接受伊斯兰教，逐渐形成我们今天研究的卡力岗人。

清朝末年，卡力岗地区已经由吐蕃聚居地，演变为藏回杂居地区。据清宣统元年（1909 年）巴燕戎格厅的"通判"钟文海在《巴燕戎格厅地理调查表》[①] 中记载，清乾隆九年（1744 年），今化隆地区设巴燕戎格抚番厅，内设 3 城、23 庄、16 族[②]，卡力岗地区为吐蕃 16 族中的安达迟哈（19 户）、思那加（136 户）和喀咱工凹（127 户）等族的驻牧之地；其中喀咱工凹族驻牧今阿什奴乡（藏语：宽广的地方），安达迟哈和思那加族则驻牧今德恒隆乡和沙连堡乡。此时整个化隆地区有吐蕃 2921 户[③]，但此时聚居该地区的已经不仅仅只有这些部落了，已经有了一定数量的回民和汉人。

清末民初，化隆设 81 庄，卡力岗设卡力岗、德恒隆和中原三庄，而当时整个化隆境内的藏人只有 1681 户，较乾隆时期少了 1240 户。

民国时期，民国元年（1912 年）至民国十七年（1928 年）建青海省，民国十九年（1930 年），化隆改设三个区，其中第三区由卡力岗、甘都工、下六族等组成；民国三十六年（1947 年），实行保甲制度，又将全县改为五区、一镇、二十三乡、六十八保、七百零二甲。卡力岗庄地区属第五区，划为德恒隆乡、阿藏吾具乡等。一年后，又将五区的二十四乡缩编为四镇八乡，再次改设卡力岗乡。

1949 年新中国成立后，人民政府对该地区重新规划，1949~1984 年，先后设德恒隆乡（1951 年），德恒隆公社（1958 年，包括沙连堡乡，1974 年被单独划出），德恒隆乡（1984 年），其中阿什奴和沙连堡曾屡次被并

① （清）钟文海：《巴燕戎格厅地理调查表》，宣统元年（1909 年），甘肃省图书馆存。
② （清）杨应琚纂修《西宁府新志》，乾隆十二年（1747 年）刻本，青海省图书馆存。
③ （清）钟文海：《巴燕戎格厅地理调查表》，宣统元年（1909 年），甘肃省图书馆存。

入德恒隆乡又划出，最后形成了今天卡力岗三乡的行政区划。

从上述行政区划的变更和该地区名称使用的时间、出现的频率来看，卡力岗为第一，德恒隆为第二，其他次之。

行政区划是政府治国的手段，有过多的人为因素，因此，频繁变更中的绝大部分区划并未得到当地人的认同，对当地人的本土空间观念的影响亦微乎其微。田野调查显示，卡力岗的行政区划未被卡力岗人所认同，也未被当作卡力岗地区的界定标准，如上所述，在得到当地人认同的本土观念中，卡力岗地区是指整个卡力岗山区，其参照系包括自然资源、人们的实践活动和共同的价值标准。

三　研究者构建的卡力岗空间范围

研究者所构建的卡力岗空间范围，在人类学的空间理论中，被称作"结构空间"，其是以价值来表达的人类群体之间的距离、孰亲孰疏划分的结果。具体到本研究学界建构的"卡力岗空间"，则指"居住在卡力岗地区的、讲藏语的回族"。可见，这比卡力岗人本土观念中的空间范围要小得多。

本研究所定义的卡力岗空间是卡力岗人本土空间观念中的整个卡力岗山区，是卡力岗现象的承载空间。由此，本研究中的卡力岗人既包括居住在卡力岗山的操藏语、汉语，信仰伊斯兰教的回族，也包括通用藏、汉、撒拉三种语言的"大撒拉"（撒拉族）和一小部分（4000多人）藏族。因此，本书的田野调查地点除了德一、纳加两个回族村外，还包括了撒拉族聚居村和藏族聚居村等。

第二节　卡力岗地区的自然环境

一　自然生态环境

（一）方位与地貌

卡力岗山区位于青海省海东地区化隆回族自治县境南部，距政府所在

地巴燕镇 20 公里，其中阿什奴乡的地理位置最北，地理坐标为北纬
36°02′，东经 102°12′。德恒隆乡为最南，北纬 35°59′，东经 102°11′。沙
连堡乡在中间，北纬 35°59′，东经 102°05′。卡力岗地区北接谢加滩乡、
加合乡，南临黄河与黄南藏族自治州循化撒拉族自治县相望，西接群科
镇、尖扎县，东接甘都镇。境内主要由卡力岗山系与浅山、脑山组成，
地势北高南低，海拔 2500～3600 米，总面积 474.77 平方公里，其中阿
什奴乡 107.51 平方公里，沙连堡乡 105.75 平方公里，德恒隆乡面积最
大，为 261.51 平方公里。

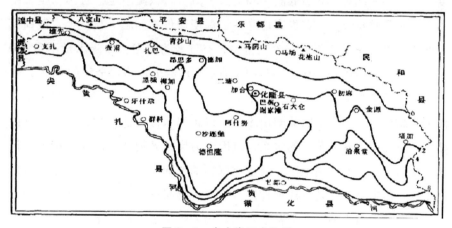

图 2－1　卡力岗三乡位置

注：引自《化隆县志》。

由尕加山、尕吾山、路曼山、尕加昂山组成的卡力岗山系由沙石巨踪
构成，山高水远，地势险峻，植被稀少。

卡力岗顶部、山阴处牧草丰美，既可农耕，又可育林。沟谷发育，切
割较大，覆积物多为风积黑土和植物腐殖层，厚度 1.5～5 米不等，但由于
数十年连续采用“渣伐”[①] 取暖、“烧灰”[②] 和近年来的连续干旱，导致了
植物腐殖层迅速减少，而出现了较为严重的水土流失问题。卡力岗所在的
化隆地区也被列为青海省严重水土流失区，特别是卡力岗地区的浅山丘陵
区水土流失最为严重，其森林覆盖率只有 9.0%。

---

①　方言，当地群众称植物腐殖质为“渣伐”。
②　指制作肥料。

卡力岗的山间平缓之处多为白浆土。这种土壤土层深，腐殖质含量只有1%左右，养分贮量少，下雨不排水，干旱易板结。由于进出卡力岗地区的公路主要修建在山间平缓处的这类土质上，因此，每遇雨天，车辆因打滑而无法通行。

（二）气候与水文资源

卡力岗属于高原大陆性气候，干燥少雨、寒冷、多风，冬季漫长而寒冷，夏季短促而凉爽，冬季约占全年的一半以上，无霜期短，一般在80~120天。7月平均温度在12℃~14℃，极端高温24℃~28℃，1月平均温度-13℃~-11℃，极端低温-30℃~-27℃。积温不足，对作物生长不利，但光照时间长，一定程度地弥补了温度偏低的问题。与整个青藏高原一样，卡力岗地区气压低、含氧量少，空气较为稀薄，年降水量不足600毫米，主要集中在5~10月，其中7月、8月两个月约占全年的47%，对依靠降雨灌溉为主的卡力岗农业十分不利。卡力岗虽南临黄河，但由于其南坡为高出河床千余米的陡峻山崖，所以黄河水源无法利用，而数十支由西北、东北向南注入黄河的水系，也因卡力岗地区地势较高而未能流经该地，山高水远，卡力岗地区主要依靠降雨灌溉农田，因此，旱灾是该地区的主要自然灾害，也是造成该地区自然环境恶劣的主要原因。在很多调查报告中，对卡力岗地区的人畜饮水困难均着墨颇多，在《走近卡力岗》一文中，就有这样的记载："他们开始讲述一桩桩令外人无法想象的有关水的故事。三年前，他们得罪了水源所在村，那个村就把水堵了，渴得他们村庄就开着手扶拖拉机到黄河里拉水，每天一个来回，至少需要六个小时。后来，因为水，他们两个村庄打起来了，凡年轻力壮的全拿了工具到了水源，人家也是全拿着工具护卫。一场混战没能解决问题，倒是两个村庄的人们结冤很深，竟连亲戚都不敢走了……后经两村阿訇多次斡旋才得以和好……管水，凌晨五时前不论天晴天阴都得去开锁拿出龙头管，还得监视着全村人不能浪费哪怕是一滴水，直至等到每户取了水，他才能回家。有时，谁家有个红白事情，他得连夜蹲在泉边服务。这活不好干。"[1]笔者在调查期间，也对此深有感触，为了节省水，一盆水要几用，最

---

① 马有福：《走近卡力岗》，《中国民族》2008年第7期。

后还会留给牲畜饮用。2000 年以来，随着干旱越来越频繁，有的村庄已经面临人畜断水问题，特别是位于山顶的村庄，由于位置较高，水源无法到达，已经到了危及村庄生存的境地，于是，一些村庄开始集资建立引水工程，将山沟中的水源引上山来，以解燃眉之急，拉村就是成功的案例，该村因此告别了昔日肩背、驴驮、车拉的辛酸的取水历史，从以下新闻稿中也可以看到水资源对于卡力岗人来说的意义，详见图 2 - 2。

化隆县德恒隆乡拉村人喝上了香甜的自来水

http://www.qhnews.com　西海都市报 2006-11-28 08:57

青海新闻网讯11月22日，晴空万里，深秋的阳光照在德恒隆山头上显得格外暖和，拉村的男男女女、老老少少的笑容里让人感觉到一股暖意和香甜。过去村民们连一件衣裳都舍不得洗的水，今天为迎接远方的"亲人"，在巷道里，特意有些大方地撒上了新通的自来水，喜庆的气氛更加浓厚。

由海东地区财政局自筹资金16万元、捐助200KVA变压器1台，在村民的积极配合下，承建单位经过55天的紧张施工，拉村人终于喝上香甜的自来水了，从而拉村人告别了人背、驴驮、车拉生活用水的历史。村民苗文德激动地对记者说："今天我们特别高兴，因为海东财政局帮我们拉通了自来水，在这干山头上吃上自来水，以前我们连想都不敢想，我们再不用整天为吃水而忙碌了，实话感谢党，感谢政府对我们的关怀啊！"

化隆回族自治县德恒隆乡山大沟深，座落在德恒隆山头上的拉村人人老几辈都习惯于靠天吃饭，但最头痛的是吃水问题，就是从4公里远(最远的达5公里)、深200多米的深沟里取用生活用水。近几年村们开始掏钱用手扶拖拉机拉水，然而山路坡陡弯急，稍有不慎就会有生命危险。据村民介绍，在取水过程中已经发生过近20次的大小事故，还有人因摔伤而住过院，遇上连续几天刮风下雨的，他们就东家门西家门的借水。

今年初，地区财政局开始联姻帮扶拉村后，局领导多次深入拉村了解村民在生产生活中存在的困难和问题，经过多次论证，决定从原水源点给村民拉上自来水。现已建成饮水截流1座，50立方米蓄水池2座，铺设压力管道3755米，输水管道4050米，解决了711人、700头(只)牲畜的饮水难问题。据估算，自来水拉通后，村民年户均节约拉水开支400多元，还解放了劳动力。为此，财政局开始着手组织该村50多名年轻人举办拉面匠培训，鼓励青年人走出大山，发展拉面经济。还和乡村干部商讨，帮助村民发展养殖业、庭院经济……
(作者：祁玉海)

图 2 - 2　德恒隆乡 2006 年新通自来水新闻报道网页截图

但是，目前像拉村这样能吃上自来水的村庄还是极少数，大多数卡力岗人仍然被严重缺水所困扰。除了山高水远、严重缺乏水资源之外，雹灾、霜冻和山洪也是卡力岗地区主要的自然灾害，其恶劣的自然环境对农、牧业生产造成极大的限制。

除此之外，卡力岗与周围其他地区相比，自然资源也极为贫乏，目前既无茂密的森林资源，也无稀有的动植物资源，只有地下分布的有色金属和可作水泥原料的石灰岩等，但也储量有限。在《青海省农村能源综合区划》中，卡力岗所在的化隆地区被列为"严重缺能区"。

二　自然环境的特点

（一）　地形地貌的封闭性

如上所述，由尕加山、尕吾山、路曼山、尕加昂山共同组成的卡力岗山系，崇山密布，峻岭相接，峰峦起伏，绵延百里。顶峰海拔高达 3579 米，整个地区北以尕吾山口为界，南以黄河划界，东与甘都镇相接，西与群科相连，进出该地区只有一条二（二塘乡）德（德恒隆乡）乡级公路。由于该公路为砂石路面，各段坡度大，转弯急，往往一面是悬崖峭壁，另一面是望不见底的沟壑，加之其白浆土质，虽有每天一班的长途汽车，但雨雪天气通行十分困难，过去，一年中有近半年的时间无法通行，交通十分不便。

《走近卡力岗》一文这样描写卡力岗的山路："走在卡力岗山上，路像捉迷藏似的，领着人和车，一会儿来到山的阳面，一会儿又躲在山的阴面，缠缠绕绕，时隐时显，颠来荡去，折腾得行人没有半点脾气。走在这样的路上，人就会感觉到自己的渺小，就会认识到自身的局限。据说，有个流浪的外地人，冷不防上了卡力岗山，走了三天，也走不到边界，于是就向当地人发问：卡力岗大，还是青海大？这当然是笑话，但借此我们可以想象，卡力岗足以吞噬一个人仅有的一点体力和活力。"①

的确如文中所描述，卡力岗的山路既陡又险，卡力岗人往往视冬天回家的路途为一种冒险。

由于山大沟深、沟壑纵横，卡力岗人的交通不便不仅表现在其与外部地区的出入交通上，就是山区内部的乡与乡之间、村与村之间的交通也十分不便，特别是位于南部和东南部的藏族村——若索村更是雄踞于山冈之上，据当地村民讲，从卡力岗山最边缘的村庄去乡政府办事，需要穿过大小村庄十余个，步行一个下午，走百余里盘山路。笔者最初在卡力岗地区考察选择田野地点时，去过 22 个行政村中的 44 个自然村，车辆里程表

---

① 马有福：《走近卡力岗》，《中国民族》2008 年第 7 期。

图 2-3　2012 年以前进出卡力岗的土路

显示，共驱车 700 多公里，因为从一个村庄到另一个往往要绕行好几个山头。山、水组合而成的天然屏障形成了一个相对独立的地理单元，在地理单元内也是"对面能说话，握手得半天"，卡力岗山区的内外交通十分不便。

图 2-4　从纳加村到德一村的村间小路

卡力岗山大沟深，人均四分地，农业机械往往"派不上用场"，耕种主要使用骡、马、驴等畜力，只有在平坦的山地播种时使用手扶拖拉机。于是，平时拖拉机成了运输工具，既运送物品也载人。笔者在做田野调查时，曾观礼一位长者的丧礼，在前往墓地时，山路上一溜十几辆拖拉机，上面坐着阿訇等村民，从高处看来，山路弯弯曲曲成为区别于周边庄稼地的白色带子，纵横交错，不仅让人感叹卡力岗人生活环境之严酷。

图 2-5　山路上载人的拖拉机队伍

如上所述，长期以来，卡力岗人出入山区主要依靠每天一班的长途汽车。每天早上 8 点，班车从乡政府所在地德一村发车，终点是化隆县县城所在地巴燕镇，晚上再返回德一村。每遇雨雪天气则停运。随着政府对道路的修缮，2012 年以来，这种状况稍有改善。

（二）水资源的匮乏性

卡力岗大部分地区缺水，水资源十分贫乏，历史上，卡力岗人畜饮水主要依靠山泉水和地下水，但随着干旱少雨天气的持续和自然环境恶化的加剧，卡力岗的地下水越来越少，过去德一村有一眼泉水和几眼水井，足以供应这个近千人村庄的人畜饮水（原来德一村与德二村为一个村庄，后因人数太多而分成两个村庄），但现在泉水已经干涸，井水的水位也在急剧下降。目前，多数村庄的生活用水来自雨水，每家每户都建立了收集雨水的集雨井，用来收集雨水，见图2-6。

图 2-6 集水井

如前文所述，干旱不仅成为威胁卡力岗人生活的主要大敌，还是造成卡力岗村庄之间冲突的主要原因，也是造成卡力岗人贫困的主要原因。

第三节 卡力岗人的民族志调查

一 卡力岗人的构成与特征

（一）化隆县人口构成

如上所述，卡力岗所在的化隆县境原为藏族聚居地，从明朝初年开始，回族陆续迁入化隆地区，至民国初期，化隆地区成为回族的主要聚居地之一。化隆县的人口构成经历了一个从藏族占主位到回族占主位的过程。

民国时期，是化隆人口构成的一个转折点，由于马步芳采取的种族歧视和宗教镇压政策，杂居民族之间的宗教差异等因素被夸大，引发了族群间冲突和藏民起义，后被马步芳的部队镇压，大量的化隆藏族陆续向周边的藏族聚居地迁徙，主要迁入海南藏族自治州、黄南藏族自治州等。而与此同时回族人口迁入，留在卡力岗地区的藏族改奉伊斯兰教演变为回族，至 1949 年，该地区基本形成"以回族为主体民族的格局"。①

新中国成立后最初三次人口普查数据显示，回族人口一直居于化隆县人口的第一位。

1953 年，全化隆县总人口 93827 人，其中回族为 45941 人，藏族26688 人，汉族 19403 人，撒拉族 1676 人，土族 109 人，哈萨克族 10 人。

1964 年，全县总人口 98644 人，9 个民族，其中回族 44885 人，汉族24942 人，藏族 24704 人，撒拉族 3898 人，土族 179 人，东乡族 25 人，蒙古族 2 人，哈萨克族 8 人，苗族 1 人。

1982 年，全县总人口 175748 人，民族发展为 13 个，其中回族 86735人，汉族 42346 人，藏族 38313 人，撒拉族 7943 人，土族 330 人，东乡族58 人，哈萨克族 10 人，满族 5 人，保安族 3 人，蒙古族 2 人，朝鲜族 1人，彝族 1 人，侗族 1 人。

截至 2005 年底，化隆全县有 10 个民族，总人口 236794 人。其中回族126481 人，占总人口的 53.41%；汉族 49360 人，占总人口的 20.85%；藏族 48166 人，占总人口的 20.34%；撒拉族 12271 人，占总人口的 5.18%；土族 434 人，东乡族 54 人，蒙古族 12 人，满族 9 人，白族 5 人，苗族 2人，6 个非主体民族共计 516 人，占总人口的 0.22%。

2000 年人口普查资料显示，我国的少数民族人口普遍增长较快，其中卡力岗所在的青海省人口增长速度远远高于全国平均水平。特别是少数民族人口增长快、比例高，1977 ~ 1985 年少数民族人口的增长率为 16% ~30%，高于汉族的 3% ~20%，特别是少数民族妇女的生育率远远高出汉族的 87.03%，年龄构成偏轻，仅为 17.20 岁。由此，青海少数民族总人口中少年儿童的比例高达 44.46%，据专家预测，在今后的一段时间内，少数民族的出生率和自然增长率将会更快。

卡力岗地区的人口增长也呈现出上述特征，由此带来了一系列社会问题，人口的增长速度过快，使教育资源捉襟见肘，1982 年人口普查显示，

① 引自才项措《青海卡力岗历史文化变迁研究》，西藏大学硕士论文，2013。

整个青海省每千人中的文盲半文盲率比例居全国首位，如撒拉族为743.4‰；藏族为730.3‰，平均为690.4‰，超过人口的半数以上。劳动人口的负担也过重，平均总负担系数为92.07%，也大大高于全国62.62%的平均水平。省会西宁12岁以上人口的文盲半文盲率为28.15%，而玉树等地区则高达73.10%，全省有15个县高于60%，卡力岗所在的化隆县即在此列。

由于化隆自然条件艰苦，其人口素质与文化素质都处于该地区或全省的末位。据1983年人口统计，各类在校生中，中专生为130人，仅次于果洛的282人，居全省倒数第二，高中居倒数第四，初中和小学的在校人数均居倒数第三。

（二）　卡力岗三乡的民族结构

1990年人口普查数据显示，德恒隆三乡共有人口22153人，其中阿什奴乡5018人，沙连堡乡6211人，德恒隆乡10924人。人口的民族构成依次为：回族16565人，藏族4167人，撒拉族1199人，汉族175人。[①]

2000年人口普查数据显示，卡力岗三乡共有人口28409人，其中阿什奴乡6000余人，沙连堡乡7000余人，德恒隆乡13000余人。人口的主要民族构成依次为：回族20000多人，藏族6000多人，撒拉族1600人，汉族175人。

2010年人口普查数据显示[②]，卡力岗三乡共有人口17686人，其中沙连堡乡4106人，阿什奴乡3881人，德恒隆乡9699人。

（三）　德恒隆乡及田野调查点概况

德恒隆乡隶属于青海省化隆回族自治县，位于化隆回族自治县县境南部，距县府驻地39公里。人口以回族为主，占总人口的82%。面积262.5平方公里，耕地面积47197亩，草场面积19万亩，人均占有耕地3.31亩。德恒隆属于国家级贫困县，村庄经济以农业为主，种植菜、胡麻、地膜洋芋、豌豆等经济作物。"2003年以来，依托退耕还林（草）工程实施了户

---

① 汉族多为新中国成立后进入该地区的干部和干部家属，在当地并不具有族群特性，不被当地人所认同。

② 引自国务院人口普查办公室《中国2010年人口普查分乡、镇、街道资料》，中国统计出版社，2012。

均养牛 2 头、养羊 20 只、养土鸡 20 只、村村培育 5 户养殖示范户的"2125"工程。自筹资金 46 万元，新建了哇加村、若索村学校。完成了牙曲村等村学校危房改造。争取面粉 12500 公斤解决了 85 户贫困家庭及 52 户计划生育"三结合"帮扶家庭的生活困难。兴修乡政府所在地、二德公路至纳加等 7 个村的乡村道路 17 公里。落实村村通电视卫星地面接收站 9 个。完成了 1120 眼集雨利用水窖工程，解决了 10 个村 1120 户 5280 人、4100 头（只）牲畜的饮水困难。发动全体乡干部开展一对一资助贫困学生入学活动，共救助贫困学生 122 名。"① 上述新闻报道从一个侧面反映了这个国家贫困乡的经济现状，德恒隆乡的绝大多数人尚未摆脱贫困，亟待发展。

目前德恒隆乡辖德一、德二、纳加、支乎具、措扎、黄吾具、拉村、东加、若索、哇加、哇西、加家、西后加、石乃海、牙曲、牙曲滩、卡什代、安措、哇家滩、列村、团一、团二 22 个（行政村）村委会，55 个自然村，79 个合作社。

德恒隆乡是卡力岗三乡中人口最多、面积最大的乡，是卡力岗的中心区，其所辖村庄位于卡力岗山山顶和大山山谷深处，村村有清真寺，宗教氛围十分浓厚。其生产以农业为主，兼营畜牧业。由于卡力岗地区基本都是农业人口，近年来，随着改革开放的深入，卡力岗的外出人口也在增加，在笔者调查期间，仅纳加村 66 户中就已有十几户全家外出，长期外迁的就有 7~8 户，并且，随着外出打工人数的增加，这个比例还在增加。这也是卡力岗三乡最新人口普查数据减少的主要原因。

笔者在遍访了德恒隆之后，选择其中最具代表性的 6 个村庄作为田野调查地点，其涵盖了语言、信仰、民族、地理位置等诸多特性。它们分别是纳加村、德一村、东加村、若索村、团一村、团二村。

1. 田野调查点之一：纳加村概况

纳加村，以"操汉语的回族村"被作为本研究的"田野点"。纳加，藏语意为"有水草"的地方。操汉语，三户通藏语，回族聚居村，信仰伊

---

① 《德恒隆乡为群众办实事》，新华网青海频道，http：//www.qh.xinhuanet.com/misc/2004 - 01/01/content_ 1435929.htm。

斯兰教。

纳加村既是行政村也是自然村，该村位于德恒隆乡北部进入该乡的山口附近，全为旱地。属于卡力岗地区比较小的村庄，是德恒隆乡规模最小、人口最少的行政村之一。

据村中的老人讲，这里原来只有 7 户藏民，回族进入本村后，原有藏族南迁牧区，新中国成立前本村回族人口也不多，有十来户。新中国成立后，回族人口快速增加，达到现有规模。纳加村属于国家级贫困村。据访谈，回族迁入纳加村也只有五代以上历史。

目前，纳加村全村通用汉语，均为回族，信仰伊斯兰教，共有 66 户人家，有 6 个"家伍"①，马、张、韩、勉、王、喇，总人口 394 人，其中男性 199 人，女性 197 人。年龄结构方面，60 岁以上 30 多人，40~60 岁 110 多人，20~39 岁 110 多人，20 岁以下 50~60 人。非常住户数十五六户，包括外出打工家庭和流失家庭。纳加村一般的家庭有 3~4 个孩子。② 村中有一个不完全小学（只有一至三年级）。

纳加村的居住格局是典型的"围寺而居"，村中央是清真寺，民居"围寺而建"，形成一个合围空间，紧凑而井然有序。建在村中央的清真寺，便于村民进行礼拜、议事和处理婚丧嫁娶诸事，体现了伊斯兰教的"入世精神"，是纳加村最重要的公共场所。纳加村的清真寺是一个院落，大殿居中，大殿的斜对面建有一间讲堂，这里也是阿訇平时居住的地方，图 2-7 为纳加村远景。

纳加村清真寺不大，从外边看，部分墙皮已经脱落，显得有些衰败，但进入大殿就会令人一震，明亮整洁的大殿，阿訇洪亮的讲经声，神情肃穆的礼拜村民，不由让人生出敬畏感。据笔者观察，清真寺不仅是礼拜的地方，也是纳加村议事的地方，人们做完"礼拜"就会聚集在对面的讲堂里，与阿訇一起商议村中的大事，商议婚丧嫁娶，也会闲聊一些家长里短，这里也是人们交际和交换信息的地方，图 2-8 为纳加村清真寺。

---

① 家伍：以父系血缘为纽带的家庭组合体，往往由数个父系血缘家庭组合而成。又可分为"单家伍"和"大家伍"，"单家伍"是由几个嫡系叔伯弟兄家庭组合而成的，"大家伍"则是同宗的、非嫡系的曾祖、高祖、太祖的后代共同组成的家庭体系。

② 以上数据来自作者 2004 年、2007 年、2013 年调查。

图 2 - 7　纳加村远景

图 2 - 8　纳加村清真寺

2. 田野调查点之二：德一村概况

德一村，全称德恒隆一村，德恒隆，藏语意为"老虎沟"。该村位于德恒隆乡北部地区，与纳加村隔山相望，村子东西宽 500 多米，南北长 700 多米，全村面积 1100 多亩，均为旱地。德一村是行政村，也是德恒隆乡政府所在地，是德恒隆的政治、文化、宗教中心，具有重要的地位。德一村、德二村原是一个村庄，后因人口太多而分为两个行政村，目前，德一村仍然属于德恒隆乡 22 个行政村中比较大的村庄。德一村下辖德一、日干两个自然村，五个社，270 多户人家①（人口普查统计数为 239 户），1235 人。德恒隆乡中学初中部设在该村，是德恒隆最好的学校。

德一村以"操藏语的回族村"被选为本书的"田野点"。该村村民均信仰伊斯兰教，回族，操藏语，约有 10 户人家操汉语，妇女全部使用藏语，部分男性通汉语。德一村宗教氛围浓厚，共有清真寺三座，其中一、二、三社共有一座，四社一座，五社一座，最为重要的是一、二、三社共有的那座寺，该寺收藏着刻有马来迟名字的"呼图拜棍"，见图 2 - 9。据传当年华寺门宦的传世人马来迟就是拿着它在卡力岗传教的，这个分别用阿拉伯文和波斯文刻着马来迟名字的手杖，如今作为圣物被保存在德一村清真寺里，每当重大节日会拿出来接受信徒的膜拜。

德一村清真寺是一个两进的四合院（见图 2 - 10）。该清真寺为中国传统庭院式建筑，庭前种有松柏树木，正面居中是礼拜大殿，为飞檐翘角的中国式木质结构建筑。大殿两旁建有两排讲堂，大殿后边还有一进院，笔者去时，那里主要堆放着一些杂物。与纳加村不同，其并非居于村庄中央，而是酷似藏传佛寺位于德一村的山坡高处，背靠着山林，俯瞰村庄，这似乎也昭示了其所受的藏传佛教的影响。

清真寺，是伊斯兰教的象征，是伊斯兰教精神最集中的物质凝结。在选址上，反映了伊斯兰教的价值取向，与佛教截然相反，清真寺往往建于最热闹、人口最稠密的地方，体现了伊斯兰教的入世精神以及伊斯兰教义中对社会活动积极参与的态度。清真寺的功能也因此不仅限于膜拜，而是人们通过行使宗教礼仪表达宗教信仰的同时，还在这里听取教义知识，交

---

① 所有数据来自田野调查。

图 2 - 9　呼图拜棍

图 2 - 10　德恒隆清真寺（未加玻璃幕墙前）

换信息，联络情感，同时是处理婚丧嫁娶等世俗事务的地方，因此，它在穆斯林的心目中具有双重意义。清真寺是属于广大信众的，它还承担着穆斯林学校的功能，是"经堂教育"的场所。德一村的清真寺在每个寒暑假都会由阿訇负责教村里的孩子学习阿拉伯语基础知识和宗教经典，很受村民欢迎。图 2 - 11 就是孩子们在德一村清真寺学习时，在大殿①前的合影。

图 2 - 11　德一村学经班的孩子们

由此可以看出，清真寺是宗教、社会、教育相结合的场所，比其他宗教建筑的功能更加广泛。

公元 7 世纪，默罕默德在阿拉伯半岛创立了伊斯兰教，随着阿拉伯帝国的强盛和不断扩张而得到迅速传播，很快由周边国家传向世界各地，成为世界三大宗教之一。

---

①　此时（2007 年），大殿的前廊已经被装上了玻璃，形成一个阳光房以抵挡卡力岗的严冬，便于冬季开展宗教活动，但也破坏了大殿的原貌，使其失去了从前的庄严和大气，显得不伦不类。

伊斯兰教强大的传播能力吸引了很多学者的注意力，他们专门对此展开研究，认为其中至少有两个因素起着重要的作用，一是其对世俗生活的积极参与，即由此形成的社会整合功能；另一个是其与所传播地区文化的"结合"，即"本土化"。德一村的清真寺就清楚地反映出了这两点，其不仅是整合穆斯林生活的主要力量，还带有突出的、融合了本土文化元素的特性。

伊斯兰教从海路、陆路两个方向传入中国，并开始了"本土化"过程，传入汉地的伊斯兰教吸收了大量的汉文化，明清时期的"汉文译著""以儒诠经"活动，使伊斯兰教融合了许多儒家文化的因素，其后，伊斯兰教传入藏文化区，又形成了一个吸收藏文化的本土化过程，使其带有鲜明的藏文化特点。① 因此，德一村清真寺在选址上所表现出来的藏传佛教寺遗风就不足为奇了。田野调查还发现，德一村的清真寺建筑也融合了藏文化的元素。据《中国伊斯兰教派与门宦制度史略》② 载，卡力岗藏族人皈信伊斯兰教后，即踊跃捐资，在该地兴建"起架磅礴，结构宏伟，砖雕木刻，玲珑绝巧，漆彩粉染，图案艳丽"的清真寺一座。当地穆斯林遂称之为"华寺"。"华寺门宦"亦因此而得名，且相习成为传统，其后教众在河州建寺时亦力致绚丽豪华。据德一村阿訇和村民们讲，这就是今天的德一村清真寺。记者马有福在《走近卡力岗》一文中这样描述华寺："礼拜大殿的殿门、廊沿的柱子，被油漆成大红大绿，是其他清真寺很少有的。而前廊上的所有雕刻全是木质的，许多木雕早已裂缝、破损，不见有丝毫修补的痕迹，倒是几处浮雕有被砍去的痕迹，露出了白白的凿伤。我问，这是为什么？老人说，这里是几只凤凰，雕得太逼真了，就砍了……按伊斯兰的观念，为了突出真主的唯一性，清真寺是不能有任何动物和人像的，大殿也不悬挂任何此类装饰，但按马来迟修寺时的实际情况，藏文化喜大红大彩，大雕大饰，这寺上着一幅凤凰图原也不过分……想当年，华寺太爷马来迟在这里设帐讲学，声震河湟，信众往来不绝，这里曾有过让史家感叹的热闹非凡和不可思议的学术威慑力。就因为这座寺院的影响，

---

① 沈玉萍：《卡力岗现象及其分析》，《西北第二民族学院学报》2003 年第 4 期。

② 马通：《中国伊斯兰教派与门宦制度史略》，宁夏人民出版社，2000。

整个卡力岗换了人间，近万名藏族人从此认识伊斯兰，探讨伊斯兰，并水到渠成地皈信伊斯兰，这该有着多大的感召力啊！"①

可见，卡力岗的清真寺融入了诸多的藏文化要素。

德一村出了许多阿訇，但现如今，该清真寺基本上不培养"满拉"，村里的青年大多到临夏、西宁、兰州等地当满拉，学习宗教知识，他们"穿衣"（完成宗教学业后的一种仪式）之后就会到卡力岗或其他处开学，不必限制在本村内。

据笔者访谈，德一村的大部分居民均认为自己的祖上原为藏族，后改奉伊斯兰教而成为回族。据德一村最具威望、最有学识的阿訇讲，听他的先人说，他家祖上即为藏族，在300多年前随教成为穆斯林，然后成为今天的回族。他说自己在30年前还穿藏服，与若索村的藏族一样，家里还是锅头连炕，他严格遵守教规，每天五次前往清真寺礼拜。在笔者访问他那年，他给寺里交了200斤粮食，作为"天课"。他认为德一村的村民都很虔诚，"教门好"。另一位受访者，曾任德恒隆乡文化站站长，自称祖上是汉族，原姓韩，后改姓马（他说，那时该村无论藏族汉族，人随教后全部改姓马）。马伊斯哈克，50岁，德一村村民，家庭经济状况属于德一村中等，其同样表示，听自己的先人说，自己祖上也是藏族，后在一二百年前，改信伊斯兰教后成了今天的回族。同样也是在30年前还穿藏服。与纳加村村民认为自己是迁入卡力岗的回族不同，德一村居民认为自己祖上原为藏族，后随教演变为回族。

3. 田野调查点之三：东加村概况

东加村为行政村，位于德恒隆乡中南部，包括东加、吉利两个自然村，共有67户，387人，为撒拉族、回族杂居村，其中东加自然村基本由撒拉族构成，撒拉族人口占绝大多数，另有几户说藏语和汉语的回族，村中通用撒拉、藏、汉三种语言，且妇女亦通上述三种语言，东加村有撒拉族与回族通婚的传统，存在不少两个民族组成的家庭。

东加村居住格局与纳加村相似，村中民居围寺而建，形成一个紧凑的合围空间。

---

① 马有福：《走近卡力岗》，《中国民族》2008年第7期。

据笔者访谈，东加村的村民认为自己是卡力岗人，自称大撒拉，与循化撒拉族有些不同，但并非原则性的差异，只是一些细节上的差别，信仰与卡力岗回族相同，没有差别，至于他们能够使用三种语言，是长期与回族和藏族交往的结果。东加村给笔者的突出印象是其女性村民较德一村和纳加村的女性而言，能够使用三种语言的现状，而上述两村的女性只通一种语言。在笔者的访谈中，村民们并不在意其通用三种语言的现状，似乎认为这很正常，他们认为自己的母语（在家说的话）是撒拉语，而藏语和汉语都来自周边的回族。东加村的人口构成的年龄比例亦基本与纳加村相当。东加村有一座清真寺。

4. 田野调查点之四：吾后列（若索行政村之下的一个自然村）概况

吾后列为自然村，隶属于若索村（行政村），若索行政村下辖 4 个自然村：塘格尔、拉口、古哇、吾后列，均为藏族村。若索村有 78 户，669人。若索村位于德恒隆乡南部的卡力岗山顶，主要从事牧业。

吾后列为藏族聚居村，该村村民均为藏族，讲藏语，个别人懂汉语，所有妇女均只通藏语。若索寺位于该村附近，该村全体村民均信仰藏传佛教。若索寺，亦称"若肖寺""勿左寺""才达吾具寺""卡里岗窝索寺"等，藏语称"若索吉祥法洲"。位于巴燕镇西南 23 公里，在今德恒隆乡东南 8 公里处。该寺为尖扎县德千寺属寺，寺主直干仓佛。《青海记》载，当时有僧徒 20 人，1958 年有 56 人，住寺活佛名黄乃海仓。1958 年关闭，1962 年西北民族会议后开放，有寺僧 24 人，1967 年后寺院由甘都农场占用。1981 年再次批准开放，现有经堂 1 座 5 间，僧舍 22 间，寺僧 20 户 35人（其中 18 岁以下完德 10 人）。

笔者曾前往若索寺调查，寺主黄乃核热情接待了我们一行，他拿出自己在雍和宫学习的毕业证给我们看，并讲述了若索寺的历史及其周边藏族的宗教生活。

笔者曾走访若索村村长，他能听懂汉话，但交流时仍然乐于使用藏语。据笔者观察，其家房屋为典型的藏式民居，经幡、煨桑炉、佛堂一应俱全，家中有一个偌大的厨房，承担着会客、聚餐等功能，建有典型的锅头连炕。其妻子和孩子均穿藏服，着艳丽的藏饰。在我们访谈时，女眷出入忙活，并不时插话，与德一村、纳加村难见女性家眷完全不同。

图 2 - 12　僧人们在若索寺大经堂前

图 2 - 13　若索寺寺主黄乃核

据笔者访谈，吾后列村村民认为卡力岗其他村的回族原来与自己同为一个祖先，后改信伊斯兰教后才成为今天的回族，而他们没有随教，因此，今天仍然是藏族。

　　若索村与周边使用藏语的回族村民交流基本无障碍，据笔者观察，他们与周边村庄的回族交往较多，主要集中在盖房、用水等大事上，每遇此类大事会相互帮忙。笔者在该村调查时，恰逢该村建小学校舍，周边的回族村青年前来帮忙，干活中的热烈交谈和高声说笑不时从工地飘向院方，融洽之情景，令人难忘。

　　若索寺位于该村附近的上坡上，白塔耸立，寺院恢弘，村中经幡随风飘舞，宗教氛围十分浓厚。若索村村民不仅信仰藏传佛教，还保持着自己多神崇拜的地方性信仰，笔者在其村外的山头上就见到了祭拜山神的"鄂博"。

图 2－14　鄂博

图 2－15　鄂博近景

　　村民们保持着藏族特有的热情奔放与彪悍的民风，笔者曾在进村的路上遭遇该村青年刁难，但实际上这是一个惯例性的进村仪式，从中笔者体验到了两种不同的文化的显著差异，也感受到了两种不同信仰之间的和睦相处与各美其美之情怀。

图 2-16　若索村的孩子们

图 2-17　若索寺大经堂

5. 田野调查点之五、六：团一村、团二村概况

团一村为行政村，是藏、回杂居村；共有 3 个自然村，即树村、合什藏村、先群村，54 户，351 人，其中树村为藏族聚居村，绝大多数为藏族，只有几户为回族；其他两个自然村为回族聚居村，全村通用藏语；只有极少数人通汉语。

团二村也是行政村，同样是藏、回杂居村，共有 4 个自然村：关相湾村、江村、卡浪村、南木相村，81 户，453 人，其中南木相为藏族聚居村；其余三个村为回族聚居村，回族村村民主要操汉语，部分通藏语。两村位于德恒隆乡西北部的边缘，离德恒隆乡政府所在地德一村较远，但两村交通便利，离国道较近。

上述两村因为回藏杂居村而成为本研究的"田野点"，但经观察与访谈得知，其虽为汉藏杂居村，但实质并非杂居村，同上所述，两村均为行政村，而行政村是政府执政的探索，是人为划定的，相反，自然村是历史发展的结果，其同质性更强，文化习俗更具趋同性，我们的观察与此理论正好吻合，团一、团二村在行政村意义上是藏回杂居村，但在自然村意义上，其仍然遵循了信仰原则，即信仰相同宗教的村民聚居在一起，形成一个自然村。对两村的访谈也证实了观察的结果，即南木相村与树村的村民认为自己与同为一个行政村的其他自然村不一样，自己是信仰佛教的藏族，而他们是信仰伊斯兰教的回族。

如上所述，卡力岗人并不只是回族，在自认同与他认同方面，卡力岗人都是一个由操不同语言、信仰不同宗教的不同民族构成的特殊群体。而认为卡力岗人就是"藏回"的，恐怕只有学术界的界定，不具有认同意义。

卡力岗人由三个民族构成。

（1）回族：操藏语、汉语，信仰伊斯兰教的回族，俗称"藏回"。如今已经成为具有主体意识的回族。

（2）撒拉族：通用藏、汉、撒拉三种语言，信仰伊斯兰教，俗称"大撒拉"。如今成为具有主体意识的撒拉族。

（3）藏族：操藏语，信仰藏传佛教，自认同与他认同均为藏族。

表 2 - 1　德恒隆乡民族构成分类

民　族	信　仰	语　言	村　名
回族	伊斯兰教	藏语	德一、支乎具、措扎、黄吾具、拉村、卡什代、牙曲、石乃海、列村、牙曲滩（10 个行政村） 团一村——合什藏、先群（2 个自然村） 团二村——关相湾、江村、卡浪（3 个自然村） 哇家滩——3 个说藏语的回族社
		汉语	纳加、安措（2 个行政村） 哇家滩——9 个说汉语的回族社
撒拉族	伊斯兰教	通用藏、汉、撒拉三种语言	东加、德二（2 个行政村）
藏族	藏传佛教	藏语	若索、哇西、哇加、西后加、加家（5 个行政村） 团一村——树村（1 个自然村）

可见，卡力岗人是一个多民族的群体。

在这个多民族群体中，回族人口占绝大多数，而其中操藏语的回族人口又占回族人口的绝大多数，操汉语的回族人口则明显少得多。在德恒隆共有 22 个行政村，55 个自然村，79 个生产合作社。其中，纯回族村①12个，纯藏族村②5 个，撒拉、回族杂居村 2 个，藏、回杂居村 3 个。在 12 个回族村中，只有纳加、安措两个村为操汉语的回族村，且均为小型村，特别是纳加村只有 66 户，394 人，是全乡 22 个行政村中最小的回族村。撒拉族也是卡力岗人中的一个重要的民族成分，撒拉族虽然人口不多，但通用三种语言，与卡力岗人中的回族汉语村、藏语村均有密切的往来。汉族几乎全部集中在阿什奴乡，多是近 20 年来因工作需要迁入的，其自认同与他认同均排除在卡力岗人之外。目前，德恒隆居住着回、藏、撒拉、汉 4 个民族，其中回族 8787 人、藏族 1963 人、撒拉族 157 人、汉族 17 人。虽然回族占着绝大多数，但土地分配却相差很大，一般来讲，藏族村民占有的土地远远多于回族，而即使同是回族，不同的村子土地占有量也很不一样。③

———————————

① 指全村皆为回族或 99% 以上为回族的行政村或自然村。

② 指全村皆为藏族或 99% 以上为藏族的行政村或自然村。

③ 《书本外的天空　大山里的世界——来自青海化隆卡力岗农村社区的报告》，http: // www. islamcn. net/bbs/forum. php？mod = viewthread&tid = 33524。

图 2 –18 卡力岗回族村民

（四）卡力岗人的语言构成与特征

藏语是卡力岗地区的主要通用语言，其次是汉语、撒拉语等。从语言的空间分布来看，这也是聚居的一个原则之一，一般是一个村庄特别是自然村操相同的语言。按照其分布规律，德恒隆乡共有 22 个行政村，55 个自然村，79 个生产合作社。其中，纯回族村 12 个，纯藏族村 5 个，撒拉、回族杂居村 2 个，藏、回杂居村 3 个。在 12 个纯回族村中，通用汉语的仅有纳加和安措两个村，这两个村子中只有极个别的几户人家懂藏语，如纳加村 66 户中只有 3 户人家懂藏语。而在操藏语的村子中，则有相当的人通汉语，村干部或 50 岁以下的男子们一般多通汉藏两种语言，妇女们则只懂藏语。在纯藏族村中，主要使用藏语，一般只有村干部或个别男子能够使用汉语。在藏、回或撒拉、回杂居的村中，一般使用藏、汉两种语言。只有东加村，同时使用藏、汉、撒拉三种语言，并且妇孺皆通。

表 2-2　德恒隆乡语言使用情况

主体语言	次语言	信仰、民族	村名
藏语	个别懂汉语	藏传佛教、藏族	若索、哇西、哇加、西后加、加家 团一村——树村（1自然村） 团二村——南木相（1个自然村） 哇家滩——哇加（1个藏族社）
	部分懂汉语	伊斯兰教、回族	德一、支乎具、措扎、黄吾具、拉村、卡什代、牙曲、列村 哇家滩——3个说藏语的回族社
	通汉语		石乃海、牙曲滩
汉语	少数懂藏语	伊斯兰教、回族	纳加、安措 团一村——合什藏、先群（2个自然村） 团二村——关相湾、江村、卡浪（3个自然村） 哇家滩——9个说汉语的回族社
撒拉语、藏语、汉语通用		伊斯兰教、回族	德二、东加

卡力岗人使用的汉语与甘肃临夏地区的汉语十分接近，倒装句较多，谓语前置现象十分普遍。而卡力岗人所操之藏语则为藏语安多方言。据据杨士宏等人研究，卡力岗操藏语回族的亲属称谓均为藏语。如太爷〔a/bu〕、太太〔a/yes〕、母亲〔a/ma〕、哥哥〔a/rgya〕、姐姐〔a/ce〕、兄弟〔sbun/sun〕、妹妹〔srong/mo〕、弟弟〔nu/bo〕、家孙〔tsa/bo〕、外孙〔zhang/tsa〕、姑姑〔a/gu〕、姨姨〔a/yes〕、叔伯〔ta/ta〕等均为藏语。

而卡力岗回族所操汉语则为青海方言。

青海汉语方言属于北方方言的次方言，大抵属于中原官话的秦陇片，其中西宁、乐都、民和、循化方言又有不同，主要通行于青海东部农业区，卡力岗的汉语处于这一方言区。据语言学家考证，这里的汉语方言中有两大特点：一是受农牧业共同影响，语言中此类语词较多；二是受少数民族文化影响，其中，不乏像本文前边所提到的"风卷雪花儿"的双语"花儿"现象。在卡力岗，亲属称谓往往是双语通用的，即汉藏语村均通用两种亲属称谓，相互之间交流无障碍。

本研究认为，由于受卡力岗地区的封闭性和男主外、女主内的社会分工因素影响，女性往往只能使用一种语言，如笔者在纳加村和德一村调查时就发现，两村的妇女有 97% 以上只能操一种语言，或汉语，或藏语，其中，纳加村 66 户中，只有 3 户女性兼通藏语和汉语，而这 3 户女性也是以藏语使用为主，汉语仅限于能听懂一些。男性则相反，大部分 60 岁以下的男子均能操两种以上语言，其中不乏精通汉、藏、撒拉三种语言的人。

由此可以认为，卡力岗人的语言分布有两大特点，即性别特点和聚居特点。

每个村都有一种"官方"语言，它是该村的通用语言。不同性别所操语言种类不同，由于女性社会内外交往的局限性，女性的语言多沿袭自家庭，为家内传承，故其所使用语言，可以认为是该人群的母语。这一点也可以从男性操双语的年龄分布中得到证实，据调查，德一村通藏、汉两种语言的男性村民，主要是以下四种人：

一是青年男子，他们上学或外出打工掌握了汉语。

二是当过村干部的老年男子，德一村"能讲汉语的人多在 50 岁以下（男人），而 50 岁以上老年会讲汉语的都做过村干部呗"。（村民，男性，回族，50 多岁）

三是国家工作人员，当地人统称为"干部"。由于德一村是德恒隆乡政府所在地，因此，与其他村子相比，德一村"干部"的比例占有显著的优势。可见，这部分通双语的人，母语仍是藏语，只是教育和个人经历使其接触和掌握了汉语。

四是一直使用汉语的 10 户人家，其母语为汉语，由于长期居住在此，受语言环境和社会交往需求的影响，能够使用藏语，但这部分人占很小比例。德一村阿訇讲经一般使用藏语和阿拉伯语。德一村是德恒隆乡的经济、宗教、政治中心。

调查显示，60 岁以上的男性往往不通汉语，但他们除运用藏语外，却通撒拉语。这是因为撒拉语与藏语曾是卡力岗社会的主要交往语言，而汉语的影响尚未普遍深入到该社会中。进一步观察发现，60 岁以上的村干部则都通汉语，这说明，社会交往，特别是与外界社会的交往，使交往者产生了学习外界语言的需求并具备了这一语言技能，由于男性和男性村干部与外界交往的主体地位，使他们逐渐成为汉、藏双语人，甚至三语人。由此，笔者认为，绝大多数女性使用藏语的村庄，藏语是该村庄人群的母语，这些村庄原为藏族，因"随教"而逐渐演变为回族，卡力岗的藏语村是由藏族演变为回族的卡力岗"原居民"。绝大多数女性使用汉语的村庄则是迁入卡力岗地区的、母语为汉语的回族，其中，有一部分是汉族人，同样是因"随教"而演变为今天的回族。

二 卡力岗人的居住格局与原则

德恒隆乡共有 22 个行政村，55 个自然村，79 个合作社，其中，纯回族村 12 个，纯藏族村 5 个，撒拉、回族杂居村 2 个，藏、回杂居村 3 个。这些村庄分布在卡力岗大大小小的山洼与山头上，人们按照不同原则聚居，形成了具有一定规律性的居住格局。

表 2 - 3 德恒隆乡基本情况

行政村名	户数（共 2541 户）	人数（共 14215 人）	自然村名称（共 55 个）、语言使用情况、民族构成
德 一	239	1235	纯回族村；藏语为主、部分人懂汉语；5 个社（自然村：德一、日干）
德 二	96	581	撒拉、回杂居村；藏语为主、部分人懂汉语、10 户撒拉；2 个社
纳 加	66	394	纯回族村；汉语为主、3 户人家懂藏语；1 个社
支乎具	95	474	纯回族村；藏语为主、部分人懂汉语；2 个社（自然村：支乎具、二角、什格）
措 扎	47	253	纯回族村；藏语为主、部分人懂汉语；1 个社
黄吾具	107	613	纯回族村；藏语为主、部分人懂汉语；5 个社（自然村：阿吉儿、角扎、尼昂、黄吾具）
拉 村	127	687	纯回族村；藏语为主、部分人懂汉语；3 个社（自然村：尖兰口）
团 二	81	453	藏、回杂居村；1 个藏族自然村：南木相；其余操汉语、部分人懂藏语；4 个社（自然村：关相湾、江村、卡浪、南木相）
团 一	54	351	藏、回杂居村；1 个藏族自然村：树村（几户回族）；汉语为主、部分人懂藏语；3 个社（自然村：树村、合什藏、先群）

续表

行政村名	户数（共 2541 户）	人数（共 14215 人）	自然村名称（共 55 个）、语言使用情况、民族构成
若 索	78	669	纯藏族村；藏语为主、个别人懂汉语；4 个社（自然村：塘格尔、拉口、古哇、吾后列）
哇 西	60	419	纯藏族村；藏语为主，个别人懂汉语；3 个社（自然村：哇西、文加、牙让）
东 加	67	387	撒拉、回杂居村；通用撒拉、汉、藏三种语言；1 个社
安 措	116	662	纯回族村；纯汉语、个别人懂藏语；3 个社
卡什代	142	823	纯回族村；藏语为主、部分人懂汉语；3 个社（自然村：卡什代、下什堂、浪扎、吉江）
牙 曲	247	1274	纯回族村；藏语为主、部分人懂汉语；8 个社（自然村：浪让、斜儿、拉夵乙、万古吾具、支海）
石乃海	99	526	纯回族村；藏语为主、通汉语；2 个社（自然村：石乃海）
哇 加	64	431	纯藏族村；藏语为主、个别人懂汉语；2 个社（自然村：哇加、去麻）
列 村	75	413	纯回族村；藏语为主、部分人懂汉语；2 个社
哇家滩	365	1750	藏、回杂居村；1 个藏族社：哇家；3 个说藏语的回族社；其余汉语，13 个社（自然村：苏龙珠、迁甘都镇公伯峡）
牙曲滩	206	1164	纯回族村；藏语为主、通用汉语；8 个社
西后加	60	345	纯藏族村；藏语为主、个别人懂汉语；1 个社
加 家	50	311	纯藏族村；藏语为主、个别人懂汉语；2 个社（自然村：加家、上加家）

　　分析表 2 - 3 可见，德恒隆乡 22 个行政村，有一个突出的特点，即多元并存，表现为以下四种类型：

　　一是不同语言、相同民族、相同信仰共居一村，如纳加、德一村等；

　　二是不同语言、不同民族、相同信仰共居一村，如东加、德二村等；

　　三是相同语言、相同民族、相同信仰共居一村，如若索、加家村等；

　　四是不同语言、不同民族、不同信仰共居一村，如团一、团二村等。

　　如此，似乎卡力岗人的聚居并无禁忌，也就毫无规律可循，看似人们的聚居全凭机缘巧合，真的如此吗？归纳上述四种聚居类型，最具共性的是三种类型所共有的信仰相同，信仰是不是卡力岗人的聚居禁忌呢？而第四种类型的存在又可用来否定这一推测。三个"藏回杂居村"真的不仅存在两种语言、两个民族，同时还存在两种不同信仰吗？笔者在对三个藏回杂居村调查发现，这三个行政村是由九个单一宗教信仰的自然村组成，如：在藏回杂居的团二村中，信仰藏传佛教的藏族全部聚集在南木相自然村，而信仰伊斯兰教的回族则聚居在其他自然村中。同样，在藏回杂居的团一村，自然村树村也是一个信仰藏传佛教的纯藏族聚集村，只是出于行政管理便利，才将相邻的自然村合并为一个行政村，而哇家滩也是如此。由此，可以说，德恒隆乡的55个自然村均为单一宗教信仰村。可以认为，宗教信仰是卡力岗人聚居的排他原则，是卡力岗人的聚居禁忌，即不同信仰不聚居，详见表2－4。

表2－4　德恒隆乡"信仰聚居"原则分类

聚居类型	信仰、民族、语言构成	村落名称
同信仰 同语言 同民族 聚居	藏传佛教；藏族；藏语	若索、哇西、哇加、西后加、加家（5个行政村） 团一村——树村（1个自然村） 团二村——南木相（1个自然村） 哇家滩——哇加（1个藏族社）
同信仰 不同语言 不同民族 聚居	伊斯兰教；回族；藏语	德一、支乎具、措扎、黄吾具、拉村、卡什代、牙曲、石乃海、列村、牙曲滩（10个行政村） 团一村——合什藏、先群（2个自然村） 团二村——关相湾、江村、卡浪（3个自然村） 哇家滩——3个说藏语的回族社
	伊斯兰教；回族；汉语	纳加、安措（2个行政村） 哇家滩——9个说汉语的回族社
	伊斯兰教；撒拉族； 藏、汉、撒拉三种语言	东加、德二（2个行政村）
不同信仰 聚居	无此类案例	无此类案例

　　自然村是人们经历了长期的聚散而最后形成的共同体，德国著名社会学家滕尼斯认为，共同体是通过血缘、邻里和朋友关系建立起来的人群组合，它的基础是"同质性"，表现为意向、习惯、回忆的同质特点，它与生命过程密不可分。在这里，手段和目的是统一的，靠本质意志建立的人群组合"是一个有机的整体。此类组合反映了人们的意愿与价值原则，卡力岗人聚居的"信仰原则"正是共同体对同质性本质的维护。其具有强烈的同质性和排异性。

　　而如前所述，行政区划是当权者为了治理国家进行的分类，是通过权力、法律、制度的观念组织的单位。在这里，尽管人们通过规章制度发生各种联系，但手段与目的在本质上是相互分离的，因而与自然村相比是一种机械的合成体，不能反映人们的意愿与价值原则。因此，才有了上述卡力岗人居住的第四种类型。如此，也是笔者排除行政村作为研究单位的主要原因。

　　宗教信仰是否相同，是卡力岗人考量聚居与否的唯一标准。

三　卡力岗人的生产与生活

（一）卡力岗的农业与农事安排

　　据统计，化隆回族自治县全县土地总面积2740平方公里，折合411万亩。可利用的土地面积404.2万亩，占总面积的98.35%；暂未利用的高山寒漠土地面积67719亩，占总面积的1.65%。按利用状况，在可利用的土地面积中，草地面积258万亩，占总面积的62.78%，占可利用面积的63.83%；农耕地53万亩，占总面积的12.81%，占可利用面积的18.54%，其他如道路、居民点、水域18万亩，占总面积的4.31%，占可利用面积的4.39%。[①]

　　卡力岗三乡共有耕地47311亩[②]，其中水浇地2466亩、浅山地43568亩、脑山地1277亩。播种小麦1.22万亩，总产406.7万斤；青稞7800亩，总产245.49万斤；豌豆6500亩，总产203.25万斤；洋芋1500亩，

---

　　①　引自化隆回族自治县政府网站，http://www.hdhl.gov.cn/html/1150/8507.html。

　　②　田野调查资料。

总产 51.74 万斤，油菜籽 7000 亩，总产 120 万斤。产苹果 3.32 万斤，有林地 976 亩，草场 30.09 万亩。有各类大牲畜 4737 头（匹），绵羊、山羊 17756 只。拥有各类农业机械总动力 0.15 万千瓦。年农业总产值 347.06 万元，人均年纯收入 233 元。[1]

德恒隆乡耕地面积 47197 亩，草场面积 19 万亩，人均占有耕地 3.31 亩。目前，德恒隆乡回族主要从事农业生产，种植的农作物以小麦、青稞为主，其中小麦最多，青稞次之。图 2－19 为卡力岗农区的青稞和奶牛。

图 2－19　卡力岗农区的青稞和奶牛

除此之外还种植土豆、油菜籽、豌豆、胡麻等经济作物。其中以豌豆、土豆和油菜籽为最多。近年来，政府大力推广标准化豌豆种植，本田野点德一村、德二村（原为一个村，后分为两个村）的情况详见图 2－20。

---

① 田野调查资料。

■ 您的位置：首页-->新闻动态-->化隆快讯

化隆县采取有效措施加快发展现代农业

化隆县人民政府：http://www.hdhl.gov.cn 来源：　创建时间：2011年11月16日

今年以来，化隆县按照"因地制宜，分类指导"的原则，以结构调整为主线，以提质增效为目标，大力发展高原现代特色农业并取得显著成效，全县农业工作呈现出稳步发展的良好态势。

今年，在甘都、群科等川水地区完成循化线椒种植4040亩；完成全膜马铃薯双垄集雨栽培技术推广9.012万亩，完成马铃薯订单2万亩；已建成日光温室1576栋；在全县17个乡镇推广测土配方施肥面积54万亩，基本实现了全覆盖；申报和争取地方"三品一标"农产品基地认证2个（无公害西瓜和黄河冷水鱼）；建立群科镇工农兵村薄皮核桃千亩示范点、群科镇舍仁村冬小麦千亩示范点和德恒隆乡德一、德二村千亩豌豆标准化生产基地及扎巴镇拉二村全膜马铃薯千亩示范点等4个千亩以上标准化农业生产基地；修改完善马铃薯和黄河谷地薄皮核桃两个农产品地方生产标准。

图 2-20　德恒隆千亩豌豆标准化农业生产基地新闻报道网页截图

另外，卡力岗家家都饲养牲畜，每家都养马、驴、骡子、牛、羊等牲畜。据统计，德恒隆全乡有牲畜17027头，这些牲畜一方面是用于农业生产的畜力，另一方面也是村民们的生活资料来源，日常生活的奶制品和肉食均来源于此。

从 2003 年起，德恒隆乡政府推动畜牧养殖工程，谓之"2125 工程"，指户均养牛2头，养羊20只，养土鸡20只，每村培育5个养殖专业户，详见图 2-21。

德恒隆乡为群众办实事

新华网青海频道西宁01月01日电

青海省化隆回族自治县德恒隆乡积极为群众办实事，受到群众好评。

2003年以来，德恒隆乡"压粮扩经、压劣质扩优质、压滞销扩畅销、压常规扩优良"，加大了油菜、胡麻、地膜洋芋、豌豆等经济作物的种植面积。依托退耕还林(草)工程，实施了户均养牛2头、养羊20只、养土鸡20只、村村培育5户养殖示范户的"2125"工程。自筹资金46万元，新建了哇加村、若素村学校。完成了亚曲村等村学校危房改造。争取面粉12500公斤解决了85户贫困家庭及52户计划生育"三结合"帮扶家庭的生活困难。兴修乡政府所在地、二德公路至纳加等7个村的乡村道路17公里。落实村村通电视卫星地面接收站9个。完成了1120眼集雨利用水窖工程，解决了10个村1120户5280人、4100头（只）牲畜的饮水困难。发动全体乡干部开展一对一资助贫困学生入学活动，共救助贫困学生122名。　根据《青海日报》报道
作者：韩生军

图 2-21　德恒隆乡推广"2125"工程新闻报道网页截图

畜牧养殖的放牧工作，主要由老人、妇女和孩子承担。

（田野日记，3 月 30 日，星期六，晴）"我们的田间管理方面

没有什么具体措施，一般一边放羊、放牛或马、骡子，一边检查庄稼，女人们经常在地里拔草，主要种植小麦、豌豆、胡麻、拉盖、土豆、青草。除青草作饲料外，都是人吃的，家庭情况比较好的也拿出一部分豌豆作饲料，还有瘪粮食、麦麸、小土豆和麻榨来做饲料。"

（访谈资料，50岁，男性，老村长）"昨天是农历二月三十日，春分又叫天舍，人们都到巷道口聊天，今天天气好，80%的雪就要融化完了，明天休息一天，从后天开始可以正式种田了，天不舍地不开。今年多数人计划增加胡麻播种面积，减少青稞种地面积。"

据田野调查与访谈，纳加村一年的农活时间安排如表2-5所示。①

表2-5　纳加村一年的农事时间安排

时　间	农事安排
1月至3月上旬	往地里送有机肥料（农家肥）
3月中旬	春分时节正式下种，同时施化肥，给燕麦喂农药
5月初期	开始喷施杂草药，日后如下雨有些农民追施尿素肥，放牧
9月中旬	立秋一到就是收青稞的季节了，放牧
10月至下年1月	冬闲

由于受"地无三尺平"的自然条件限制，纳加村、德一村都是纯农业村，农业机械多用于运输，农业耕种基本上还是使用骡、马等畜力，是一种较为原始的靠天吃饭模式。在德一村平均两户有一辆手扶拖拉机，但主要用作跑运输、种地、拉水。

（访谈资料，55岁，男性，村民）"送肥、拉运主要使用手扶拖拉机，种田主要以骡、马耕犁，一些平地里使用播种……种地或收获前后没有什么仪式，一般情况下，播种前个别家庭请阿訇念经向真主祈祷平安播种，收获前集体念经、吃饭（叫作念平安海青），念经时不许女人参加，也就是说不允许男女混合。"

---

① 田野调查资料。

由于 20 世纪 50 年代以来降雨与地下水的逐年减少，脆弱的卡力岗农业雪上加霜，两村的草山面积都有所缩小，水土流失加剧，植被减少。笔者在纳加村西头见到了由于水土流失而形成的一条宽 20 余米的大沟和干涸的河床，这条大沟还在延伸，使几户人家出入不得不绕行。20 世纪 70 年代以来的"烧灰"（烧野草，形成草木灰积肥），更加剧了自然环境的恶化。自然的变化，人为的破坏，使昔日水草丰美的"纳加"（有水草）和森林茂密的"德恒隆"（老虎沟）成了农业村，20 世纪 90 年代前还长流不断的地表水、地下水已经所剩无几，目前日常用水依靠井水和集流雨水。曾经森林茂密的德一村，过去是卡力岗地下水最为丰富的村，而今村中仅剩三口井，只有一口井还有水。20 世纪 90 年代还长流不断的泉水，也干涸了，目前在德一村打井要深至 10 米以下才能见到水。干旱使人、畜饮水都有困难，不得不依靠集雨工程，在纳加村、德一村及德恒隆乡的每家每户，均能够看到刻着"集雨工程"字样的井，一条塑料管从房顶通到井里，将雨水收集到井里，供人、畜饮用。村民们对此忧心忡忡。2011 年是一个多雨的年份，8 月的卡力岗在雨水的滋润下，露出了昔日婀娜多姿的丰采，村民们的眉头才稍稍得以舒展。

据笔者观察，劳动中的男女分工为：男子操作机械，撒种，播种；女人则从事打土块、送饭、拔草等较轻的活路。

（访谈资料，男，35 岁，纳加村民）"按照教法规定，男治外，女治内（家庭），由于家庭劳力的急需，这几年女人也到田里干活……种地合作没有统一的规定，主要是看条件，愿意跟谁合作，就跟谁合作，没有什么大家庭小家庭之说，有相互之间的合作或换工，但没有记工日，一般是以相互帮忙的形式来换工。村里有相互之间的帮助，如：打庄廓、盖房子、送亡者、照顾病人等，帮忙不要钱或物，只是招待吃饭。"

（访谈资料，男，40 岁）"我们这儿一个劳动力能种田 2 亩左右，能养活 3 口人。家里饲养的家禽（畜）有鸡、羊、骡子、马、牛、兔、鹅，最常见的是鸡、羊，家家户户都有。这些家禽（畜）的主要用途是：骡马干农活，牛羊繁殖换钱，鸡蛋食用，鹅很少。"

（二）　卡力岗的牧业生产

从文献资料来看，历史上的卡力岗地区就是高度发展的畜牧业经济区。卡力岗地区的畜牧业生产方式被至今居住在卡力岗山顶的 4000 多藏族人保留了下来，今天的若索、团一、团二等藏族村就主要从事牧业生产。在这里，牧场与远处的农田连在一起，构成了一幅两种生产方式共存的美丽图画。每当夏秋之际，黄色的油菜花、青绿的小麦和浅绿的青稞就构成了让人流连忘返的美景。

图 2-22　卡力岗山顶的农牧交错地区

（三）　手工业、商业

手工业、商业在安多发展的历史亦较长，河西走廊和河湟地区，自古就是商旅之路，其中河湟地区早在汉唐之时已是商旅云集、西来东至商品之交易场所，也是汉唐商品交易的主要地区，河西在汉代也成为中西商旅的必经之路，成为东西商品的中转站。元时具有经商传统的"探马赤军"大量定居于此地，在此基础上形成的安多穆斯林民族，将此地商业枢纽的地位发扬光大，在此基础上形成了该地区的商业文化。

从整个安多来看，畜牧业经济是其形成最早、发展最为充分、占主导地位的经济形式，农业经济是仅次于畜牧业经济的生产方式，有学者认为，从某种意义上来说，伊斯兰文化是一种农业文化，其要求信众一天五次朝拜，一周一次"聚礼"，因此而形成的"围寺而居"，适宜从事定居的农业生产，事实上，也使该地区的以牧业生产为主转变为以农业生产为主。当然，这并不意味着伊斯兰教信仰仅限于农业民族，哈萨克族是以游牧为生产方式的民族，但同样信仰伊斯兰教。我们认为，卡力岗现象形成的物质条件是其所处的安多地区，以牧业为主，向农业为主过渡并辅以手工业、商业的经济结构。

（四）　生活方式与风俗习惯

卡力岗人的饮食以面食为主，最常见的是馒头和烙饼。而最具特色的是清真风味食品馓子：在卡力岗、化隆全县乃至于整个西北地区，每逢"尔德节""古尔邦节"等重大节日乃至婚娶喜庆、贵客临门，家家户户都要制作馓子和油香，馓子和油香素有"果子甜，油香美，回民的馓子松又脆"的美誉，果子俗称花花馍，其制作和食用与汉族地区相仿，馓子和油香则因制作简单、易保留、美味而受到了许多人的喜爱，笔者在卡力岗做田野调查，招待我的第一顿饭就是果子、馓子和油香。

馓子古称寒具、环饼，渊源久远。明代李时珍在《本草纲目》中将它列入谷四部："寒具，即今馓子也，以糯粉和面，入少盐，牵索纽捻成环钏形，油煎食之"。北魏贾思勰在《齐民要术》中记有"环饼一名寒具，以水溲，入牛羊脂和作之，入口即碎"等语。可见馓子由来已久，在明代已有馓子之名。

馓子是何时演变成为穆斯林传统食品的，还有待进一步考证，宋代的苏轼曾写诗赞美馓子："纤手搓成玉数寻，碧油煎出嫩黄深，夜来春睡无轻重，压扁佳人缠臂金。"史载苏轼曾遭贬谪儋州、惠州数年，儋州在今海南岛，惠州在广州东面。伊斯兰教自唐代传入中国后，大批穆斯林从海上丝绸之路进入中国，广东、海南岛都是他们的居留地。据苏诗的成诗年代考，笔者认为苏诗很有可能是观看穆斯林炸馓子后有感而作。以此推算，穆斯林做馓子至少也有近一千年历史了。当然这还有待于发现更多的史料予以佐证。

化隆的穆斯林在制作馓子之前必先淋浴净身，准备好上等麦粉，先煮一锅加入少许青盐的花椒水，煮好后，滤去花椒备用。和面时即用花椒水调和并加入适量的青油。前面提到史载内地做馓子要和糯米粉，化隆地区由于没有糯米粉，制作考究一些的和面时加入适量的鸡蛋清（不用蛋黄），也能收到异曲同工之妙。面和好后要反复压揉，使面团软硬适中，然后摘成一块块面坯子，用手搓或拉成筷子粗细的圆形条条。待锅中青油沸腾，将条条套在筷子上边摆边扯，放入锅中，待馓子炸硬时抽出筷子，炸成棕黄色时即成。

油香的来历已难以考证。但化隆的穆斯林长期以来喜爱制作油香用以招待宾客，流传着一个十分动人的传说，据说公元 622 年，先知穆罕默德带领众多信士从麦加迁移进城时，麦地那的穆斯林家家户户都准备了丰盛的饭菜要招待他。这时穆圣感到十分为难，不知该去哪一家好，后来他想了一个办法，在心中默许，任凭骆驼带路。于是他信驼由缰地跟在骆驼后面走，不一会儿骆驼在一户人家门前停下了。穆圣按照心中的许诺走进这家，原来这是阿尤布老两口的家。他们无儿无女，家境贫寒，但是为了迎接穆圣到来，阿尤布老两口还是倾其所有，制作了精美的饭食招待他，穆圣吃后感到非常满意，认为这是他有生以来吃过的最好的食品之一。原来阿尤布老两口用以招待穆圣的就是油香，于是用油香待客便在广大穆斯林家庭中流传开了。这虽是一则传说，但至少可以说明穆斯林制作油香的历史是相当久远的。

油香的制作较馓子简单，所以化隆的穆斯林不仅在过节或宴席上做油香，平时也常用油香待客。制作油香也是用精白的小麦粉，先加水和成面团发酵，然后加上少许碱面予以中和，再用面杖擀成圆形的薄饼，待锅里青油烧沸后，将生面饼下在锅里炸成金黄即可食用。化隆有部分地区的穆斯林，将一种烙制的面饼也称为油香，制作时在烧热的平底锅上先抹一层薄油，煎好一面后翻过来再煎另一面，只要火候掌握得好，两面都呈金黄色，十分诱人，既省油，味道也不次于炸油香，可谓经济实惠。①

在德恒隆乡各个村中，宅基地由户主自己选择，一般主要看地理位置

---

① 撰稿人林学衡，化隆档案馆。

交通是否方便，有没有房前屋后栽树的地方，如果发生暴雨会不会受到水灾，有没有修打碾场地等。但没有什么特殊的"讲究"（田野调查日记，2007）。建房时门窗的安放位置和方向没有什么讲究。学校的建造维修由村委会负责，而清真寺的建造和维护由寺管会负责。（访谈资料，阿訇，23岁）

村中外出打工的人回家次数不一定，如：

> （访谈资料，男，30岁）"到内地开饭馆者，或当雇工者一至两年内回家一次，省内挖虫草、修路、搞其他建筑工程者一般回家两到三次。"

回家没有规定的时间和具体的安排，要看条件，看方便，主要是春季回家种田，秋季回家收庄稼，斋月里回家休息、封斋、礼拜。

> （访谈资料，男，25岁）"回家时一般挣钱收入好的接（买）一辆手扶拖拉机，买一辆摩托车，收入不好的给家人买些服装、鞋帽、水果等礼品。"

> （访谈资料，男，60岁）村里人对他们带回来的东西，很喜欢，因为他们改善了家庭条件，增添了村子的活力。他们外出时村里人比较同情，担心在异乡受到困难，考虑路途安全，他们平安回来时大家都很高兴；如拉着尸体回来时全村停止生产，帮助送葬，慰问亡者家庭，帮助解决实际困难。

> （访谈资料，男，47岁）他们回来后对自己家乡感到十分可惜（遗憾），有些年轻人不想待在家里，就带着家人到异地打工或搞生意。挣到钱后，家里有老人的（如父母年迈、还有爷爷奶奶）回家，因为老人们一般不去异乡迁移，他们很想死后安葬于本村的坟墓内，年轻人不想回家。一般回家的人没有什么大的打算，搞些家庭建设。纳加村原有60多户，近几年外出打工后，十几户人家已经外迁了（户在人不在），而德一村几乎没有外迁（说藏话的人思想观念比较陈旧，如村内不准要电视，结婚不准要4000元以上的彩礼钱等）。

（访谈资料，男，50岁）"我们村中人去世后，墓地是这样安排的：亡者的亲人提出打坟地，阿訇老人表示同意就行了，如是年轻妇女一般埋在下边。"

（访谈资料，男，53岁）"小时候听说，亡者的娘家人必须到，否则不能送葬，容易发生矛盾，现在没有这些习惯了，只要有阿訇，所通知的有关亲人、朋友、邻村村民、多数人到了，就在晌礼前后送葬。"

5月30日　星期日　晴

德二村的一位中年妇女，她的娘家是德一、二社的马二力家，由于家境贫寒，她的丈夫领着两个十几岁的女儿到果洛洲挖冬虫夏草，妈妈一边照料三个孩子，一边劳动，但情况不好了，妈妈生病一天、二天，越来越重，无钱看病，只能到自己的娘家去，可是父亲也打工去了，妈妈还是同样没钱，只能想些土办法来救救她，结果全无效，终于丢下了三个孩子，哭的哭、喊的喊，这些都没有什么作用，更重要的是无法联系她的爸爸、她的两个女儿，村里的人想了好多办法，其结果呢？他们都在果洛洲的大山里采挖虫草，得不到任何信息。无奈只能举行简单的送葬，在家的老人们打了坟坑，购买了些茯砖茶，用清水洗净了全身，用三层白布进行包裹，搞抬深埋了。为了今世亏了自己。

可怜的是三个孩子……

（访谈资料，男，30岁）村中没有什么成年仪式，按照教法规定成年男子要行割礼（割取阴茎包皮）并要求封斋、礼拜。成年女子要戴盖头或纱巾并要求封斋、礼拜。按照教法规定孩子出生后首先提一个好名字（一般请阿訇取名），孩子满月出门后，散些喜糖或饼子馍馍。

一个家庭的婚事，新娘的姐姐或妹妹必须参加，需要送亲，若无亲姐妹就找堂姐妹，新郎的姐夫或妹夫必须参加，若无姐夫或妹夫就找堂兄弟做新郎的伙伴（叫配客），两个媒介（证婚人）必须参加说明结婚前的手续情况。近年来，卡力岗人的婚姻观念也发生了变化，定亲及婚礼等仪式也开始受到了内地的影响，开始使用小汽车接亲等，笔者在调查期间，就遇到一位教师的孩子结婚，他就花钱雇了一辆轿车和一辆面包车接亲，这种行为在当地已经不少见了。

图 2-23　变化中的卡力岗人的婚俗：娶亲婚车

第三章 卡力岗人的宗教演变与文化变迁

第一节 卡力岗人宗教信仰的演变

一 宗教组织的演变

寺庙是一个宗教与宗教文化的载体及宗教的组织与活动中心，在宗教与信教群众之间发挥着不可替代的纽带与桥梁作用。就寺院自身所具有的社会功能而言，它主要通过平时的宗教仪式和特定的宗教节日等宗教文化功能来有效维护宗教神圣性，维系着一种宗教的真实存在，通过寺庙组织信众从事宗教活动，传承宗教文化，传播宗教信仰，同时规范心中行为，并对广大信教群众提供宗教上的周密服务，从而在宗教与信众之间建立一种紧密的关系。可以说，宗教寺庙是宗教组织信众的一种组织形式。

藏传佛教寺庙规模宏大，气势磅礴，雕梁画栋。通常而言，其由"扎仓"（经学院）、灵塔殿（保存活佛的殿堂）、"拉康"（佛殿）、活佛公署、转经廊、喇嘛住宅及喇嘛塔（安放喇嘛遗体）组成。其中供僧侣读书奉佛的"扎仓"和"拉康"是藏区寺院的主体,多半处于寺院的中心,其承担着藏传佛教和藏文化的传承功能,而藏传佛教寺庙则承担着增强广大信众的宗教信念、加深他们对宗教的感情、强化他们对宗教的信仰等功能,是藏传佛教重要的组织形式。

伊斯兰教的清真寺同样具有组织信众的功能,从某种意义上来说,该功能更甚于藏传佛寺。《古兰经》说:"一切清真寺,都是安拉的,故你们应当祈祷安拉,不要祈祷任何物。"(《古兰经》72:18)世界上凡是有穆斯林的地方,必然有清真寺,否则那个地方的穆斯林社会和传统难以持久。安拉在《古兰经》中命令说:"只有笃信安拉和末日,并谨守拜功,完纳天课,并畏惧安拉者,才配管理安拉的清真寺;这等人或许是遵循正道的。"(《古兰经》9:18)建造清真寺和管理清真寺唯一合法的目的是人们在寺内崇拜安拉,学习伊斯兰知识,劝善戒恶。这些都是清真寺的基本性质和功能。除此之外,清真寺还具有服务穆斯林生活的诸功能,由此可见,宗教寺庙是信众组织化的重要形式。由此,藏传佛寺与清真寺的兴衰在某种意义上也代表着藏传佛教与伊斯兰教的更替,其数量的增减是衡量两宗教信众多寡的一个重要指标。

(一) 藏传佛寺的持续衰减与卡力岗人宗教信仰的演变

据《化隆县志》记载,卡力岗地区原来多原始森林,是藏族部落的驻牧之地。[①] 明朝时为西宁府马番族25族之一占哐族部落的驻牧之地,今化隆德加乡至二塘、巴燕镇、谢家滩直至卡力岗山各乡镇,均为占哐族牧地,所属小族29族。清乾隆九年(1744年),清政府在这里设"巴燕戎格抚番厅",将居住在化隆一带的藏族划分为迭作(今支扎)、昂思多等16个部族,每年向他们征收"番粮"。当时,整个化隆地区有藏族2921户。[②]而卡力岗地区是占哐16族中"安达迟哈"族(19户)、"思那加"族(136户)和"喀咱工哇"族(127户)的驻牧之地,其中,"喀咱工哇"部落居住在今天的阿什努乡一带,"喀咱工哇"和"安达迟哈"部落的一部分居住在沙连堡乡一带,"思那加"和"安达迟哈"部落的其余部分则

---

① 《化隆回族自治县概况》编写组:《化隆回族自治县概况》,民族出版社,1984。
② (清)钟文海:《巴燕戎格厅地理调查表》,宣统元年(1909年),甘肃省图书馆存。

居住在今天的德恒隆乡地区。① 由于，上述藏族部落全民信仰藏传佛教，因此，从唐宋起，这里就是藏传佛教的兴盛之地，从藏传佛寺数量的增长可见一斑，具体见表3－1。

表 3－1 青海省藏传佛教寺院分布（宋代——民国时期）

青海藏传佛教寺院分布表 1（宋代）

县名	称多县	囊谦县	玉树县	贵德县	尖扎县	同仁县	化隆县	民和县
寺院数量	7	13	12	1	1	1	5	1
县名	乐都县	互助县	西宁市	平安县	湟源县			
寺院数量	1	1	1	1	1			

青海藏传佛教寺院分布表 2（元代）

县名	称多县	囊谦县	玉树县	杂多县	曲麻莱县	班玛县	贵德县	尖扎县
寺院数量	10	20	30	1	1	1	3	4
县名	同仁县	循化县	化隆县	乐都县	互助县	西宁县	平安县	湟源县
寺院数量	3	6	10	1	3	1	1	1
县名	湟中县	兴海县	民和县					
寺院数量	1	1	1					

青海藏传佛教寺院分布表 3（明代）

县名	称多县	囊谦县	玉树县	杂多县	曲麻莱县	班玛县	贵德县	尖扎县
寺院数量	15	35	30	6	3	3	10	7
县名	同仁县	循化县	化隆县	乐都县	互助县	西宁县	平安县	湟源县
寺院数量	11	14	33	14	6	4	1	2
县名	湟中县	兴海县	民和县	刚察县	门源县	治多县	大通县	共和县
寺院数量	6	1	18	1	1	1	3	1

青海藏传佛教寺院分布表 4（清代）

县名	称多县	囊谦县	玉树县	杂多县	曲麻莱县	班玛县	贵德县	尖扎县
寺院数量	20	67	41	20	3	19	36	18
县名	同仁县	循化县	化隆县	乐都县	互助县	西宁市	平安县	湟源县
寺院数量	33	31	64	30	12	4	3	3

① 化隆回族自治县地方志编纂委员会：《化隆县志》，陕西人民出版社，1994。

信仰与变迁——卡力岗人的民族志研究

县名	湟中县	兴海县	民和县	刚察县	门源县	治多县	大通县	共和县
寺院数量	13	6	43	7	5	1	4	9
县名	玛沁县	甘德县	达日县	久治县	贵南县	同德县	泽库县	河南县
寺院数量	4	7	2	9	6	5	7	1
县名	海晏县	祁连县	都兰县	乌兰县	天峻县	德令哈市		
寺院数量	1	4	6	3	1	3		

青海藏传佛教寺院分布表 5（民国时期）

县名	称多县	囊谦县	玉树县	杂多县	曲麻莱县	班玛县	贵德县	尖扎县
寺院数量	26	74	45	24	8	23	51	21
县名	同仁县	循化县	化隆县	乐都县	互助县	西宁县	平安县	湟源县
寺院数量	34	33	66	33	13	4	4	3
县名	湟中县	兴海县	民和县	刚察县	门源县	治多县	大通县	共和县
寺院数量	27	11	58	12	5	1	4	14
县名	玛沁县	甘德县	达日县	久治县	贵南县	同德县	泽库县	河南县
寺院数量	5	8	3	13	16	14	14	4
县名	海晏县	祁连县	都兰县	乌兰县	天峻县	德令哈市	玛多县	
寺院数量	2	6	6	3	1	3	3	

资料来源：才项措：《青海卡力岗历史变迁文化研究》，西藏大学硕士论文，2013。

从表 3-1 可见，从唐宋时期开始，化隆县就是藏传佛教的传播地区，该地区有藏传佛寺 5 座，位居藏区第三。之后，其一直与整个藏区藏传佛寺的增长保持同步。

至明代，该地区的藏传佛寺数量猛增至 33 座，超过了之前位居第二的玉树，跃居第二位。

至清代中期，该地区的藏传佛寺数量更是翻了一番，发展为 64 座，稳居藏区第二的位置。

可见，由唐宋至清代中期，化隆地区一直是藏传佛教的传播与兴盛之地，由于化隆地区是农业文化和牧业文化的分界区，在伊斯兰教大规模传入之前，这里是汉文化与藏文化的交汇地区，而随着"吐蕃东进""汉退藏进"，化隆逐渐成为藏族的驻牧之地，因此，也带来了藏传佛教的繁荣，元明清三代，这里佛寺林立，香火缭绕，高僧辈出，成为藏文化的兴盛之地。[①]

如前所述，藏传佛寺是藏传佛教精神的物质凝练，是藏传佛教的象征，是其价值观的体现。由于其膜拜功能，客观上要求藏传佛教的数量与信徒的数量成一定比例，因此，藏传佛寺的增长就意味着信徒的增加。

但是，从清代乾隆时期至民国，化隆藏传佛寺数量的增长突然放缓，之后基本停滞不前，在400多年的时间里只增加了2座佛寺，共计66座，仅上升了3.12%，增幅0.01%，与元代至明代上升200.30%，增幅2.37%相比，可谓天壤之别，详见表3-2。

表3-2　藏传佛寺增长

寺院增长幅度	增幅最大	增幅第二	增幅第三	增幅最小
时间	元代—明代 1271~1368年 约97年	宋代—元朝 960~1271年 约311年	明代—清乾隆年间 1368~1740年 约372年	清乾隆年间—民国 1740~1949年 约209年
佛寺数量变动	10座→33座	5座→10座	33座→64座	64座→66座
居青海位次变动	第四→第三	第三→第四	第三→第二	第二→第二
变动百分点	+200.30%	+100%	+93.93%	+3.12%
年均变动百分点	+2.37%	+0.32%	+0.25%	+0.01%

这一突然放缓的增长似乎向我们昭示着藏传佛教当时的境遇，究竟发生了什么使藏传佛教信徒突然停止了增长？

翻阅史料，我们发现，从清乾隆时期开始，藏传佛教遭遇了清政府的持续打压。据记载，清雍正元年，青海发生罗卜藏丹津反清叛乱事件，罗卜藏丹津在起事初，曾以寺院为中心，寺院僧人给予了大力支持，该事件后，川陕总督年羹尧采取严厉措施，在叛乱据点之一的塔尔寺，处死了参与叛乱的喇嘛首领，只选留"老成持重"的喇嘛三百名，给予印信执照，其余全部遣散；并命令喇嘛不得在寺院内聚众滋事。随后，在其《青海善后事宜十三条》中称："查西宁各寺庙喇嘛，多者二三千，少者五六百，

---

① 参见才项措《青海卡力岗历史文化变迁研究》，西藏大学硕士论文，2013。

遂成藏垢纳污之地，番民缴纳喇嘛租税，与纳贡无异"①，建议对格鲁派加以限制。清朝廷根据年羹尧的建议，规定青海各地喇嘛寺院，房间不得超过二百间，喇嘛多者三百人，少者数十人，每年遣官稽查两次，令为首的喇嘛出具甘结，保证不得闹事。并规定寺院不得向百姓收租要粮，寺院所需粮食、衣物、银两等，由地方官管理，按每年用度发给，这使格鲁派遭受到严格限制，势力发展受挫。

到乾隆年间，清政府对青海地区藏传佛教仍持压制政策。对格鲁派的限制更加严格，"四年命散秩大臣达鼐，西宁总官兵周凯捷清查将各番族归于县官，按地输粮，不受番寺约束，而又不利其有，将所输之粮，每岁按寺给发以口粮、衣单之资，其印缴于礼部，不准世袭，乾隆年间，奉上谕，僧道喇嘛，颁给度牒，其僧道素守清规者，止准招收僧徒一人"。② 从寺院经济、僧人数量等各方面加以限制。由此可见，这种来自上层统治者的打击直接影响到信教群众，中央王朝对格鲁派的持续打击和对寺院发展的严格控制，是化隆地区藏传佛寺增速突然放缓和停滞不前的主要原因，也是卡力岗人宗教信仰变迁的主要外在因素。

与此同时，藏传佛教格鲁派内部组织涣散，僧人违反教规，有的寺院通过发放高利贷和贱价收进、高价卖出的方法，重利盘削群众，致使藏传佛教在信徒心中的地位日益下滑，藏传佛教信仰不再被更多的人所需要。彼时彼地，藏传佛教进入了衰退时期。而与此相反，史料显示，此时伊斯兰教正在迅速崛起，与藏传佛寺的停滞相反，清真寺数量持续增长，直至1949年前，化隆地区由藏传佛寺林立演变为清真寺遍布大小村庄。

（二）清真寺的持续增长与卡力岗人宗教信仰的演变

据史料记载，化隆地区的清真寺始建于明末清初，如阿河滩寺等，随着信仰伊斯兰教人口数量逐渐增加，清真寺院也不断增多。据马鹤天1935年所撰《西北考察记·青海之社会》记载，当时化隆有大寺60座、中寺5座、小寺16座。1937年，张德馨《化隆印象漫谈》称"回教之阿訇及学徒有二千多"。1952年县境内清真寺共158座。1958年，化隆已有清真寺

---

① 青海省志编纂委员会：《青海历史纪要》，青海人民出版社，1987，第13页。
② （清）杨应琚：《西宁府新志》，青海人民出版社，1988，第158页。

205 座，拱北 8 座，宗教职业人员 1773 人，其中阿訇 755 人（含散班阿訇
203 人），满拉 1018 人。这些寺院在后来的宗教改革中被迫全部关闭，遣
散回家参加生产劳动的宗教职业人员有 1420 人，捕办 215 人。"文化大革
命"中许多寺院被拆毁，大批宗教人员受到批斗。

改革开放后，落实民族政策，先后恢复开放了一批清真寺院。截至
1982 年，批准开放清真寺 149 座，活动点 80 座，阿訇 283 人，满拉 1666
人。据 1985 年 9 月统计，全县范围内有清真寺 252 座，其分布如下：雄先
2 座、扎巴 11 座、黑城 29 座、昂思多 10 座、牙什尕 14 座、群科 27 座、
德加 6 座、二塘 13 座、加合 19 座、巴燕 9 座、谢家滩 7 座、德恒隆 36
座、沙连堡 18 座、甘都 21 座、阿什努 21 座、石大仓 4 座，初麻 5 座。宗
教职业人员 464 人，满拉 1638 人。而据青海省志载，截至 1995 年，化隆
县共有清真寺 151 座。详见表 3 - 3。①

表 3 - 3 化隆县清真寺分布

清真寺名	建寺时间	寺　　址
跃洞清真寺	1918 年	黑城乡跃洞村
拉让滩清真寺	1888 年	黑城乡拉让滩村
瓦隆沟清真寺	1921 年	黑城乡瓦隆沟村
城车清真寺	1538 年	黑城乡城车村
大拉曲清真寺	1964 年	黑城乡大拉曲村
上滩清真寺	1888 年	黑城乡上滩村
拉一清真寺	1890 年	黑城乡拉一村
拉二清真寺	1937 年	黑城乡拉二村
四哈宁清真寺	1946 年	黑城乡四哈宁村
拉曲清真寺	1964 年	黑城乡拉曲村
那加清真寺	1885 年	德恒隆乡那加村
南措清真寺	1970 年	德恒隆乡南措村
牙曲清真寺	1839 年	德恒隆乡牙曲村
列村清真寺	1901 年	德恒隆乡列村
东加清真寺	1939 年	德恒隆乡东加村

---

①　引自才项措《青海卡力岗历史文化变迁研究》，西藏大学硕士论文，2013。

信仰与变迁——卡力岗人的民族志研究

清真寺名	建寺时间	寺　址
牙曲滩清真寺	1981 年	德恒隆乡牙曲滩村
卡什德清真寺	1885 年	德恒隆乡卡什德村
卡什德一社清真寺	1956 年	德恒隆乡卡什德村
起昂滩清真寺	1947 年	德恒隆乡起昂滩村
拉一清真寺	1947 年	德恒隆乡拉一村
黄吾具清真寺	明　朝	德恒隆乡黄吾具村
德二清真寺	1932 年	德恒隆乡德二村
西关清真寺	1776 年	巴燕镇西上村
东上清真寺	1664 年	巴燕镇东上村
西上清真寺	1981 年	巴燕镇西上村
北街清真寺	1619 年	巴燕镇北街村
什杰列清真寺	1688 年	巴燕镇什杰列村
金家庄清真寺	1983 年	巴燕镇金家庄村
下胡拉尕清真寺	1980 年	巴燕镇下胡拉尕村
下胡拉清真寺	1924 年	巴燕镇下胡拉尕村
夸什吉清真寺	1984 年	扎巴乡科台村
全藏清真寺	1788 年	扎巴乡扎巴村
下扎巴清真寺	1688 年	扎巴乡下扎巴村
乙沙清真寺	1488 年	群科镇乙沙村
若加清真寺	1954 年	群科镇若加村
舍仁清真寺	1918 年	群科镇舍仁村
科棋清真寺	1944 年	群科镇科棋村
滩心清真寺	1979 年	群科镇滩心村
格尔么清真寺	1488 年	群科镇格尔么村
安达其哈清真寺	1981 年	群科镇安达其哈村
新一清真寺	1981 年	群科镇新一村
木哈清真寺	1904 年	群科镇木哈村
群科清真寺	1981 年	群科镇群科村
公义清真寺	1984 年	群科镇公义村
街道清真寺	1988 年	群科镇街道村
文卜具清真寺	1888 年	群科镇文卜具村
则塘清真寺	1918 年	群科镇则塘村

续表

清真寺名	建寺时间	寺　址
二塘清真寺	1898 年	二塘乡二塘村
二塘下清真寺	1898 年	二塘乡二塘村
红牙合清真寺	1885 年	二塘乡红牙合村
上尕如山清真寺	1942 年	二塘乡上尕如山村
庄子湾清真寺	1980 年	二塘乡庄子湾村
尼昂清真寺	1957 年	二塘乡尼昂村
大堂清真寺	1927 年	二塘乡大堂村
三塘清真寺	1984 年	二塘乡三塘村
上滩清真寺	1982 年	二塘乡上滩村
加桑清真寺	1951 年	沙连堡乡加桑村
官巴湾清真寺	1936 年	沙连堡乡官巴湾村
二洞门清真寺	1902 年	沙连堡乡二洞门村
阴坡清真寺	1719 年	沙连堡乡阴坡村
沙一清真寺	1387 年	沙连堡乡沙一村
牙合背合清真寺	1949 年	沙连堡乡牙合背合村
下塔加清真寺	1385 年	沙连堡乡下塔加村
上塔加清真寺	1934 年	沙连堡乡上塔加村
乙什春清真寺	1717 年	沙连堡乡乙什春村
岭背后清真寺	1981 年	石大仓乡岭背后村
文家山清真寺	1980 年	石大仓乡文家山村
沙让清真寺	1984 年	石大仓乡沙让村
下台力盖清真寺	1942 年	石大仓乡下台力盖村
上台力盖清真寺	1913 年	石大仓乡上台力盖村
羊龙清真寺	1957 年	阿什努乡羊龙村
那哈路清真寺	1960 年	阿什努乡那哈路村
冶木清真寺	1960 年	阿什努乡冶木村
阿一清真寺	1807 年	阿什努乡阿一村
阿二清真寺	1587 年	阿什努乡阿二村
合什加清真寺	1948 年	阿什努力乡合什加村
不多其那清真寺	1830 年	谢家滩乡不多其那村
韩家窑清真寺	1830 年	谢家滩乡韩家窑村
下河滩清真寺	1648 年	谢家滩乡下河滩村

续表

清真寺名	建寺时间	寺　　址
吊沟清真寺	1788 年	谢家滩乡吊沟村
多隆清真寺	1923 年	谢家滩乡多隆村
阴坡清真寺	1538 年	谢家滩乡阴坡村
窑隆清真寺	1510 年	谢家滩乡窑隆村
一社清真寺	1954 年	德加乡扎浪滩村
二三社清真寺	1984 年	德加乡扎浪滩村
滩果台清真寺	1945 年	初麻乡滩果台村
拉尕塘清真寺	1982 年	初麻乡拉尕塘村
塔麻清真寺	1915 年	初麻乡塔麻村
初麻清真寺	1585 年	初麻乡初麻村
沙尔东清真寺	1947 年	初麻乡沙尔东村
上多巴清真寺	1888 年	牙什尕乡山多巴村
牙什尕清真寺	1949 年	牙什尕乡牙什尕村
参果大清真寺	1945 年	牙什尕乡参果滩村
夸什吉清真寺	1982 年	牙什尕乡堂沙滩村
下多巴清真寺	1888 年	牙什尕乡下多巴村
尕毛台清真寺	1981 年	甘都乡尕毛台村
拉目清真寺	明正德	甘都乡拉目村
朱乎隆清真寺	1585 年	甘都乡朱乎隆村
桥头清真寺	1981 年	甘都乡桥头村
东四二村清真寺	1983 年	甘都乡东四二村
河沟清真寺	1985 年	甘都乡河沟村
东四一村清真寺	1982 年	甘都乡东四一村
东三清真寺	1982 年	甘都乡东三村
伊光清真寺	1987 年	甘都乡牙路平村
尕拉仓清真寺	1770 年	甘都乡列卜加村
牙目清真寺	1918 年	甘都乡牙目村
四合生清真寺	1983 年	甘都乡四合生村
合什加清真寺	1980 年	甘都乡合什加村
下四合生清真寺	1482 年	甘都乡下四合生村
上四合生清真寺	1584 年	甘都乡上四合生村
牙路平清真寺	1929 年	甘都乡牙路平村

续表

清真寺名	建寺时间	寺　　址
苏乎加清真寺	1916 年	甘都乡苏乎加村
阿路庄清真寺	1382 年	甘都乡阿路庄村
官巴清真寺	1943 年	甘都乡官巴村
阿河滩清真寺	1323 年	甘都乡阿河滩村
西滩清真寺	1981 年	甘都乡西滩村
水车清真寺	1980 年	甘都乡水车村
阿化清真寺	1920 年	甘都乡阿化村
甘都街新清真寺	1989 年	甘都乡甘都街村
东一清真寺	1983 年	甘都乡东一村
东风一清真寺	1980 年	甘都乡东风一村
东一四社清真寺	1983 年	甘都乡东一村
甘都街清真寺	1930 年	甘都乡甘都街村
唐四刚清真寺	1453 年	甘都乡唐四刚村
东风二社清真寺	1980 年	甘都乡东风二村
下寺尔沟清真寺	1953 年	加合乡下寺尔沟村
下沟清真寺	1870 年	加合乡下沟村
马场中良清真寺	1948 年	加合乡马场中良村
上加合清真寺	1889 年	加合乡上加合村
腰湾清真寺	1928 年	加合乡腰湾村
下拉干清真寺	1949 年	加合乡下拉干村
上寺尔沟清真寺	1984 年	加合乡上寺尔沟村
庙尔沟清真寺	1956 年	加合乡庙尔沟村
中拉干清真寺	1908 年	加合乡中拉干村
上拉干清真寺	1943 年	加合乡上拉干村
藏滩清真寺	1878 年	加合乡藏滩村
后沟清真寺	1888 年	加合乡后沟村
克么清真寺	1906 年	加合乡克么村
边麻滩清真寺	1947 年	加合乡边麻滩村
上卧力尕清真寺	1870 年	加合乡上卧力尕村
下卧力尕清真寺	1870 年	加合乡下卧力尕村
下加合清真寺	1940 年	加合乡下加合村
尖巴昂清真寺	1838 年	昂思多乡尖巴昂村

续表

清真寺名	建寺时间	寺　　址
梅加清真寺	1944 年	昂思多乡梅加村
具乎扎清真寺	1981 年	昂思多乡具乎扎村
沙吾昂清真寺	1838 年	昂思多乡沙吾昂村
若么林清真寺	1908 年	昂思多乡若么林村
先群清真寺	1908 年	昂思多乡县群村
关沙清真寺	1888 年	昂思多乡关沙村
番加林清真寺	1910 年	昂思多乡番加林村
关相口清真寺	1838 年	昂思多乡关相口村

　　资料来源：青海省地方志编纂委员会：《青海省志七十七宗教志》，西安出版社，2000。

　　从表3-3可见，伊斯兰教传入化隆地区始于明代，而从明朝中期开始至清乾隆年间，该地由1座清真寺发展为21座，从无到有，在整个青海位居第五，增幅达到2000%。而后，从清乾隆年间经整个民国时期，其由21座猛增至151座，由第五跃居第二，增幅达到619%，详见表3-4。

表3-4　化隆县清真寺增长

寺院增长幅度	增幅最大	增幅第二	从无到有	无
时间	明代—清乾隆年间 1368~1740 年 约 372 年	清乾隆年间—民国 1740~1949 年 约 209 年	元代—明代 1271~1368 年 约 97 年	宋代—元朝 960~1271 年 约 311 年
佛寺数量变动	1 座→21 座	21 座→151 座	1 座	0 座
居青海位次变动	无→第五	第五→第二	无	无
变动百分点	+2000.00%	+619.04%	无	0
年均变动百分点	+5.34%	+3.01%	无	0

　　上述清真寺数量的猛增，与藏传佛寺数量的停滞，正好形成一个鲜明的对比，可以认为，明代至清乾隆以前，伊斯兰教开始涉入藏传佛教的兴盛之地——化隆，一个是先来者，久居此地，势力强大；另一个是后来者，强势介入，实力不俗，双方开始了激烈的博弈。经过漫长的过程，伊斯兰教保持着强劲的增长势头，而藏传佛教逐渐力不从心，双方在清宣统之后分出了伯仲，至民国末年，伊斯兰教取代藏传佛教成为该地区的主要

宗教。从清乾隆年间开始的这场惊心动魄的信仰改变，以信仰藏传佛教的藏族部落的部分外迁和皈信而告终，卡力岗人就是后者。

这一幕历史剧的始作俑者是伊斯兰教的传入。

二　信教群体的演变

关于卡力岗人皈信伊斯兰教，目前，没有详细的文献记载，做此推断主要依靠民间传说与集体记忆、历史记载与文化遗存资料的互证。

（一）民间传说与集体记忆中的群体化演变

在卡力岗地区广泛流传的马来迟在卡力岗传教和卡力岗人皈依伊斯兰教的故事，可视为卡力岗人对于自己皈信伊斯兰教的集体记忆。

马来迟是中国伊斯兰教虎夫耶苏菲学派"华寺门宦"（又称花寺门宦）的创始人。据马通先生《中国伊斯兰教教派与门宦制度史略》一书载，马来迟于清乾隆二十一年（1756年）来到卡力岗地区传教，使当地的部分藏族由藏传佛教信徒转而皈信伊斯兰教。他是最早在卡力岗传播伊斯兰教的人。

冶清芳《青海卡力岗地区藏回渊源考》一文载，其在实地调查时，当地一位84岁的马姓老阿訇告诉他："据先人们讲，花寺太爷（指当时的伊斯兰教传播者马来迟）来此地传教以后，除了少数伊玛目（教长）和阿訇、满拉是花寺太爷从回民和撒马尔罕人（指撒拉族）中选出的穆斯林以外，其余的德恒隆和阿什努一带的穆民（指穆斯林）都是改奉伊斯兰教的'哦回'。"（藏语安多方言自称"哦"，所谓的"哦回"就是"藏回"。）当地的群众也都持此种说法，认为他们的祖先是藏族。①

马伟华《青海卡力岗回族宗教认同的调查与思考——以青海省化隆县德恒隆乡德一村为例》载：学者马秀梅在十几年前通过"卡力岗田野调查"得知："过去这个村子全是藏族，1945～1949年，群科、甘都、巴燕、循化等地的来客定居本村，有的买了土地，有的当了藏族人家的雇工，大部分是男女结亲而定居的。原来的藏族基本上都随了回族，他们的后裔有

---

① 冶清芳：《青海卡力岗地区藏回渊源考》，《青海师范大学学报（社会科学版）》1986年第4期。

30 多户，160 多人。本来，村里除了说藏话的外，还有说汉话、撒拉话的，久而久之，全村的社交用语都是藏话了。"①

另外，这里至今还盛传着马来迟在久旱无雨、禾苗枯死的情况下，念经求降春雨，解除了旱情的故事，还说他如何抓住去阿拉伯朝觐时带回的椰枣树皮做的拜毯越过黄河等。

马通先生在其《中国伊斯兰教教派与门宦制度史略》一书中也写道，马来迟在该地传教时有一次要渡黄河，适逢该地藏民迎接活佛求雨，不让他用船渡河，马来迟就骑马渡过了黄河。祈雨群众和活佛见马来迟过河如履平地，非常惊异，便提出 10 条难题，要马来迟答复，并要他祈雨。马来迟将问题一一解答，并念经祈祷，果然下了一场大雨。于是该地群众对马来迟非常敬佩。马来迟借此向他们不断宣传伊斯兰教，经几年工夫，终于使一部分藏民归信了伊斯兰教。卡力岗藏族人皈信伊斯兰教后，即踊跃捐资，在该地兴建"起架磅礴，结构宏伟，砖雕木刻，玲珑绝巧，漆彩粉染，图案艳丽"的清真寺一座。当地穆斯林遂称之为"华寺"，"华寺门宦"亦因此而得名。②

类似的传说在卡力岗还有许多。如相传在清乾隆前期，卡力岗地区还是地地道道的藏族聚居地，信仰佛教，有了儿子要送到寺院当喇嘛，有了钱财要送到寺院里做布施。之后，甘肃河州出了一个"华寺太爷"叫马来迟，这是一位伊斯兰教虎非耶教派的圣人，来到卡力岗藏族地区传教，可是一开始便遭到了抵制，马来迟显出了种种神功奇迹，终于使当地人折服，信奉了伊斯兰教。有一次，有位房东故意将坏鸡蛋和好鸡蛋混在一起煮熟送上，结果马来迟将坏的放在一边，把好的吃了。这位房东才知道马来迟确是圣人，于是，他们接受了他所宣传的伊斯兰教。

笔者访谈时也听到了很多类似的集体记忆。"据这一部分群众自己说，他们的先人之所以改变宗教信仰，是甘肃河州府的一个叫'华寺太爷'马来迟的人劝化的结果。据说，马来迟约于公元 1750 年即清乾隆十五年

---

① 马伟华：《青海卡力岗回族宗教认同的调查与思考——以青海省化隆县德恒隆乡德一村为例》，《中南民族大学学报（人文社会科学版）》2009 年第 11 期。

② 马通：《中国伊斯兰教教派与门宦制度史略》，宁夏人民出版社，2000。

（一说乾隆十五年之后）来循化地区传教，后又从循化到卡力岗地区。而德恒隆清真寺保存的拐杖就是证据……这一拐杖是马来迟来此传教时所用，他在这里宣传了伊斯兰教教义，显示了许许多多神功奇迹，并使当地居民折服。"[1]

> 在德恒隆一村（藏语村）访谈时被告知："自己是回族……但自己祖上原为藏族，该地也原为藏族聚居地，德恒隆即为藏语，意为'老虎沟'，据说该地原来是原始森林，多野兽，尤其多老虎，故称老虎沟。整个卡力岗地区原来皆为藏族地区，后来马来迟进入本地区传教，显示了神迹。藏族自愿放弃藏传佛教皈信了伊斯兰教成为回族。"（教师，回族，男性，48岁）

笔者在田野调查中，当地的受访者对马来迟传教之事仍然有口皆碑，对其传教时"祈雨显灵"等传说亦深信不疑，且引以为傲，一如20年前李耕砚、徐立奎访谈时被告知一样，笔者得到了一本关于宣传马来迟功力无边的小册子。

图 3-1 小册子封面

---

① 马通：《中国伊斯兰教教派与门宦制度史略》，宁夏人民出版社，2000。

可见，以上集体记忆和大量的民间相关传说，从一个方面证实了"伊斯兰教的传入与卡力岗人的皈信"事实，在马来迟等人的大力传播下，卡力岗人逐渐接受了新的宗教信仰，发生了群体性的信仰变迁。

（二）历史记载与文化遗存中的群体化演变

历史记载与文化遗存从另一个侧面佐证了卡力岗人信仰的群体化演变。

如上所述，从唐宋时期始，卡力岗就是藏族的驻牧之地。《化隆县志》载，唐肃宗时，吐蕃东进，于"上元元年攻陷廓州（今化隆群科镇），有大量吐蕃军队驻扎在化隆地区实行屯垦，并将大批俘获的汉、羌、吐谷浑人沦为奴隶，其在今卡力岗三乡之一的沙连堡乡建立了宁塞寨军事据点；吐蕃东进后这里逐渐成为吐蕃的聚居地。"[①] "据藏文史料记载：公元 779 年，藏王赤松德赞（ཆོས་རྒྱལ་ཁྲི་སྲོང་ལྡེ་བཙན།）派达扎鲁贡（སྟག་སྒྲ་ཀླུ་དགོང་།）率兵摧毁了巴达霍尔（བ་དན་ཧོར།）地方势力后，从军中挑选出九名将领率部众驻扎在霍尔与藏区的交界处（今化隆东部一带）屯垦守边，世居边疆，史称噶玛珞（བཀའ་མ་ལོག）, 今化隆下六族中的部分藏族为噶玛珞后裔。"[②]

元朝时期，统一全国，该地区属"吐蕃等处宣慰司·贵德州"管辖。藏族驻牧此地，此时，化隆地区的藏传佛寺增长了 200%，可谓佛寺林立，发展迅速。

上述时期，未见伊斯兰教进入该地区的记载，亦未见该地区建有清真寺的记载，因此，文献资料表明，此时伊斯兰教尚未传入卡力岗地区。

明朝时期，卡力岗地区属于吐蕃"马番二十五族"之一"占咂族"的驻牧之地，内立 29 族。据《青海民族史料汇集之四：明实录·青海民族史料摘抄》载，此时化隆为"陕西行都指挥司""西宁卫"的塞外隆卜、占咂、华咂三个番族（即藏族）部落驻牧。据《边政考》（明）嘉靖丁未（二十六年）（1547 年）记载：咎咂族男妇五百名口驻牧西宁隆奔山口；

---

① 化隆回族自治县地方志编纂委员会编《化隆县志》，陕西人民出版社，1994，第 664 页。

② 青海民族学院民族研究所编《青海民族史料汇集之四：明实录·青海民族史料摘抄》，青海民族学院民族研究所，1981，第 156 页。

革咂族男妇四百名口驻牧碾伯静宁寺地方；纳隆卜族人马二千有余驻牧碾伯静宁寺地方；思果迷族人马五百有余驻牧西宁"板撒尔"地方；章咂族男妇五百名驻牧碾伯占咂山口。显然，明朝时期，卡力岗仍然是藏族部落的驻牧之地。

据清宣统年间（1909 年）巴燕戎格厅的"通判"钟文海在《巴燕戎格厅地理调查表》①中记载，清乾隆九年（1744 年），今化隆地区设"巴燕戎格抚番厅"，内设 3 城、23 庄、16 族②，卡力岗地区为该 16 族中的安达迟哈（19 户）、思那加（136 户）和喀咱工哇（127 户）等族的驻牧之地，其中喀咱工哇族驻牧今阿什奴乡，安达迟哈族和思那加族则驻牧今德恒隆和沙连堡乡。此时整个化隆地区有吐蕃 2921 户。③清政府每年向他们征收"番粮"，据《化隆回族自治县概况》考证：乾隆年间境内藏族人口已达 11000 多人，占全县（厅）当时总人口的 90% 以上。但此时聚居该地区的已经不仅仅只有这些部落了，已经有了一定数量的回民和汉人，此时，在卡力岗山系最深处的德恒隆乡也已经出现了清真寺，伊斯兰教已经全面进入了卡力岗地区，与此同时，伊斯兰教的"本土化"也在快速进行，其神秘主义派别同中国封建制度及儒家思想相结合，形成了门宦制度和教派，并在化隆地区得到了迅速传播与发展，不同教派在该地区均有信徒。

伊斯兰教传入化隆之初，主要是格底目（老教）的传教，卡力岗的大多数穆斯林是老教信徒。格底目（阿拉伯语，意为尊老，该派古派），又称老教、老派。清乾隆以后，一部分格底目加入了苏非派的各种门宦，清光绪、民国时期，又有部分教徒加入"依赫瓦尼"，一时间，格底目人数大为减少，但其仍在化隆的穆斯林中占有一定比例，如化隆巴燕、黑城、石大仓、初麻等乡镇中的部分穆斯林即为老派。

"伊赫瓦尼（阿拉伯语，意为兄弟）又称新派或"新兴派"。民国时期由于得到马步芳父子的大力扶持而在青海地区得到了迅速发展。化隆县境内甘都、巴燕、加合、昂思多、扎巴、黑城、群科等乡镇都有伊赫瓦尼

① 黄应贵：《空间、力与社会》，"中央研究院"民族学研究所，1995，第 26 页。
② （清）杨应琚纂修《西宁府新志》，乾隆十二年（1747 年）刻本，青海省图书馆存。
③ （清）钟文海：《巴燕戎格厅地理调查表》，宣统元年（1909 年），甘肃省图书馆存。

教徒，逐渐发展成为化隆县教众最多的一个派别。卡力岗人的大多数人均为依赫瓦尼。

除了上述不同教派之外，不同的门宦教门也传入了该地区。化隆地区共存在三大门宦：哲赫林耶门宦、虎夫耶门宦、噶得林耶门宦。如前所述，门宦源自阿拉伯伊斯兰教内部衍生的神秘主义教派——苏非派。中国伊斯兰教门宦的形成，最初或为东来的苏非传教士直接传教形成；或为中国穆斯林赴麦加朝觐游学回国后，在穆民中传播苏非教义而逐渐形成道门，以致形成门宦教主，在教民中确立起无上权威，世袭罔替。

哲赫林耶，系阿拉伯语译音，意为公开，故称其为"高念派"或"高赞派"。该派源自阿拉伯也门的沙孜林那，由甘肃武都马明心创立于清乾隆二十六至三十年（1761～1765年），乾隆二十六年（1761年），马明心从麦加返国后，首先在化隆、循化传教，得到华寺门宦一些人的拥护。化隆巴燕、二塘、初麻、甘都、石大仓等地发展了一批教徒。乾隆四十六年（1781年），撒拉族苏四十三反清起事，化隆县甘都地区苏合加、阿路、阿河滩等庄撒拉族人民和卡力岗等地区的信徒都奋起参加了这场震慑清王朝的斗争。斗争持续四个半月，终因众寡悬殊而失败，马明心、苏四十三等人均遭杀害，哲赫林耶派也遭到了残酷镇压。到新中国成立前夕，哲赫林耶派教徒在化隆为数甚少。

虎夫耶，系阿拉伯语译音，意为隐藏、低念，或称为"低念派"，源于阿拉伯苏非派各支系，因传入渠道及传道方式不同，分为"华寺""穆夫提"等21个支系。化隆县多属华寺门宦，卡力岗地区（包括沙连堡、阿什努、德恒隆三个乡），初麻、甘都、石大仓、巴燕都有许多华寺门宦的信徒，传入时间约在乾隆初年。"华寺"本为马来迟的后代于清嘉庆八年（1803年）仿照临夏八坊格底目的风林清真寺样式给他修建的拱北，故名。又传因马来迟在青海树儿湾（化隆卡力岗）传教，当地改信伊斯兰教的藏族群众仿照佛寺式样建造了第一座清真寺，这寺结构宏伟，式样别致，色彩纷呈，图案奇绝，故名。清乾隆二十一年（1756年），马来迟开始劝化隆卡力岗等地区的土著藏族改信伊斯兰教虎夫耶学理。他经过一个时期的努力，终于使这一地区的土著藏族群众集体改信了伊斯兰教，遵行华寺教理。乾隆三十年（1765年）又劝说巴燕戎城垣内外的一批原格底目信徒转信华寺门宦，并在北城门口内修建了一座华寺。马来迟去世后，马国宝继任第二代教主，他在化隆发展了许多教徒。华寺门宦第五代教主奴茸的尼殁于咸丰十一年（1861年），葬化隆下加合。第六代教主马桂源、阿訇马文义在咸丰、同治年间成为青海回族反清的著名首领，在历史上写下了重要一页，第七代教主马帧源殁于光绪二十三年（1897年），葬化隆列仁卡索。

虎夫耶的"临洮"门宦（二坊头）于清乾隆中期传入化隆，并从原格底目派中劝化分离出一部分信徒，于1776年在今西关清真寺原址建起一座清真寺。接着，（大坊头）又传入境内发展了一批教徒，并修建了城内西北角清真寺（俗称角落寺）。"崖头"门宦也于此时先后传入，发展了一批信徒。

噶得林耶，系阿拉伯语译音，意为大能，是阿拉伯苏非派一个较大的教团，相传是由穆罕默德第29代后裔花哲阿布都·董拉希传入中国的，由祁静一发扬光大。该派又称"大拱北"门宦。化隆县内目前有6座拱北，即二塘乡2座、德恒隆乡2座、甘都镇2座，信仰者广布甘都、群科、黑城、加合、二塘、石大仓、巴燕、初麻等乡（镇），有600余户3000余人。其中二塘乡隆欠拱北属临夏大拱北后子河杨门道统，称"中和堂"，是杨道祖的静修地，初建于清代末期。1958年宗教制度改革中停止活动。1984年4月，当地信徒从西安广德门迁来第四代马道祖遗骨安葬。二塘拱北称"宁静堂"，是临夏大拱北第六代道祖安姑太太的遗骨墓冢，初建于1953年。上述两座拱北均建有静修堂、居室、学房、伙房等，也各有几名出家人。据才项措《青海卡力岗人历史文化变迁》统计，截至1970年，卡力岗三乡共有27座清真寺，其中建寺最早的是德恒隆乡的黄吾具清真寺，建于明朝，已有500多年的历史，清真寺数量最多的也是德恒隆，共有12座。1839~1885年建立三座清真寺，1901~1949年建立五座清真寺，1949~1970，建立三座清真寺。可见，1901~1949年，是德恒隆清真寺数量增加最快的时期，也是伊斯兰教信仰取代藏传佛教信仰的时期，详见表3-5。

信仰与变迁——卡力岗人的民族志研究

表 3 - 5　卡力岗三乡清真寺数量

沙连堡乡境内清真寺（共计 9 座）		德恒隆乡境内清真寺（共计 12 座）		阿什努乡境内清真寺（共计 6 座）	
清真寺名	时间	清真寺名	时间	清真寺名	时间
下塔加清真寺	1385 年	黄吾具清真寺	明朝	阿二清真寺	1587 年
沙一清真寺	1387 年	牙曲清真寺	1839 年	阿一清真寺	1807 年
乙什春清真寺	1717 年	卡什德清真寺	1885 年	合什加清真寺	1948 年
阴坡清真寺	1719 年	那加清真寺	1885 年	羊龙清真寺	1957 年
二洞门清真寺	1902 年	列村清真寺	1901 年	那哈路清真寺	1960 年
上塔加清真寺	1934 年	德二清真寺	1932 年	冶木清真寺	1960 年
官巴湾清真寺	1936 年	东加清真寺	1939 年		
牙合背合清真寺	1949 年	拉一清真寺	1947 年		
加桑清真寺	1951 年	起昂滩清真寺	1947 年		
		卡什德一社清真寺	1956 年		
		南措清真寺	1970 年		
		牙曲滩清真寺	1981 年		

今天的化隆地区大部分地方名称承袭了古代藏族部落的名称。据传，化隆自古是"十八布具"或"十八吾具"生息之地，自金、元以来，这里均为藏族酋长部落所在地，地名相沿至今，有百余处之多。其均为藏语，如卡力岗地区就有德恒隆（藏语，老虎沟），沙连堡（藏语，潮湿的地方），纳加（藏语，有水草的地方），黄吾具、知乎具等村名、地名中的"吾具"或"卜具"等都是藏语"部落"之意，这些名称至今仍然沿用，可视为当年为信仰藏传佛教的藏族部落所驻牧的证据。

今天德恒隆乡的所在地，正是当年封建百户官邸的所在地。"德恒隆的黄吾具村，是当年一位百长寓所的所在地。这位百长的寓所至今还遗留有一些断垣残壁，其规模不亚于一个小型城堡，大门附近还保留着当年由其农奴栽植的白杨树。1958 年兴修水利时，在黄吾具村庄的四周，曾挖出若干"本康"（十万佛像之室），还埋有宝瓶，宝瓶中装有杂色粮食。同时挖出的还有胶泥片块，上面铸有藏文经文字等。另外，在今日清真寺临近之处还发现了喇嘛寺废墟。① 据说马步芳统治时期在德恒隆还有百长存在，马步芳曾给这位百长封官，群众称其为"卡力岗大人"。这些从地下挖出的实物及现存的寺院和百长官邸、寓所的遗迹，从另一侧面昭示着卡力岗地区所发生的这场历史变迁。

另外，卡力岗人的居住格局也作为一种文化遗存反映了这一信仰变迁。

在卡力岗有两类村庄布局，一类是清真寺建在村庄边上的高坡上，坡下边的台地散布着大大小小的房屋，形成一个村庄，德恒隆的德一村、若索村均为此布局，可视为藏式村庄布局，也可视为藏文化遗存。而另一类就是德恒隆"汉语回族村"② 的布局，能够清楚地看到其以清真寺为中心的村庄布局，这类村庄的清真寺是建在村中心区，或者村庄的中央，反映出伊斯兰教的建寺原则和"围寺而居"的居住格局。据文献资料记载，从明朝末年起，为饥荒所迫，青海民和、甘肃临夏等地的回族（当时称回回）开始陆续迁入地广人稀的卡力岗地区。同治年间，陕甘起义失败后，为避人祸又有部分回族迁入卡力岗垦荒种地，定居下来，以家族、同乡等为纽带逐渐形成了"围寺而居"的村庄。③ 回族陆续迁入的同时，一部分藏族部落则陆续迁出，这些迁出的藏族部落基本进入了今天青海的海南和黄南藏族自治州④，因此，我们推断，这部分围寺而居村庄的村民正是由周边迁入的回族形成的，而前一类居住格局村庄的村民是由藏传佛教信徒演变为穆斯林的，继续留居此地的绝大部分藏族，在此后的 160 多年间，因马来迟的劝化而皈信了伊斯兰教，演变为穆斯林。

在卡力岗地区的大小清真寺中，阿訇在"沃尔滋"（讲经）时用的是藏语安多方言并夹杂着阿拉伯语词。伊斯兰教传入藏区后，为了使当地信众了解教义教规，宗教活动的一个显著特点就是使用藏语讲经，本人在德

---

① 李耕砚、徐立奎：《卡力岗地区部分群众昔藏今回的调查》，《青海社会科学》1981 年第 2 期。

② 区别于以藏语为主的村庄而称为"汉语村"。汉语村中的绝大多数村民讲汉语，妇女不懂藏语。部分男性为藏汉双语人。

③ （清）钟文海：《巴燕戎格厅地理调查表》，宣统元年（1909 年），甘肃省图书馆存。

④ 化隆回族自治县地方志编纂委员会：《化隆县志》，陕西人民出版社，1994。

恒隆乡一些村子的清真寺中，看见过作为圣物保存着的马来迟传教时使用的手杖，其中，德一村清真寺所保存的手杖被公认为最正宗神圣。如上文所述，该手杖上分别用波斯文和阿拉伯文刻着马来迟及其同来传教者的名字，这根手杖由专人保管，只有"主麻日"① 才予以示人，可见，马来迟被卡力岗人奉为神明。这也从另一侧面证实了，正是在马来迟等传教者的劝化下，卡力岗人的绝大部分藏族从信仰藏传佛教逐渐转变为信仰伊斯兰教。

文献记载与文化遗存均表明，卡力岗地区原为藏传佛教兴盛之地，后因伊斯兰教的传播和藏族部落的皈信以及部分回族的迁入，而逐渐成为今天伊斯兰教的繁盛之地。

三 内容演变

笔者在德恒隆乡的调查表明，卡力岗人不仅完成了由藏传佛教到伊斯兰教的宗教信仰变迁，而且十分彻底，与其他地区的穆斯林一样，他们虔诚地信奉着伊斯兰教，并形成了自己的宗教观念和宗教行为规范，具体如下。

（一）宗教观念的演变

包容新教、老教差异，排斥"三抬"是卡力岗人宗教观念中突出的特点。据《青海化隆回族自治县回民调查综合资料（草）》第五部分"宗教"载，20 世纪初期，卡力岗地区的伊斯兰文化氛围已经非常浓厚了。"该县（化隆县）是青海省有名的二化之一，另一个是循化县，一方面因它是马匪步芳统治时期的反动中心之一，另一方面是该县信伊斯兰教者多，而且宗教意识也较浓厚，该县以黑城子乡（旧乡）卡力岗地区最为典型。"②

本研究调查显示，目前卡力岗人大部分信奉伊赫瓦尼（新教），但同时他们也认为伊斯兰教的新教与老教区别不大。田野调查给我的印象

---

① 主麻，阿拉伯文的音译，伊斯兰教历的礼拜日（公历星期五），因此日聚礼，故又称聚礼日、主麻日。引自金宜久主编《伊斯兰教辞典》，上海辞书出版社，1997。

② 青海少数民族社会历史调查组化隆回族组：《青海化隆回族自治县回民调查综合资料（草）》，1958。

是，卡力岗人信仰虔诚，他们一般不太追究，也不愿意深究伊斯兰教教派之间的差异。在这里新老教信徒之间是和睦相处的，伊斯兰教似乎在这里更显示出它的本真。但村民们也有排异所指，那就是他们排斥"三抬"，给我留下了深刻的印象。纳加村村民认为，三抬"原来信仰的是新教，现在开始有人信老教，一直都这样"（教师，男性，回族，40岁）。"原来村里有三四户'三抬'，村民与他们不通婚、不往来呗，住不下去了，自己走了"（村民，男性，回族，50岁）。当被问到什么是"三抬"、与你们的信仰有什么冲突时，大多数人只是列举了"他们头发长，不合教规"（村民，男性，回族，50多岁）；"做礼拜时他们抬三下，我们（抬）一下"（村民，男性，回族，40多岁）；"'三抬'，具体的也说不上，一般没与他们往来呗"（县领导，男性，回族，50岁）。为此，笔者查阅了《青海省志·宗教志》，"民国二十六年（1937年），马万福在西宁病逝。第二年，青海、甘肃两省伊赫瓦尼教派分裂为两派，一派以甘肃广和县三甲集尕苏个哈吉为首，对马万福的主张奉行不渝，属多数派，被称为'苏派'或'一抬'。另一派以尕白庄（马得宝）阿訇为首，提出改革马万福的部分主张，认为只能承认'前三辈'对教义教律的解释，自称'赛来菲耶'（阿语意译，意为尊祖），被称为'白派'或'三抬'。"[1]看来，卡力岗人对不同教派没有疑义，但对从本教派分裂出去的"不同政见者——白派"心存芥蒂。

在德恒隆乡的田野调查中，我们发现卡力岗人很在意对其"信仰虔诚度"的评价，也许是因为"改教"的原因，在谈论信教的虔诚与否以及宗教发展是否让他们满意时，他们往往十分认真地通过数字来说明。

首先，他们通过村中阿訇的数量和学识来评判这个村的宗教信仰是否虔诚。在他们的观念中，一个村的"宗教好与不好"与阿訇的多少及见识有直接关系。在被认为"宗教最好"的乡政府所在地德一村的访谈中，我们得知，该村有68个阿訇，他们多数能讲汉语。其中现任德一村开学阿訇的马哈乃飞曾经去过伊朗、内蒙古等地。2002年，还前往沙特

---

[1] 青海省地方志编纂委员会：《青海省志·宗教志》，西安出版社，2000，第210页。

朝觐，其学识可谓出类拔萃。据马哈乃飞阿訇介绍，近期在国外的伊斯兰教《古兰经》朗诵比赛中，代表中国出赛的努尔麻尼阿訇就是德一村人（德一行政村的日干自然村人），当时年约 24 岁，能背 30 本经。另一个名叫满刺·拜些日的阿訇，年约 21 岁，能背 17 本经，据笔者调查其只读过小学三年级。而与德一村仅相距 1.5 公里的纳加村，"宗教就不如德一村好"（阿訇，男性，43 岁），因为他们村只有 6 个阿訇，并且没有德一村阿訇有"见识"。

其次，是"念经"的人数。据一位 50 多岁自称是由汉族"随了教的"① 男子介绍，在德一村，全村的"丫头都念经"，而且去"寺里念（经）"②，男子念经的人数就更不用说了。而在纳加村得到的回答则是"丫头不念呗""字不认识"，在 20 岁以上女性文盲率、半文盲率很高的德恒隆乡，德一村的"丫头都念经"是很能说明问题的事情，也是德恒隆乡绝无仅有的"宗教好"现象。

另外，交"天课"的数量是衡量村庄信仰好坏不可缺少的标准。访谈中他们说道，"宗教好"的德一村（天课）"随便交呗"，据说，靠自愿也比别的村子交的多。而纳加村等更多的村子，则是按"亩抽十"，平时阿訇还得吃"派饭"。③ 笔者在纳加村调查期间，就多次遇到在村民家中吃派饭的阿訇。

最后，是"去寺里（礼拜）"的人数。在德一村，"都去（礼拜）呗"，笔者在德一村就见到了"浩浩荡荡"的礼拜队伍，特别是"主麻日"，而其他村去礼拜的人数就有限了。除此之外，在得到认同的本土观念中，对"不留长发"④、戴帽子（回族白帽），餐饮上的不饮酒、不食猪肉等教义的遵守也是宗教好的标准。由此，他们对"三抬"的排斥也就不奇怪了。

（二） 宗教行为的演变

经笔者调查，卡力岗人的宗教行为主要包括以下几个方面。

---

① 指成为回族。

② 德一村的清真寺有专门供女性做礼拜的房间。

③ 指阿訇轮流在村民家吃饭。

④ 泛指除平头以外的男子发型。

1. 阿訇和学经人数所占的比例高

在德恒隆乡 55 个自然村中，每个村都有清真寺和阿訇，阿訇最多的是德一村，有 65 个，较少的纳加村也有 6 个阿訇。笔者调查时，德一村人口数为 1235 人，65 位阿訇就占到总人口的 5.3%。

学经、念经的人数比例也很高。

按照访谈的"丫头都念经"，也就是说所有的孩子都念经，保守估计德一村占总人口 89% 以上的村民是学经、念经的主体人群。依照此方法推算，纳加村也占 52% 左右。访谈资料显示，专职或想成为一生服务于宗教的人占德恒隆乡总人口的 32%~37%。人口调查显示，卡力岗人一般每户平均四五口人，因为奉行"幼子继承制"，一般以父母与两三个子女组成一个核心家庭的比较多，核心家族占家庭总数的比例为 75% 左右，这也与我们调查得到的人口年龄比例中青少年比例高的结果相吻合，孩子们的念经比例高，加上联合家庭的孩子们及父母和专职宗教人员，卡力岗的学经、念经总人数比例较高。

表 3-6　卡力岗人宗教信仰现状

行政村名	户数	核心家庭	核心家庭比例（%）	人数	专职宗教人员	专职宗教人员比例（%）	学经念经人数	学经念经人数比例（%）
德一	239	183	76.6	1235	65	5.3	1099	89.0
纳加	66	47	71.2	394	6	1.5	204	51.8
合计	305	230	75.4	1629	71	4.4	685	42.1

2. 卡力岗人严守教规并自觉用教规规范自己的行为

在卡力岗人的心中阿訇是有"学问"和"有本事"的人，也是教规的维护者，村民们对其是敬畏的。笔者一行初到德一村在餐馆就餐时，有当地人提议让我们喝点酒，当即遭到其他同乡的反对并说"阿訇骂呢"。据说过去村里有一种农闲时的射箭比赛活动，因颇似藏族的该项活动，疑是"藏族遗风"，因而参加该活动的人，也是要"挨（阿訇）骂"的。女孩子们都尽量少戴饰品，如果戴藏式首饰、穿藏服也是件要避开父母和阿訇的事，复旦大学的卡力岗调查小组成员就在其所调查的家庭中观察到"晚上看到小阿娜在偷偷地试穿姐姐在果洛给她买的藏族衣服，对镜自赏，开心无比。说是只能到果洛那边才敢穿，这边是不允许的，也让我别告诉妈妈"。因为，衣装外表也被卡力岗人看作是"教好还是教坏"的一部分。但是，我在藏族村中见到的情况正好相反，即使是穿了汉族服装的年龄很小的女孩子，也戴着漂亮的饰品。

可见，阿訇在卡力岗的角色不仅是宗教信仰的弘扬者，也是宗教道德的监护人，阿訇在卡力岗人的社会生活中占有特殊地位，成为孩子和乡民们的楷模。从这一点上来讲，卡力岗人的宗教热情是很高的。

3. "去寺里"（做礼拜）的人数多

德恒隆乡的各个村庄，每天都会按时响起阿訇的五次唤礼，人们也会一天五次去寺里做礼拜。我对此进行了专门观察，在纳加村，每天五次按时去村中清真寺做礼拜的有 20 余人，约占总人口的 10%，这些人多为 50 岁以上的老人[1]，几乎没有见到中年和青年。每天晚上去的人数有 40 ~ 50 人，占总人数的 50% 多一些。"主麻日"的礼拜人数比平时会增加很多。

> （2004 年元月 9 日，星期五，晴）"期末考试结束了，学生也回家了，老师们等待学区对工作总结，中午 12：30 几位回族教师到'德一村清真寺'参加聚礼日（主麻）。聚礼日又叫主麻，是穆斯林每星期五中午时分，男子集中礼拜的日子。1：30 从清真寺的高音喇叭里传出了唤礼声，参加礼拜的人从四面八方蜂拥而来，有德一村的有德二村的，还有德一村五社（日干自然村）的，还有附近村社到德恒市街道办事的，卖东西的、磨面的、榨油的等，大约集中了 450 人。首先，开学阿訇王乙四夫讲了沃尔滋（演讲）。他说：'真主命令人们，命人行好，止人干歹。又命令人们立行五功，即念（念古兰经），立（立站乃麻子——礼拜），斋（每年封一个月的斋），课（每年根据家庭收入情况出一次天课——救济穷人），朝（家庭满贯有余的人一生中到沙特阿拉伯朝觐一次）。其次，他批评了不遵守教法教规的一些教友，尤其批评了偷盗、吸烟、饮酒、奸淫、说谎者。接着，他说：'今年我村的五名教友到沙特阿拉伯朝觐，他们是德一三社的马乙布拉夫妇

---

[1]　由于卡力岗人的婚育年龄较早，所以，老年人多指 50 岁以上的人。

二人、四社的马哈白、开小卖部的马乙四哈克夫妇二人。他们准备出发遵行真主的命令到圣地去悔罪自省,完成五功之一。因此,他们五人向大家要口唤相互做好都哇(向真主祷告)。'礼拜结束后,马乙四哈克给每人散了 3 元人民币。"(村民,男,45 岁)。

(2004 年元月 2 日,星期五,晴)"今天是主麻日(聚礼),下午 1∶30 德一村、德二村及各机关单位的穆斯林到德一清真寺照例做主麻拜,约集中了五百人,阿訇讲了沃尔滋(演讲),他主要讲了命人行好,止人干歹是穆斯林的天职,批评了制枪、贩枪、偷盗,行奸的人和一些搬弄是非的人。然后做礼拜,3 点左右结束了。"①

如上所述,在德一村去清真寺做礼拜的人数比较多,据笔者观察,每天按时五次去清真寺礼拜的村民有 40 多人,但多为年纪大的人,牙曲、东家等村也同样如此。为此,我们访问了纳加村与德一村的"开学阿訇",得到的答案是"年轻人都出去打工了"。近年来,卡力岗地区外出打工和外迁的人口呈上升趋势,在纳加村就有四五户全家外迁打工,德一村则有十余户。至于季节性外出打工则是"都去"。我们在乡政府见到了一份 2000 年的统计表,根据该项统计,德恒隆全乡 14000 多人口中,富余劳动力为 2338 人,其中已输出劳动力为 1451 人,季节性外出打工的 1253 人,全年外出打工的有 198 人。但三年后,上述数字发生了飞跃,季节性外出打工的年轻人几乎为 100%,连老人们都说"村里空了"。

(2003 年 5 月 21 日,星期五,晴)"今天到德一清真寺礼主麻拜,走到清真寺一看礼拜的人大约少了 2/3,年轻人几乎外出搞副业。"②

据统计,卡力岗人在外打工多集中在本省或沿海经济发达地区,主要从事挖虫草、淘金、餐饮、运输等工作,其中从事挖虫草和餐饮的最多,特别是挖虫草风险很大,而在餐饮业打工也基本上是从事没有技术含量的洗碗等工作。

---

① 村民日记。
② 访谈资料。

（2003年4月19日，星期一，晴）"年轻人们开始出门了，他们的主要去向是：一部分人到果洛、玉树、天峻等牧人区挖冬虫夏草，两三个月时间少者能挣1000多元，多者上万元；还有一部分人到黄南州牧业区打围墙、盖房子等干杂活，几个月时间也能挣两三千元钱。总之，德一村的老百姓由于缺乏文化，缺乏技术，只能干笨重而繁重的体力劳动。"

（4月20日，星期二，晴）"中午从乡政府街道前，一辆满载着藏族民工挖（虫草）的卡车出发了，他们是纳加村的人，看的人很是心酸。哎——他们为了挣钱，为了养家糊口，不顾个人的安全。"

（4月21日，星期三，晴）"德一村的一些年轻人，三五成群，陆续离家外出搞副业，女人们料理家务。"

（4月23日，星期五，晴）"今天是主麻日，下午2：00我到德一清真寺礼拜，看见的穆斯林同胞少了很多，他们都是些年轻人，外出搞副业去了，还有一部分年轻人准备出发。阿訇演讲中说：出门的年轻人们，第一不要忘了教门，不要忘了礼拜；第二不要做坏良心的事，绝不能偷、骗，要勤劳致富；第三，不要把自己青少年孩子送到内地当童工，那十分可怜，一是没有做礼拜的时间，二是整天忙于端盘子、洗碗、拖地，提高不了他们的知识水平，希望把孩子送到清真寺念经或上学读书，给他们学些知识。"[1]

当问到他们的宗教生活如何保证时，一位中学时期就随家迁往西宁的大学生静默了一会说："只有靠自觉。"外出打工的卡力岗人一般不去新住地的清真寺，原因是"时间没有呗"和"不熟悉他们"；在他们打工的城市中，时间是最大的资源，要他们一天五次去清真寺礼拜是不能想象的。当我们与来寺里做礼拜的老人交谈，问到他们每天五次来寺里礼拜是否占用他们太多的时间，他们的回答是"习惯了""一直就这样""相互见个面""喧（聊）一喧"等，至于其中的宗教原因，他们认为是显而易见的，没有人特意提起。即使去不了寺里他们也是按时做礼拜。我在卡力岗

---

[1]　村民日记。

的山路上就经常能够见到路边或山坡上面向西边做礼拜的村民。在家做礼拜更是卡力岗人生活的一部分，田野观察和访谈显示卡力岗人宗教生活基本如下。

　　早6点50分从清真寺的高音喇叭中传来了晨礼的呼唤声（邦克），唤醒了我们熟睡的一家（真主至大，真主至大，快来礼拜，快来礼拜，快来成功，快来成功，礼拜比睡觉更好，礼拜比睡觉更好）。我和爱人照例起床做了小净（何布太斯），小净的洗法是：洗两手同两肘，洗面容摸头摸脖颈，洗两脚同两踝骨，洗两便处，刷牙净鼻。然后我到清真寺做礼拜，她在家里独自礼拜，小丫头自己起床后洗脸梳头，因她不会做礼拜就躺在床上看书，等着吃早饭。"（纳加村民，男，45岁）。[①]

　　（4月24日，星期六，晴）"晴空万里，红日当头，吃罢早餐和妻子、女儿三人到纳加村参加圣纪节。圣纪节就是每年一次怀念伊斯兰教的创始人穆罕默德——圣人。这天是纪念圣人生亡的日子。纳加村宰了一头牛，准备了七大锅麦仁（用小麦或青禾的颗粒做的饭）。炸了油饼，邀请了邻村的教友，大约集中了300人，前来参加的外村人有的拿了些菜，有的拿了些钱，5元到50元不等，作为自己的礼品，由纳加村寺管会接收。上午11：00人基本上到齐了，念圣纪开始，首先请《古兰经》，把经从阿訇的房内由一人用盘子端着，众人随从念赞圣词，送到大殿内，然后大家围坐成一个圆环形，开始念经（赞主，赞圣，诵读古兰演讲沃尔滋），约两个小时，结束后大家坐在寺院里会餐，最后，由寺管会负责给每人散一个油饼、一块肉。回家。"[②]

4. 前往麦加朝觐者越来越多

近年来，卡力岗前往麦加朝觐的人也越来越多，往往是举全村之力支持，朝觐也被认为是"宗教好"的标准之一，朝觐者往往是被大家羡慕的对象，受到大家的尊重。

---

① 访谈资料。
② 村民日记。

图 3 - 2　悬挂在卡力岗村民家中墙上的挂毯

　　（2004 年元月 10 日，星期六，晴）"今天由德一村清真寺阿訇及寺管会组织村民从每户手中收了 10 元钱到马乙布拉家去欢送他夫妇二人前去天房朝觐，上午 11 时约 200 人集中在他们家，开学阿訇讲：'一个家庭生活满贯有余的人，他到伊斯兰教的发源地、圣人（穆罕默德）的生亡地、礼拜的朝向地去悔罪、祷告、献牲、游玩、交流、诵经。等一一完成了功课的时候，真主饶了他的一切罪恶，他就像初生的婴儿无罪，因此，一个无罪之人，向真主诚心告饶，要求：饶恕我们这些有罪的人的罪过，并要求我们家乡人民一切平安，赐给知识，增加经济收入，保佑人们心灵纯洁，要求乡亲们做爱国爱教的虔诚的穆斯林。希望你一路平安，圆满完功，顺利而归。送金 200 元。'马乙布拉激动地哽咽着说了几句话：'我去天房朝觐是真主的相助，真主的大能，大家的好，党的好政策，我终于成了一位解决了温饱问题，还能朝觐的人，因此，我首先学习关于朝觐的一些条规，再按照朝觐的仪式，尽自己最大的努力，一一完成所有的功课，指望大家都好。'随后，他家进行了招待，油饼、馓子、糖馍馍、萝卜包子，最后是洋芋粉汤，大家又吃又喝，有说有笑。餐后，一一握手告别。"

　　（纳加村民，男，48 岁）"元月 11～15 日，这几天，德一村的阿訇及寺管会组织村民从每户人家收了10元钱——欢送了前去沙特朝觐的马哈白、马乙四哈克还有亚曲村的一位、东加村的一位、亚曲滩村的四位。"

（纳加村民，男，48岁）"我到纳加村欢送了本村的马双二布，他也去朝觐，还有我的姐夫、姐姐和马军的父母亲，他们四人也去朝觐，他们四人，虽然现在家住在西宁市，但临走之前要到自己的老家乡探望一下，父母的坟墓前念念经，祷告一下，给大家舍散一些钱，向大家说个内心之语，要口唤，相互见面握手，很有必要。"

（2004年3月1日，星期一，晴，昨天下了雪）"纳加人也和德一村一样，阿訇和寺管会从每人家收了15元，寺里出了些钱，买了一只羊在寺管会主任张木海买家招待了五位前去朝觐的人，并给每人送了400元人民币，让他们在路途中使用。高茶贵饭招待罢了，天也黑了，村民们拥挤在张木海买家仍不肯离去。随后，开学阿訇讲了朝觐的重视、贵重。朝觐者被称为哈志（智者）。最后，马军的父亲马满素代表五位哈志表示感谢，他说：朝觐是我们自己的义务和责任，大家不应该用高茶贵饭来招待我们，欢送我们，尤其本清真寺这样困难的情况下，给我们送钱实在对不起。我们前去后，首先自我反省，自作悔罪，完成功课，再为家庭成员、亲戚朋友、家乡人民、穆斯林同胞们祷告，向真主央求，饶恕他们的罪过，丰富他们的知识，增加他们的财帛，使国家平安，人民安居乐业。"

（2004年3月2日，星期二，晴）"听说今天下午晌礼后德一村的村民们要慰问朝觐归来的马乙布拉夫妇，我和马会计也去参加，每人掏了10元，由德一清真寺寺管会组织，约有200人由开学阿訇交代添礼（送礼）情况，并恭喜他夫妇二人朝觐荣归。讲了一段有关宗教方面的知识，随后，马乙布拉说：我前去沙特后，才知道了自己的无知。第一，我不知道阿文；第二，我不知道汉文；第三，我不知道英文。只能跟着别人走路。在同伴的带领和帮助下一一完成了所有的功课，这完全是真主的大能，今后我要好好'看守不身'（严守教规），同时指望大家的好都哇。"

（2004年3月3日，星期三，晴）"今天我的三位堂哥哥从纳加村来到学校，他们说：我们一块去探望一下德一三社的马乙四哈克哈志。中午12：00我们四人，还有我爱人也去了，每人添了（送礼）一包茯茶，恭喜哈志平安归来，我们刚到，支乎贝村的乡亲们正在吃饭，等他们走后，我们五人坐在了堂屋的炕上。首先给我们拿来了沙特渗渗泉的水每人喝三口，无花果每人一个，油枣每人一个，海纳每人一包，毛巾每人一条，随后进行了招待。交谈中，马乙四哈克哈志说'朝觐容易，遵守难，我希望你们做个好都哇，我成一个遵守哈志的人'。"（教师，男，50岁）。

（2004年3月5日，星期五，晴天，下午有风）"今天又是一个主麻日，照例去德一清真寺礼拜，回途中跟三社的老汉——马吾买日闲谈了一阵。他说：'这几天闲着没事干，昨天跟者麻提（集体众人的意思）到亚曲村慰问了一下朝觐者——哈志。我们去了5辆手扶拖拉机大约有60人，每人掏了10元钱，他家招待的还是好，有干果、菜、手抓，回来时给每人送了一项白帽子。'"

（2004年3月12日，星期五，晴）"今天我和爱人到西宁去接马军的父母，和我们姐夫、姐姐，他们朝觐回来，到曹加堡飞机场去接，迎接他们13位哈志的人就有好几百，大小车共有40辆，好笑的是穆斯林学了一些老外的接待方式，就是相互拥抱，两者的面颊相摸，说赛俩目（祝您平安的意思）。跟马军的父亲谈了一会儿：他说：我的最大感慨有以下几点：……我们既不会阿语，又不懂英语，非常困难。马军的父亲比较大方，他雇了一辆大班车，可以坐30人，又雇了一辆小面包车，可以坐11人，拉着来接他们的纳加村人回家，他弟兄二人也去，先到老母亲的坟墓里祈祷，再到清真寺礼拜，并且给纳加村的人赠渗渗泉的水，每人饮三口，还给了无花果和油枣，再给每人家赠送了两条拜毡。由于时间紧张，他们在村里喝了些边茶，匆匆返回西宁了。村里这几天的热门话题就是迎接朝觐者的到来，成群结队地探望他们。"

（2004年3月13日，星期六，晴）"今天我在纳加村与村民一道，掏了15元钱去探望朝觐归来的老汉——马双二布。开学阿訇代表本村村民给哈志送了600元人民币，祝贺他完功而归。"

从以上访谈和纳加村、德一村村民的口述记录中可以看出，宗教信仰在他们的生活中占有非常重要的位置，对朝觐者的资助、欢迎、重视与羡慕以及清真寺寺管会的组织，都表明了卡力岗人对伊斯兰教的信仰程度。

5. 完纳"天课"率高

交"天课"与朝觐、做礼拜一样是伊斯兰教重要的功课。依据我们的统计，卡力岗人没有不交纳"天课"的，尽管依照《古兰经》交"天课"的应为三种人：成年人、正常人和财产满贯者，即收入除去生活仍有富余的人家才需缴纳"天课"。卡力岗并不是一个富裕地区，实际上，它是一个贫困地区。由于卡力岗地区特殊的自然条件，长期以来他们一直是靠天吃饭，人均占有两亩土地（德一村多为山地），加之近年来干旱加剧，这里人畜饮水也发生了困难，目前化隆回族自治县为国家级贫困县，而卡力岗三乡则为国家级贫困乡，人均年收入只有三百余元。但是，就是这样一个地区，完纳"天课"率为100%。

据笔者访谈，"天课"或以缴纳粮食或以缴纳现金的方式来完成，且完全是自愿行为，其中，在我访谈的那年，缴纳最多的是老阿訇，缴纳了200斤粮食，其次多为120~150斤，大部分人缴纳50~150元钱，在众多的访谈者之中，只有一位访谈者称自己今年未缴纳"天课"，因为收成不好。

6. 信仰坚定，宗教抱负高

我们曾访谈了利用假期在清真寺学经的孩子和家长们，当问到"将来是否希望自己和自己的孩子做阿訇"时，得到的肯定答复为100%。按照卡力岗人"宗教好"的标准，我们将德恒隆乡"两村"村民按照其宗教行为进行分类，结果如表3-7所示。

表3-7 "两村"村民宗教行为类型

单位:%

类型	宗教行为方式特点	人数所占百分比
献身型	当阿訇或准备当阿訇；自愿将信仰作为人生的最高追求；投入成本——生命	40
自愿型	自愿地超量"完纳天课"；既送孩子上学，也送孩子学经；投入成本——时间与大量财物	10
遵从型	自愿地、有规律地参加礼拜；按规定完纳天课；投入成本——时间与少量财物	50

第一类是献身型，将信仰作为人生的最高追求，希望自己或孩子将来成为或已经成为终身为宗教服务和献身的人，我们称其为献身型。在德恒隆乡公认宗教最好的德一村，这类信徒较多，他们的人生目标是为宗教服务，而为此投入的是整个生命，并且是完全自愿的，包括代表中国出赛世界《古兰经》朗诵比赛的年轻的努尔麻尼阿訇、能够背诵 17 本经的多满刺·拜些日及村中的 60 多位阿訇和那些送孩子去学经，将来准备让其终身从事宗教事业的家庭们。

第二类是积极自愿地参加"礼拜"，超量"完纳天课"，既送孩子上学，也送其学经，自己也希望孩子能成为一个合格的穆斯林，我们称其为自愿型。他们以超出规定"完纳天课"、送孩子学经（不一定当阿訇）等方式满足自己的个人宗教需求，同时也希望得到社会认同。

第三类为有规律地、定期地参加礼拜，按规定"完纳天课"，即"你给我也给"[1]，其宗教行为带有习惯性和遵从色彩，我们称其为遵从型，该类型主要顺从社会宗教认同标准，主要投入为时间。

从以上分类和各类的比例不难看出，德恒隆乡的宗教气氛是非常浓厚的，村民们的宗教意识十分强烈，笔者在该地区的田野调查中深切地感受到了这一点。

综上所述，从藏传佛教到伊斯兰教，卡力岗人的伊斯兰教信仰已经完全渗入其价值观、道德观和社会生活的方方面面，且演化成为他们的风俗习惯，成为卡力岗社会运转的轴心。可见，卡力岗人已经成为虔诚的穆斯林，完成了宗教信仰的演变过程，随之而来的是不可避免的文化变迁。

第二节　卡力岗人的文化变迁

卡力岗人的宗教信仰变迁直接引发了文化变迁。无论是卡力岗人过去信仰藏传佛教，还是今天信仰伊斯兰教，一个共同特点就是宗教直接渗透到其生活中的方方面面，成为其文化的精髓，进而形成与宗教规范相适应

---

① Max Weber: *Economy and Society*, Volume 1, University of California Press, 1968, p.470.

的文化规则，于是，族群宗教信仰变迁引发了一场族群文化的巨变。卡力岗人的这场族群文化的巨变，全面涉及了其物质文化、制度文化和精神文化的各个层面。

一　物质文化变迁

（一）　生计方式变迁

卡力岗人的文化变迁反映在生计方式上，表现为从前的牧业生计方式转变为农业生产。

如前所述，历史上卡力岗人主要以牧业生计方式为主，从文献资料来看，大约在 3000 年以前，畜牧业生产就已经在安多发展起来。在此基础上至公元 7 世纪前，出现了畜牧业经济发展的第一个高峰，其中养马业十分突出，吐谷浑归顺唐朝后，青海成为繁殖军马的重要基地，唐朝一次就从吐谷浑地、党项地获良马 5000 匹，可见当时马场的规模。吐蕃占领了党项及吐谷浑故地之后的半个多世纪，河西九曲之地也被开发出来作为养马基地，马匹养殖数量再次飞跃，史载，该地"畜牧蔽野"，优良的马匹源源不断地从这里输往内地，唐朝的国马发展至 43 万匹，充分反映出该地区畜牧业的发展水平。

"茶马互市"的兴盛也从一个侧面说明了卡力岗地区是以牧业为主要生计方式的地区。起源于公元 5 世纪茶马互市，一直延续到清代中期，这期间畜牧业一直是这里人们的主要生计方式。如今在卡力岗地区畜牧业生产仍然存在，位于卡力岗山顶的藏族村若索、团一、团二等村庄仍然从事一定的牧业生产，将其视为卡力岗昔日的生计方式有充分的证据。

即使是改奉伊斯兰教的卡力岗人也仍然饲养不少的牲畜，每家都会养马、驴、骡子、牛、羊等牲畜。在卡力岗的农事安排中，种完庄稼后的主要劳动就是放牧，一方面是用于农业生产的畜力，另一方面也是村民们的生活资料来源，日常生活的奶制品和肉食均来源于此。据统计，德恒隆全乡有牲畜 17027 头，老人、妇女和孩子是这项工作的主要承担者。

有人说，从某种意义上来讲，伊斯兰教是与农业经济相联系的，更确切地说，伊斯兰教使农业得到了极大的发展，可以称之为"农业革命""穆斯林农业革命"或"阿拉伯农业革命"。由于穆斯林商人在旧大陆建立了世界经济，许多的种植和农业技术得以在伊斯兰世界各地传播，而且改良了来自伊斯兰世界以外的种植农业技术。原本不在伊斯兰世界生产的农作物，如非洲的高粱、中国的柑橘、印度的杧果、稻，还有棉花、甘蔗都被引进及分布在伊斯兰各地。有些人将这种大量农作物的散播称为"农作物全球化"，加上农业机械化加快，导致了伊斯兰世界的经济、人口分布、植被分布、农产品、居群水平、城市化、劳动力分布、相关产业、烹饪、饮食、服装等各方面都发生了重大的转变。在穆斯林农业革命时期，食糖产品被阿拉伯人改良，并转变成大型产业，阿拉伯人率先建造了制糖厂及糖料种植园。自8世纪始，阿拉伯人及柏柏尔人将食糖传遍至整个伊斯兰帝国。穆斯林引进了经济作物及现代的轮耕系统，土地每两年会有四次或以上的收成，冬夏季作物相互交替。如种植一些生长期较短的作物如菠菜、茄，每年的收成次数可达三次或以上。在也门部分地区，小麦每年可收割两次，伊拉克的稻亦然。穆斯林根据以下这些因素发展出农业科学：精密的轮耕系统，成熟的灌溉技术，引进多种作物，这些作物都经过了研究及记录，包括它们所适合生长的季节、土地及所需水分。他们制作了不少农业及植物的百科全书，当中包含了一些精确的资料。在这个方面，有学者进行了深入的研究，多伦多大学经济学名誉教授 Andrew Watson 就在研究了十几种作物的种植后，得出了同样的结论，他认为，从7~8世纪阿拉伯征服后的几个世纪里，伊斯兰世界农业发生了重大变化，他把这些变化划分为三个大的类别：

（1）早期伊斯兰世界许多地区广为种植的新作物；

（2）对以前已知的和新的灌溉技术的大力应用；

（3）广泛采用新的农业技术尤其是新的轮作制度。

到农业革命完成的时候，阿拉伯帝国不管是乡村还是城市地区都和先前完全不同了。①

一般认为，阿拉伯帝国的农业革命成功，与伊斯兰教相关，该宗教为阿拉伯帝国扩张使其疆域扩大且为其引进新作物提出了可能，农业的精耕细作、精密的轮耕系统、成熟的灌溉技术等，均需要发达的农业生产为后

---

① 参见曾雄生主编《亚洲农业：过去、现在与未来》，中国农业出版社，2010。

盾，而发达的农业带来的是稳定的居住，伊斯兰教每日五小聚、每周一大聚的规定是这种定居生活的保证。不能想象，游牧或者定牧的牧业生计方式与其农业革命会有怎样的联系。

如前所述，从历史记载来看，清乾隆以前，卡力岗地区以牧业为主，之后逐渐转为以农业为主。

如前所述，今天的卡力岗人主要从事农业生产，种植的农作物以小麦、青稞为主，一般占该村种植面积的70%，除此之外还种植土豆、油菜籽、豌豆、胡麻等经济作物，一般占30%（德恒隆乡耕地面积为47197亩，草场面积19万亩，人均占有耕地3.31亩）。油菜籽是化隆的主要经济作物。

卡力岗地区牧业转为农业，与伊斯兰教的影响有直接的关系，伊斯兰教价值观代表着一种有别于昔日卡力岗游牧社会的、全新的农业社会的价值体系。而卡力岗人在访谈中往往以畜牧业为比较的参照对象，反映了卡力岗人对伊斯兰教所代表的农耕生活的认同。

（二）风俗习惯变迁

从藏传佛教到伊斯兰教卡力岗人的衣食住行及生产方式均经历了巨大的变迁。

据调查，卡力岗人在新中国成立前主要着藏式服装，冬天穿白板黑布或氆氇镶边羊皮袄，头戴狐狸皮，脚穿马靴或"落提"（一种长腰鞋），夏天穿藏式布袍，左衽、系腰，头戴礼帽，为典型的安多藏族装束。而今，村民的着装为伊斯兰教教规所规定，男子一般都戴白帽，年长一些的穿着灰黑色的中山装或长袍，年轻人则穿汉族时服，什么都有，夹克、西装等，但他们有一个共同的特点是都戴着白帽，小男孩也如此。女子戴盖头，年轻的未婚姑娘戴绿盖头，已婚的青年独女和中年妇女（主要是四五十岁的中年妇女）戴黑盖头，六七十岁以上的老阿奶则戴着白色的盖头。清真寺里的满拉以及阿訇，则穿着"准白"（长大衣），戴"戴斯塔尔"（缠头）。

过去卡力岗人喜欢吃糌粑，现在除了老年人外，年轻人更喜欢面条、面片、馒头等面食。以前，村民们在吃肉时也有许多讲究，"德一村村民MYBL对笔者说道：我们吃肉时，囫囵放在锅里，一大块煮，每人拿刀子割着吃，现在百分之三四十的人还这样，其他的人不那样吃了。原先煮肉不放调料，用白水煮，现在要放盐、花椒等调料，这种情况大概三四年前开始变化的。"① 卡力岗人喜欢饮茶，主要是"茯茶"或者奶茶。奶茶与藏族的奶茶一样，是将"茯茶"熬煮一段时间后，加入牛羊奶和盐而成。

传统意义上的卡力岗回族一般都住在"庄窠"里。在纳加村、德一村、董家村等，大多是这种藏式的"庄窠"，即先建用土夯实了的墙，再盖房。墙根大约80厘米宽，到了上面只有30～50厘米，等围墙砌起来后再盖房子，院墙要高于房子，这样既可以保暖又有利于防盗。此外，过去在卡力岗回族的屋里，都是"锅头与炕相连"，俗称"锅头连炕"，本人就在吾后列村见到了诸多此类设施，"笔者询问了德一村村民MKG，他的回答是：'原来都是锅头连炕，还有羊圈、厨房都在一起，现在都改了，因为这样不卫生，原来都是单扇门，现在几乎全改成双扇门了，这个大概是在10年前发生改变的。此外，窗框的样式也发生了改变，原来是花格子窗，现在基本上都改了。'……过去，村民日常所用的燃料主要是牛粪饼，现在只作为辅助燃料使用，许多人家使用煤炭……在笔者访问的村民MKG家中仍然存放着以前使用过的火盆。当笔者问他现在为什么不用火盆了？他回答道：不卫生呗，用羊粪、牛粪点着的火盆，烟都冒在屋里，很不卫生，不如生炉子，用烟筒将烟直接排在屋外，房子也干净、也卫生。"②

卡力岗青年的择偶地域和方式也发生了变化。在笔者调查的纳加村、德一村中，老一辈基本有固定的通婚村庄，如乙什春就曾是两村的通婚村。但如今，随着外出打工人数的增加，青年群体的婚配逐渐体现出一种外扩的倾向。也就是说，青年男女的择偶主动性以及择偶半径都在不断扩大。

（三）民间文化变迁

卡力岗与整个化隆地区一样从前流行藏族的"拉伊"，如今民间流行一种小调（包括酒曲），内容丰富，题材广泛，形式多样，词曲比较有规律，俗称"家曲"，一般多在娱乐场合及春节期间耍社火时演唱。其内容

---

① 马伟华：《青海卡力岗回族文化变迁》，《西北第二民族学院学报》2008 年第 3 期。
② 马伟华：《青海卡力岗回族文化变迁》，《西北第二民族学院学报》2008 年第 3 期。

有描写历史故事和神话传说的，也有提倡敬老爱幼的，表现男女爱情生活的等。

小调的曲词丰富，乐句整齐，旋律起伏不大，音乐表达曲折细腻，节奏均衡、流利，节拍整齐，朗朗上口，流传广泛。除此之外，花儿也是卡力岗汉、回、撒拉等民族喜爱的口头文学，花儿俗称"少年""野曲"，演唱时即兴编词，有抒情和叙事两种，以抒情短章为多。化隆花儿属于河湟花儿系列。卡力岗人在平川田野、高山峻岭，拔草、放牧、赶车时都会演唱花儿，凡是远离村庄的野外或"庙会"都是演唱花儿的场所，但一般不允许在村内或家里演唱。笔者在田野调查时，就曾请求一位报告人演唱一首花儿，但当时即使在卡力岗山上，其也表现出为难之情，可见，花儿的演唱不仅要看场所，还包括在场的认定性别与身份。

宴席曲也是卡力岗地区民间文艺的重要组成部分。其特点是篇幅长，叙事完整，内容广泛，有对新婚夫妇表示祝贺的；有反映农事活动、自然景色以及其他社会活动的；有描写旧时代拔兵、军旅生活的；有反映兵荒马乱、妻离子散、闺房思夫的；有记叙游子生活的等，但由于民族杂居，宴席曲的内容来自汉、藏、回等不同民族，尽管内容相同，曲调已有很大变异。

宴席曲的演唱形式主要有清唱和表演唱。每逢婚事，歌手们按例来东家唱曲恭喜，表演者都是当地能歌善舞的男性艺人，表演时一般有双人舞，2~4人伴唱，男女老少聚集观赏，场面生动，情趣浓郁，曲调委婉、细腻、活泼、优美，节奏平稳，令人印象深刻。①

在卡力岗，从前过节要唱"拉伊"，但如今已经没有了，但年长的都会唱，笔者就曾听过村民唱。"拉伊"是藏族人喜爱的口头文学，也是男女表达爱情的情歌，一般只能在庙会上、野外演唱。内容丰富，大体与花儿相似，有独唱和男女问答对唱形式。独唱多在野外放牧、打柴、赶路时；男女问答对唱一般在庙会和节日，男女歌手聚集一起，男方手持酒瓶边唱边舞敬酒给女方，女方唱一段词回敬对方。一来一往，即兴编词，以编词巧妙、对答如流、声音优美为胜。

---

① 参照《化隆文史资料》。

二　制度文化变迁

（一）　社会组织变迁

卡力岗人的组织制度随着其宗教信仰的变迁而发生了巨大的变化，由原来的部落制，演变为门宦制。门宦制是西北回族地区的宗教制度，但不是卡力岗地区所独有，它是伊斯兰教"本土化"的结果，盛行于整个西北地区。中国伊斯兰教的门宦有别于教派的宗教组织。教派是以对教义、教律解释的不同来区别的，它没有严格的组织，仅以同一个清真寺为活动中心，各个清真寺之间也没有什么特殊的联系。而门宦则属于伊斯兰教中的"神秘派"。国外称其为"苏非"（阿拉伯语），新疆称其为"依禅"（波斯语），甘、青、宁称为门宦。虽称呼不同，但意义是相同的。现多数学者认为，不论门宦一词来源于何处，该名词的出现说明中国伊斯兰教已与中国传统封建制度及儒家思想紧密地结合在一起，而形成了具有封建特征的门宦制度，说明在甘青宁地区的苏非学派各支派已形成了一批具有宗教世袭身份、特殊地位和教俗特权的高门世家，是伊斯兰教与中国封建传统文化相结合的"本土化"的产物。

伊斯兰教在中国的发展经历了一个漫长的时期，其组织形式分别有"蕃坊""教坊""门宦"等。伊斯兰教的"蕃坊"代表伊斯兰教徒在中国的侨居时期，这时期的伊斯兰教徒，主要是指在南方沿海从事商业活动的阿拉伯人和波斯人，以及少数军人和使节。元代、明代以来的"教坊"则指以礼拜寺为标志的伊斯兰教徒聚居区，它代表伊斯兰教徒从侨居的外国人转为定居的中国人，这一时期的伊斯兰教徒，主要是从中亚迁到西北、西南等地从事屯垦的军人、工匠、家属等。清朝以来的"门宦"则代表伊斯兰教徒中大地主阶级的兼并和土地的更加集中的时期。

门宦制度的形成经历了一段漫长的岁月。门宦的创始人，一般都是比较贫穷虔诚的宗教职业者，重在传播宗教，聚敛钱财不是唯一的目的。所以第一代都未成为大地主，大半是在第二、第三代后才成为地主的。门宦制度是由雄厚的经济和宗教特权组成的。大教主一般是地主阶级的代表。门宦制度的特权集中表现在"父传子受"的世袭罔替制度、对清真寺教权的控制、组织武装、左右地方政权和依附政治势力维护教权，颇有"政教合一"的味道。

各个门宦左右政治的能力大小不一，嘎德林耶的传教者是不婚配的，没有"父传子受"的世袭罔替制，出家人也不重视聚敛钱财，束脩赠送基本上属于公有。由于经济权益没有完全集中到个人，所以当家人的特权不是太大的。库布忍耶，一家独传，教徒少，束脩赠送不多，仅仅是小教主兼小地主，特权相应也小。只有虎夫耶和哲赫忍耶属主要支系，组织严密，特权较大，他们各为自己的门宦争取群众，争取到的群众越多，越能扩大势力。这不只是扩大宗教上的势力，实际上是为了扩大经济上的实力。西道堂就是资本主义性质的商业经济和封建农业经济相结合的集体经济，教徒虽有一定的民主权利，但教主的特权仍然是很大的。西道堂的历史，是一个商业社团的历史。各个门宦除以束脩赠送的形式取之于教民外，有的主要从事商业活动。他们不仅是大地主，而且是商业资本家。有的曾依附反动势力，靠掠夺致富。这种政治上的封建宗教特权，又反过来影响着河湟文化。门宦制，同样是一种集教权与宗教组织、世俗权利为一的社会组织制度。河湟穆斯林文化所根植的政治基础就是门宦制。河州是甘青门宦的发源地，是由朝觐的伊斯兰教徒接受了苏非派学理，回国后进行传播而逐渐形成的，历百余年，河湟地区形成了各种不同的教派和门宦。门宦也是一种更集中、更扩大的教坊。教坊阿訇都有"天课""费图尔"及"乜贴"等大量宗教收入。这种收入，随着教徒的经济发展而不断增加。这样一来，教坊的掌教和阿訇不仅生活舒适，而且还用宗教收入购置土地、集中土地，并把集中了的土地租给农民耕种，从而进行地租剥削。在"天课"转化为土地与地租的过程中，教坊的掌教和阿訇也就转化为富有掌教和富有阿訇。于是在教坊之内，原来的掌教和阿訇与教民之间的宗教等级差别，便转化为富有的宗教职业者与贫穷农民之间的阶级对立关系。当富有的阿訇、掌教等教坊宗教首领与一方的上层分子紧密结合在一起后，掌教、阿訇的"聘请制"，也就不可避免地变成了由一方上层分子左右的"指定制"。"哈最""学董"的选举制，也同样变成了"世袭制"。门宦又与教派有严格的区别，教派是因对教义不同的理解和解释而产生的，它没有严格的组织，清真寺只是它的活动场所，各清真寺之间也没有联系。门宦则是一个严密的组织。它上有教主，一般"始传者之子孙世世为掌教"；下有清真寺，教主一呼百应，教徒唯命是从，形成了一整套严密的组织。通过崇拜"圣徒"、拜谒"圣徒"坟墓、举行宗教仪式和献礼等宗教活动，与朝觐的意义等同。门宦制度是中国封建传统制度与儒家思想紧密结合的产物，它的形成，也标志着具有宗教世袭身份、地位与特权的高门世家阶层的形成。马通先生在《中国伊斯兰教派与门宦制度史略》中，将门宦制度的特点归纳为："神话、崇拜教主，鼓吹教主是引领教徒进入天堂的人，促使教下，绝对服从；信仰拱北，加以崇拜；教主只能以始传者的子孙世袭相传，别人无权继承；一个门宦的教主，管辖许多清真寺，各清真寺的教长，由教主委任并直接管辖，教主与教长之间，完全是隶属关系。"[1] 从上述论述不难看出，门宦制是河湟地区经伊斯兰教整合的新型社会组织，它不仅是穆斯林社会生活的单位，也是地方的政权组织，同时，又是宗教组织，这种特殊的"政教合一"制度，正是河湟文化发育的政治保障。同时，河湟文化的特点与发展，也受制于门宦制。

产生于甘肃狄、河地区的门宦制，以后逐渐发展到西北、东北、西南各地，一直保持到现在，其对我国穆斯林社会发展有重要的影响，当然也包括卡力岗地区。

具体而言，在卡力岗形成了以清真寺为中心的寺院组织。在卡力岗每个村庄都设有清真寺，各清真寺均设有开学阿訇管理寺院，寺院设有学董，主要负责寺院活动的管理、组织和协调工作，还设"木扎娃"作为内部勤杂人员，围绕一个寺院形成一个相对独立的宗教活动单元，各寺还培养"满拉"，作为宗教职业的后备人员。

在德恒隆的田野调查可以看到，清真寺与村委会共同管理着村庄事务。一般村民的纠纷发生后，会首先请阿訇或活佛（藏族村村民会请活佛）调停，而最多的纠纷包括：村与村之间的草山纠纷、教派纠纷、饮水纠纷，村内主要是小偷偷鸡、偷兔，牲畜的管理不好，糟蹋别人的庄稼，水路不好，下雨后影响别人的道路等，不过这些纠纷一般发生得很少。小纠纷由邻居、朋友帮助解决，较大的纠纷由村委会解决，再大的纠纷报乡党委政府解决；遇到困难先是邻居、朋友、亲人帮忙，再是阿訇出面，然

---

[1] 马通：《中国伊斯兰教派与门宦制度史略》，宁夏人民出版社，2000，第77页。

后汇报政府，如某人家发生了火灾，某人得了重病手术等。学校的建造维修由村委会负责，而清真寺的建造和维护由寺管会负责。村里有公共财产，主要是学校清真寺、电力设施、党员活动室。当一个村的人与外村的人发生冲突时，主要看他的冲突是为了谁的利益，如果是个人的利益，集体不管，由村干部出面解决；如果是宗教利益，集体出动，寺管会组织；如果是村级利益（如草山纠纷），集体出动，由村委组织乡政府解决。"村中干部、阿訇和一些品德高尚又有富余的人威望最高。村委会权力最大。"（纳加村民，男性，40 岁）

（二）亲属制度变迁

家伍制度是西北穆斯林的亲属制度。家伍，指以父系血缘为纽带的家庭组合体，往往由数个父系血缘家庭组合而成。家伍又可分为"单家伍"和"大家伍"。"单家伍"是由几个嫡系叔伯弟兄家庭组合而成的，"大家伍"则是同宗，非嫡系的曾祖、高祖、太祖的后代共同组成的家庭体系。

研究显示，家伍、阿恒（村落）、门宦都是构成穆斯林社会结构的部分，同时，也是穆斯林家庭文化的重要组成部分。穆斯林的家伍由若干个家庭组成。一个祖父的后代称为"单家伍"，超出这个范围的曾祖、高祖、太祖的后代组成"大家伍"。一个"大家伍"由若干个"单家伍"组成，而一个村子往往由几个大家伍组成，每遇大事"大家伍"之间要进行商议决定，纳加村 60 余户人家，有六个"家伍"——马、张、韩、勉、王、喇，其中，韩、喇姓人较多。"大家伍"的成员按辈分、年龄相互称呼，有相互帮助、协商处理大事的义务。

卡力岗人与其他穆斯林一样，实现幼子继承制。卡力岗人的小儿子一般与父母生活在一起，为父母养老送终，费用则由家中的儿子平摊，最后父母的财产也由小儿子继承，这就是东乡族传统的继嗣制度——"幼子继承制"。家中的大事由男性长辈做主，儿子、家中的财产就由小儿子继承，女儿没有继承权。与穆斯林的其他家族一样，卡力岗人的家庭主要由核心家庭和主干家庭构成。研究表明，主干家庭在传统社会中占主位，而随着人类社会的发展，以一夫一妻和未婚孩子为主的核心家庭逐渐取代了主干家庭，成为社会的主要家庭形式。但对于卡力岗人来说，核心家庭是其主要家庭形式，数量较多，主干家庭相对较少。除了这两种类型外，过去卡力岗还有由"伙计"、佣工等与主人共同组成的家庭，在人类学研究中，把这种家庭叫作"家户"，即由同居住在一处的人共同构成的社会单位，包括亲属和非亲属成员，一般是他们的佣工，现在已经没有了。实际上限于居住和经济条件，卡力岗人的家庭还有许多种，如扩大家庭，即在一个家庭中，同辈份有两对以上夫妻的家庭称为扩大家庭，但十分少见。

大家伍中的家庭之间过继、抱养、续香火等继承方式十分普遍，

家族组织是卡力岗传统社会结构的基础。在数千年的历史变迁中，家族以血缘关系为纽带、并通过与地缘关系、利益关系的结合，演化出种种再生形态，形成一个从家庭到宗族不断分化整合的过程系统，渗透到穆斯林社会生活的各个方面。家族的发展演变对穆斯林传统社会的经济、文化和社会变迁产生了深刻的影响。分析穆斯林的"家伍"组织，我们不难看出它的内部是由若干个主干家庭、核心家庭构成的，其社会功能是维护家庭结构的稳定，组织生产、发展家族财产，维持家族伦理、实施家训族规，进行家族意识教育、家族防卫等。这种家族制度与我国宋代以后汉族的家族制度有不同之处，它不是以祠堂、家谱和族田为基本特征，而是以共同信仰伊斯兰教为纽带的，以清真寺为中心的。但宗教活动同样具有汉族祠堂的作用。卡力岗的穆斯林家族虽无家谱，但是，门宦中的"拱北"可谓是活的家谱。而"家伍"经济与族田一样也是家族赖以存在的物质基础。卡力岗穆斯林的"家伍"组织作为一种直接构建于家庭之上的社会组织，家庭形成的各种关系，如婚姻、血缘、收养、过继以及由此而形成的继嗣关系，在一定程度上决定了宗族组织的构成及演变趋势，而"家伍"组织却在各个方面控制着东乡族的家庭，形成了小家庭、大"家伍"的格局。

综观西北穆斯林的"家伍"组织，可分为三类：一是以血缘为连接纽带的"继承式"宗族；二是以共同信奉门宦的宗教关系为连接纽带的"依附式"宗族，如教门、门宦、村庄等；三是以地缘关系为连接纽带的"合同式"宗族，如收养、形成新的村落等，也影响了家庭结构。

（三）家庭结构变迁

家庭结构是指家庭成员的组合方式或内部构造。它通过家庭的人口

数、夫妻对数、代际层次和具体的家庭类型表现出来，是家庭中人的构成方式和组织状况。家庭结构可以分为：自然结构和经济结构。自然结构指自然发展和形成的家庭中人与人的结合方式。经济结构主要指家庭成员之间经济生活的构成方式，包括家庭的经济来源、经济开支由谁掌管、经济收入的使用情况等。经济结构下的家庭结构主要有：合作式①、赡养抚育式②、补贴式③和独立式④四种。

传统的卡力岗人家庭以核心家庭和主干家庭为主要类型，核心家庭是卡力岗人的主要家庭形式。卡力岗人的家庭一般由父母和尚未婚娶的儿女组成，核心家庭子女较多，没有特殊原因，一般的卡力岗人家庭的子女在5个左右。

家庭得以存在的基本前提条件是家庭所具有的功能，主要指家庭在人类生活和社会发展方面所起的作用。工业化以前的传统家庭，其核心的家庭功能是生育和生产。家庭的生育功能是与家庭本身俱来的，从原始群时代的群婚到母系氏族的对偶婚，再到父系氏族的个体家庭，直至阶级社会一夫一妻制的婚姻制度确立，生育功能一直是家庭最基本的也是最重要的功能。随着社会的发展，这一功能被逐步夸大，以至于畸形发展，在我国的宗法文化中诸如"礼""孝"为先，而后演变为"不孝有三，无后为大"等均为家庭功能的被夸大。为了不使家族断"香火"，在我国历朝历代中，均有无子即可"出妻"⑤的规定，同时又以"媵嫁制度"⑥作为延续后代的保证。

卡力岗人的家庭具有以下功能。

首先是其基本功能——生产。卡力岗人的家庭是基本的生产单位。责任田、宅基地等均以家庭为单位。家庭通过分家产、继承等手段，来协调和组织生产，这样达到了降低风险、保护家族成员抵御不确定因素的作用。

---

① 家庭成员的收入共同使用。
② 家庭中有人没有经济收入，依靠其他人赡养。
③ 家庭成员中的一部分人将一定数量的收入补贴家庭。
④ 家庭成员各自独立预算，按比例分担家庭支出。
⑤ 休妻。
⑥ 妻子的陪嫁丫鬟也就是丈夫的妻子。

其次，卡力岗的家庭与其他家庭一样，也是一个消费单位，在卡力岗，家庭要满足家庭成员的各项开支。

再次，卡力岗的家庭还具有养育功能，它包括抚育和教育两个内容。抚育指家庭对未成年孩子生活的照料和老人的赡养。教育则指传授知识，训练生产技能的功能。在传统社会，长辈受到特殊的尊重，因为在相对静态的环境中，知识和经验是靠日积月累获得的。所以，对年轻人来说这种经历就有特殊的价值，长辈既是家庭文化遗产的载体，又是给他们传授生产知识和进行职业训练的师长。因此，家族又具有了职业训练的功能。也正因为如此，在传统社会中才有了"家族职业"，才产生出一些特殊的专业家族。家族的姓氏可能就是一份很有价值的财产，而家族的祖先则因为他们的成就受到后代的尊重甚至崇拜，因而家族也就拥有了监督家族成员表现、干预家族成员行为的权力，以预防有损害家族声誉或增加家族义务的行为发生。与此相适应，家庭成员的义务就是牺牲个人利益顾全家族利益，所以，越是有声望、富有的家族，成员的自主权就越少。

在卡力岗，家庭每遇大事，全村或全家族的人会一起出动协助。如婚、丧、嫁、娶、盖新房、出远门等，只要大家认为是大事都会相互帮助，每到此时，也是卡力岗的家族或家庭的聚会之时。婚礼是家族成员聚居的主要方式。另外，节日交往也比较突出。

> （访谈资料，纳加村民，男，42岁）"我们民族的主要节日就是伊斯兰教的三大节日，每当此时，我们家族的男性成员就聚居在北庄清真寺中共同'礼拜'，然后回到家中几代人聚居在一起，拉家常、叙亲情，加深了彼此之间的感情。"

另外，现在每日的五次礼拜也是人们交往的一种方式。老人们往往有足够的闲暇时间保证一天五次的礼拜，而在清真寺见面，也使他们的交往多了起来。

以上的两种交往方式主要是围绕家族中的男性进行的。所以，卡力岗人家庭的对外交往是围绕男性血缘进行的。也就是说，在像卡力岗人这样的穆斯林家庭关系中，除了夫妻等家庭关系外，还有一个宗教层面的关系，即"教友"关系。

三　精神文化变迁

（一）思想观念变迁

浙江大学曹正汉教授认为，思想观念包含两个层面：其一，属于社会理想和人生理想层面的，人们对社会应该实现的目标和形成的秩序的价值观念，即价值目标；其二，是人们为解释此价值目标的意义及如何实现此价值目标所创立的一套思想理论。如前所述，曹教授据此建立了一个模型，该模型引入了以美国新制度经济学派的著名代表人物奥利弗·威廉姆森（Oliver E. Williamson）为代表的交易费用理论，强调了将某种思想观念应用于社会实践，因而影响到社会制度变迁的观点。因此，曹教授断言，从思想观念到制度安排，其背后的推动力量是精英人物的积极活动与社会大众的追随与响应。①

在马来迟的推动下，卡力岗人接受了伊斯兰教，就等于接受了伊斯兰教的价值观念，也就接受了伊斯兰教的价值体系。《古兰经》阐发了伊斯兰的基本原则，包括信仰观、历史观、人生观、道德观、行为准则，经过长期生活积淀和本土化，逐渐演变成穆斯林文化的传统习俗、社会风尚、道德标准，具有巨大的历史惯性力、行为驱动力和民族凝聚力。在人生态度上，穆斯林奉行止恶扬善，驱邪归正，主持正义，守正自洁，诚实宽恕，做善人而不做不义者。在伦理上讲求为人正直，诚实做人，仗义疏财，赈济贫民，孝敬父母，尊敬长者，优待亲戚，怜恤孤寡。在经济活动中恪守公平买卖，合法经营，禁止高利贷盘剥，反对欺诈，反对以强凌弱，提倡遵纪守法，禁止犯罪作恶，把饮酒、吸毒、淫乱、赌博等违背社会伦理道德的行为归于不可宽恕的犯罪。在家庭生活中，有着持家节俭、讲究卫生、团结互助、和衷共济的美德，体现了伊斯兰教的主要价值观念。

伊斯兰教的主要价值观念可以概括为"敬主爱人"，融合在具体的教规之中，它鼓励人们到穆斯林的社会文化活动中心——清真寺参加集体礼拜（哲玛体）。住在一个村庄、一座城市或一个社区的穆斯林，一

---

① 曹正汉：《观念如何塑造制度》，上海人民出版社，2005。

日五小聚，一周一大聚，一年两大会。礼拜、念经活动，整齐划一，步调一致。在清真寺里，既礼拜真主，自我反省；又沟通思想，交流感情，传递信息，共同感受着集体的力量和个体间的情谊。一年一度的把斋活动，也集中在同一个月，大家一同把斋，一同开斋，一同礼拜，同甘共苦，无一例外。天课——伊斯兰的分配原则，也体现了群体精神，这个制度，要求每个人、每个家庭将每年的收入做一决算，除用于自身的物质与精神方面的必要消费外，从节余的部分中抽出1%捐赠给穷人、需求者或用于主道上。天课制度旨在洗涤人的心灵和思想，抑制个人财富的无限膨胀，使每个财富的占有者对社会对集体承担一份责任和义务，充分体现了其主要价值观——"敬主爱人"思想。就此，伊斯兰教提倡"围寺而居"，宰牲要请阿訇，厚养薄葬、普遍实行土葬、不分贫富贵贱、从速从简等，与藏族的丧葬、居住等观念形成鲜明的对比。

卡力岗人的价值体系因接受伊斯兰教价值体系发生了巨大的改变，一套全新的价值观念成为卡力岗人的思想观念基础。在访谈中，卡力岗人特别强调了"伊斯兰教给他们的洁净观"是他们自感优越于周边其他人的主要原因，也是他们认为自己祖上接受伊斯兰教的主要原因，是他们自己价值的合理解释，"回族（穆斯林）生活习惯讲卫生，不饮酒、不抽烟，也不得病"（现任村长，回族，男，50岁）。"穆斯林不赌博，社会（治安）好，生活好"（阿訇，撒拉族，男，40岁）。他们强调，按照教义规定，穆斯林在每天的礼拜前要"大净""小净"，由此，形成了其日常生活中讲卫生的习惯，饭前饭后要洗手擦净。"早6点50分从清真寺的高音喇叭中传来了晨礼的呼唤声（邦克）唤醒了我们熟睡的一家。我和爱人照例起床做了小净（何布太斯），小净的洗法是：洗两手同两肘，洗面容摸头摸脖颈，洗两脚同两踝骨，洗两便处，刷牙净鼻。然后我到清真寺做礼拜。"（纳加村民，男，48岁）。他们说，"穆斯林一般家庭都是窗明几净，一尘不染……尤其重视水源卫生，凡供人饮用的水井、泉眼，一律不许牲畜饮水，也不许任何人在附近洗脸、洗衣或洗澡；井有的加盖，取水以前一定要洗手，盛水容器中的剩水不能倒回井里"（访谈资料）。这些生活习惯，被冠以了穆斯林的符号，在医药条件匮乏的卡力岗山区，这些卫生习惯不失为一剂良药。在化隆县政府工作人员的访谈中，该问题的答案是：人们接受伊斯兰教"与马来迟将先进的农业耕作技术带入卡力岗地区有关（化隆县人大工作人员，男，53岁）"。"虽然化隆早在元、明时期就已经成为农牧各半的地区，但由于卡力岗地区特殊的地理环境，现在以农业为主的生产方式应与伊斯兰教的传入有很大的关系，因为只有以农为主的生产方式才能够保证人们的宗教生活"（化隆县领导，男，50岁）。伊斯兰教主张厚养薄葬，村民们也将其与洁净联系在了一起，他们说"要洗干净离开这个世界"（阿訇，男，25岁）；"村里举行简单的送葬，在家的老人们打了坟坑，购买了些茯砖茶，用清水洗净了全身，用三层白布进行包裹，搞抬深埋了"（纳加村民，男，46岁）。

传播的伊斯兰教华寺门宦的主要教义和仪礼有：①以《古兰经》和圣训为信仰之本，同时主张"闹中求静"，力行静修功课，低声反复念"迪克尔"；②专门从事宣教的穆勒什德、谢赫、海里凡要做到"教乘""道乘"修持并重，要求一般的"穆里德"履行"天命五功"，经常拜谒拱北；③每逢圣忌和历代教主的生辰忌日要宰牲举行"尔麦里"活动。除念《古兰经》外，还要念《卯路德》《冥沙》经；④信众逝世后，家属要先到拱北报丧做祈求，念"亥听"，逢信众忌日悼念时，其家属须先去拱北上坟；⑤用《古兰经》为亡人转"费底耶"（赎罪），给死者站"者那则"（殡礼）时要脱鞋。埋葬亡人时要求阿訇、满拉跪在墓前，各捧一本《古兰经》，分别朗诵完为止；⑥实行"父传子受"的教统继承制和选派"海里凡"管理区域教务的教坊制。

从上述主要教义不难看出，华寺门宦对信众也提出了较高的要求，其通过教义不仅对信众从信仰到生活确立了引领"关照"，而且，通过拜谒"拱北"对信众进行高度整合，建立一整套新的价值观念体系。

卡力岗人抛弃了偶像崇拜与多神崇拜，在六大信仰的支配下常念克力买（清真言），每日要力行五时礼拜，进行斋戒，完纳规定比例的天课，即"则卡提"，有条件的人还要前往麦加朝拜"克尔白"天房，成为他们生活的目标和人生理想，他们"受伊斯兰教的影响，日常生活经历了宗教的随意性到宗教不断神圣化的过程。当地回族群众的伊斯兰教意识经历了一个不断演变的过程，从而导致一些认同标准、文化符号发生了强烈变化"。①

伊斯兰教价值观代表着一种有别于昔日卡力岗社会的、全新的价值体系。

（二） 教育传承观念变迁

同样由于伊斯兰教的影响，在卡力岗，孩子们从小就开始了伊斯兰文化的学习，包括阿拉伯语的学习、教义教规的学习和穆斯林行为的养成。这些是在义务教育之外的"经堂教育"中完成的。

"经堂教育"是穆斯林的一种教育形式，目前在卡力岗人的知识传承中占有较为重要的地位。"经堂教育"分为小学部和大学部。小学部只招收六七岁的穆斯林儿童，这些学生称小"满拉"②，由二阿訇③负责授课。课程的内容主要有两类：一类是阿文课；另一类是初级宗教知识课程。阿文课是从阿拉伯字母学起，背熟字母后，就可以挑读《古兰经》的选文《亥厅》，《亥厅》读完后，才可以诵读《古兰经》。宗教课程则从《杂学》学起，主要教授的是伊斯兰教的礼仪，有大小沐浴、礼拜、斋戒、婚葬和祭祀的"都阿"，即祷词等。由于只是在假期才上课，上述课程需要三到四年的时间才能完成。此后，有的孩子升入大学部继续学习，有的孩子则完成了一生的学习任务，而成为一个适应过宗教生活的普通穆斯林。

大学部的课程由开学阿訇担任，所学的内容较小学部要复杂得多。阿文课程主要学习《阿文词法语法基础知识》《阿文方法》《阿文修辞学》。宗教学课程主要学《教心经》《昭文密诀》《归真要道》等。《古兰经》方面主要有：《古兰经》浅释、《古兰经》浅注、《胡塞尼》等，还有《圣训注释》《依尔沙德》等。"经堂教育"培养一个阿訇需要十四五年或二十年左右的时间，穆斯林民族的许多资深阿訇和著名学者都是经堂教育的结果。卡力岗人的民族传统文化的传承也主要是依靠"经堂教育"进行的。在宗教意识较为浓厚的德一村，女孩子也要接受这种"经堂教育"。

但是与此不同的是，这里对现代学校教育的重视远不如经堂教育热情

---

① 马伟华：《青海卡力岗回族文化变迁》，《西北第二民族学院学报》2008 年第 3 期。

② 在清真寺中学习的学员。

③ 指协助阿訇，负责宰牲和教经堂小学的阿訇。

高，根据一份 2002 年 "德恒隆学区'两基'进展情况汇报材料"，总适龄儿童 1401 人中，新学期开始就有 61 名小学生辍学，辍学率占到了 6%，有 10 名初中生辍学，辍学率 15.8%，主要原因是贫困。

（3 月 1 日，星期一，晴）昨天下了雪，一开学，老师和学生陆续报到，开学的工作比较忙，从今天晚自习开始上课，有些学生太困难交不起书费，我校的收费标准是：

初一：应收 110 元，实收 60 元，减免 50 元；

初二：应收 120 元，实收 53 元，减免 67 元；

初三：应收 150 元，实收 75 元，减免 75 元。

全校 96 名学生，交不起书本费的学生就有 26 名，尤其残病学生，父母双亡，或只有单亲的，或父母离异的这些学生，太可怜了。如：初一班的，马哈良、马国庆、马淑英（女）、马祥、马成华、马忠治等，初二班的，韩玉林、马进福、马德信、韩林、马丙乾等。

村里这几天的热门话题就是迎接朝觐者的到来成群结队地探望他们。至于孩子们上学的事关心得比较少……张克元、马生录、马成录、马国成等同学他们到内地打工去了，这也直接影响在校学生的学习情绪。①

与完纳天课率相比，对义务教育的重视远远不够。

四　变迁梯度与模式

（一）卡力岗人的文化变迁梯度

宗教传播可以并且曾经造成了许多不同时期不同人群的文化变迁，特别是殖民主义时期，宗教成为对外扩张殖民的手段之一，与政治强权结合在一起。卡力岗人的文化变迁虽然与宗教的传播密切相关，但与西方学者所研究的由传教士开始而西化的宗教变迁②有所不同，卡力岗人的宗教变迁引发的是文化变迁与族群认同改变，是卡力岗人对外界信息加工选择的

---

① 村民日记。

② 〔美〕C. 恩伯、M. 恩伯：《文化的变异》辽宁人民出版社，1988，第 557 页。

结果。

卡力岗人的文化变迁梯度表现为从精神到制度再到物质的变迁过程。在精神层面，卡力岗人逐渐接受了伊斯兰教信仰，从而改变了旧有的价值观念，建立了一套新的价值体系。在制度层面，伊斯兰教的门宦制度取代了藏传佛教的政教制度，村庄制度替代了原来的部落制。在生产方式层面，其生计方式也从牧业生产为主，转化为以农业为主。在文化层面，伊斯兰教的宗教禁忌形成了新的社会生活禁忌和道德规范。卡力岗人逐渐确立了以伊斯兰教教规为主导的生活方式与风俗习惯，其语言则由藏语演化为藏汉双语或藏、汉、撒拉多语并用，同时，大量的阿拉伯语词汇进入其语言中，作为最具稳定性的文化要素之一，语言的变迁目前还尚未最后完成。（关于文化变迁梯度本文在第四章第三节"卡力岗人族群认同的建构"中有详论，不再在此赘述。）

（二） 卡力岗人的文化变迁模式

受卡力岗文化变迁始于改宗伊斯兰教的影响，卡力岗人的文化变迁与传统文化变迁模式相左，其变迁过程表现为：先思想观念（宗教信仰、心理意识、价值观念、风俗习惯、法律道德、行为规范等）后组织制度（婚姻家庭制度、生活组织、政治组织、社会等级和阶级制度等）再物质文化（生产技术、生活技能、生态系统、生活方式、饮食居住、服饰等）的模式。

如前文所述，解释文化变迁的路径和理论有许多，其中技术决定论和物质超前论在我国影响最大，一度成为我国学者解释文化变迁动力的共识，而价值决定论被当作唯心主义学说，而备受零落。但是，随着文化变迁民族志研究的深入，学界有越来越多的学者认识到了价值决定论在解释文化变迁中的地位和作用，与马克斯·韦伯、埃弗雷特·哈根（Everett Hagen）、伯特·莫尔（Wilbert Moore）等一批学者一样，都认识到了观念在文化变迁中的决定性作用。即社会价值观念的变迁通过人们的行为规范和思想体系表现出来，而人们的社会活动程度不同地在价值观念指导下发生，由此，社会价值观念的变化往往成为整个社会变迁的先声。从藏传佛教到伊斯兰教既是卡力岗人宗教信仰的变迁结果，也是其思想观念和价值观念变化的结果，也是卡力岗人的文化变迁与传统变迁模式相左的主要原因。

　　田野调查表明，经历了上述宗教、文化变迁，目前，卡力岗人保留下来的藏文化当属语言。当前，卡力岗人操藏语、汉语和撒拉语，以藏语为最多，并且男性往往掌握两种以上语言，而几乎全部妇女均只懂一种语言（东家村例外，几乎所有的人都能操三种语言）。而一些不同程度保留着的生活习惯和节日中的藏文化元素也在近 30 年前消失了，相信随着改革开放，到外地打工人数的增加，藏语言作为文化遗存也将逐渐消失。从 260 多年来对该地区文化变迁的研究与推断来看，藏文化消失的顺序为藏传佛教信仰的消失——藏文化价值观念的消失——藏文化认同的消失——藏文化的消失（藏文化所规定的法律道德和行为规范、藏式婚姻家庭制度、社会等级、生活技能、生活方式、饮食居住、服饰）——藏族族群认同的消失（母语：藏语）等。也就是说卡力岗的变迁梯度与变迁防御层次是"先精神后制度再物质"。而这又是由文化变迁中观念的作用所致。

　　从卡力岗人接受伊斯兰教到其文化巨变，实质是社会价值观念的巨变。这一观念的变迁又表现为建构符合伊斯兰教所规定的行为规范和思想体系，人们的社会活动也随之程度不同地在价值观念指导下发生着变化，风俗改变了，婚姻制度改变了，生产方式和生活习惯也随之改变了。由宗教信条而形成的社会行为理想与社会认同美德，是推动该族群演变与文化变迁的重要原因之一，社会价值观念的变化成为整个社会变迁的先声并形成了特殊的变迁模式。卡力岗文化变迁是由宗教信仰及价值观念的转变开始的，同时也是以新观念的确立而完成了新的文化模式确立的，充分显示了观念的力量。

　　特殊的自然环境和文化背景，决定了卡力岗人文化变迁的梯度和应对变迁的文化系统防御层次。田野调查显示，卡力岗人的文化变迁是由宗教信仰及价值观念的转变开始的，同时也是以新观念的确立而完成了新的文化模式确立的，其中由宗教信条而形成的社会行为理想与社会认同美德，是推动该族群演变与文化变迁的重要原因之一。

　　卡力岗人由藏族到回族的演变过程，实质是其文化系统中文化特质的改变过程，是接受新的放弃旧的过程，也是两个文化系统相互接触碰撞的互动调适过程。虽然目前在卡力岗人的文化体系中已经难以看到更多的旧有文化（藏文化）对新文化体系的"作用"痕迹，但卡力岗人有别于其他伊斯兰教地区穆斯林宗教行为的简单性、宗教观念的淳朴性，显然还有旧有文化（藏文化）的"化石"痕迹。在卡力岗人的族群演变过程中，激发人们接受新文化特质的原因主要有两点：一是自然环境的改变和旧有的文化系统、社会结构已经无法满足人们的基本需要，使人们转而接受新的文化体系。但这个过程不像工业社会的文化变迁，开始于先进有效的物质技术的发明与创新①，而是开始于思想观念，因为多民族杂居、多元文化共存、多种宗教信仰共生的"三多地区"，往往也是自然环境较为恶劣的地区，其多山、干旱或高寒的自然条件，使人们无法使用一些在大多数地区给人们带来巨大满足的物质技术发明，如机械农具、水利技术、交通工具、信息技术等。这些在大多数地区能够带来社会生活巨大改变的技术，因受自然环境的影响而在此无用武之地。但这里有着大多数地区所不具备的丰富的多种文化体系和不同的思想观念以及不同的文化模式资源。因此，当旧有文化体系不能满足人们的需要时，人们就会转向新的观念和思想，而这个新的观念和思想在这类地区往往是以宗教的形式表现的，因而，从一个宗教到另一个宗教的改变就成为这类族群演变与文化变迁过程的开始，最后形成了以宗教为基础的新文化特质，进而形成了新的文化模式。宗教是制约该社会的观念模式。文化的互动调适性是这类族群演变的基础。自然条件或社会环境的变化、人类需求的变化与满足度是这类地区文化变迁的前提条件。价值观念的改变是激发人们接受文化新特质的根本原因。也就是说在"三多地区"，族群演变与文化变迁往往始于价值观念的改变，也最终完成于新的价值观念的确立。由此推断卡里岗人文化变迁的时间为：第一时间，精神文化；第二时间，制度文化；第三时间，物质文化。

综上所述，卡力岗地区的文化变迁模式是受主客观因素限制所形成的。其主观因素中的信息加工处理方法、文化自身的包容性与客观因素中丰富的文化资源、多民族杂居、多元文化共存、多种宗教信仰共生的"三多"地域特色和严酷的自然环境等因素，都决定了其文化变迁过程的特殊性。由此，由新的观念和思想而引发的文化变迁的个案具有了普遍性。从一个宗教到另一个宗教的改变就成为这类族群演变与文化变迁过程的开

---

① 〔美〕威廉·费尔丁·奥格本：《社会变迁》，王晓毅、陈玉国译，浙江人民出版社，1989，第138页。

始，最后形成了以宗教为基础的新文化特质，进而形成了新的文化变迁模式：精神文化——制度文化——物质文化；这一模式符合多元文化地区的所有类似文化变迁。

第三节　卡力岗宗教演变及文化变迁的基础与条件

卡力岗信仰演变与文化变迁并非仅仅依靠马来迟的传教，其之所以接受伊斯兰教而放弃藏传佛教，进而从精神文化、制度文化再到物质文化发生全面巨变，一个重要原因是其具备了这一变迁的历史基础与条件，卡力岗人的这场变迁是历史变迁的延续。

一　历史文化基础

（一）多元文化的历史背景为变迁提供了前提条件

从文化空间来讲，卡力岗处在藏彝走廊①、民族走廊②、安多藏文化

---

① "藏彝走廊"是费孝通先生1979年前后提出的一个历史—民族区域概念，主要指今川、滇、藏三毗邻地区由一系列南北走向的山系、河流所构成的高山峡谷区域。在横断山脉地区主要有岷江、大渡河、雅砻江、金沙江、澜沧江、怒江等六条由北而南的大河，纵贯其间，故习惯上又称这片区域为"六江流域"。但它并非六江流域的全部，主要是这几条江的下游不在此区之内。具体而言，这一区域包括，藏东高山峡谷区、川西北高原区、滇西北横断山高山峡谷区以及部分滇西高原区。就行政区域而言，藏彝走廊主要包括四川的甘孜藏族自治州、阿坝藏族羌族自治州、凉山彝族自治州和攀枝花市；云南的迪庆藏族自治州、怒江傈僳族自治州和丽江市；西藏的昌都地区等地。在这片区域中，现今居住着藏缅语族中的藏族、彝族、羌族、傈僳族、白族、纳西族、普米族、独龙族、怒族、哈尼族、景颇族、拉祜族等民族，而以藏缅语族的藏语支和彝语支的民族居多，故从民族学而言称之为"藏彝走廊"。但在此区域的南部，同时还居住着壮侗语族中的傣族和壮族、苗瑶语族中的苗族，乃至汉族、回族以及孟高棉语族中的一些族体。同时，这条走廊自古以来就是藏缅语族诸民族先民南下和壮侗、苗瑶语族诸民族先民北上的交通要道和众多民族交汇融合之所。该走廊现今共有人口1000余万，其中有530余万是少数民族，其余的是汉族。

② 这里所称的"民族走廊"是一个呈"T"字形的多民族聚居地区（东西走向的河西走廊为"T"字的横）。该地区南部与藏彝走廊交汇，既是藏彝走廊的北部末端，也是安多藏区的东北部边缘。其大部分地区包含在安多藏区内（有不同观点认为，河西走廊不应包括在安多藏区中），故以下合并称为安多藏文化区，即安多藏文化区包含民族走廊文化区。

区①的交汇重合地带，特殊的文化地理区位构成了卡力岗复杂多元的社会文化背景。

具体来看，卡力岗地处藏彝走廊北部末端、民族走廊中东部地带和安多藏区东北部边缘。由于自古这里就是北方草原民族南下川青、东进中原、西入藏区的通道，因此，这里历史性的成为多民族杂居、多种宗教信仰并存、多种文化共生的"三多地区"，故称其为"三多"。卡力岗处在这一文化区东部边缘的藏文化与伊斯兰文化的交汇点，受文化边缘区位的规定，这里兼具了藏传佛教文化、伊斯兰文化及汉文化的特点。按照人类学整体观、全貌论原则及文化区理论，卡力岗现象正是其所处文化边缘交汇区位所致，是历史上汉、藏、穆文化交流的结果，也是卡力岗人族群演变与文化变迁发生的无法替代的前提条件。运用历史人类学的方法，历史性地全面、系统、深入研究卡力岗现象的复杂社会文化背景，才能把握在经验层面很难理解的这类特殊的文化现象。

卡力岗人所处的大文化背景是安多藏文化，其在不同的时空下有不同的指向，但其有别于行政区划的文化区域属性则一直十分突出。20 世纪以来，得到大多数学者认同的安多藏区的划分，是李安宅先生所提出的观点。李安宅先生认为，不考虑地理区划的因素，藏区主要由西藏、安多与康区三个部分构成，而安多的地域范围则主要包括"中国青海省的藏族区；甘肃省西南部的藏族区；四川省西北部的藏族区"。② 因该地域的藏族多操藏语的安多方言，故又称东藏方言区或安多藏区。可见，安多与西藏不同，其并非行政区划而是分属三个不同省份，之所以被统称为安多，是因为这三个地区具有相同的文化特征而共同区别于周围其他地区，因此，这里的安多藏区是一个文化区域的划分结果。

按照李安宅先生的划分，安多藏区可分为三个地理单元。其南部从河源起，至北部祁连山下为一个地理单元。此单元包括广大的河曲地区、海西地区、青海湖地区和可可西里、托托河沿岸的谷地等周边地区。这里地势西南高、东北低，海拔 3000 ~ 6000 米不等，多高山大河，有开阔的河谷

---

① 指甘肃南部、四川西北部和青海的大部分藏族居住地区。

② 李安宅：《藏族家庭与宗教的关系》，载《李安宅藏学文论选》，中国藏学出版社，1992，第 263 页，该划分不包括河西走廊。

地，广阔的草山、草原，适宜畜牧业、农业的发展，该地区的经济方式以畜牧业为主，这里是安多"河曲藏文化圈"。

东北部的河湟地区是安多藏区的第二个地理单元。此单元以湟水流域和黄河支流冲积平原为主，这里土地肥沃，适宜植物生长。由于河湟地区地处交通要道，它不仅是通往河曲、河源及四川、云南等地区的咽喉，还是"丝绸之路"青海道的关隘。其重要的战略地位，不仅使它成为交通要冲，也使其成为历史上的农、牧业产品和手工业品的集散中心，也是商业中心。同时又是多元文化汇集、整合、传播之地，卡力岗就正位于这个"文化单元"之中，该单元是安多藏区的"河湟穆斯林文化圈"。

北部的河西走廊是安多藏区的第三个地理单元。因地形狭长、地貌平坦开阔而得此名，这里有来自祁连山雪水的灌溉，先秦以来经济上以农耕为主，文化上属汉文化区，吐蕃据其之后，强制推行"吐蕃化"，该地遂成为安多藏文化区的一部分。吐蕃政权崩溃以来，宋元时期，该地区逐渐剥离了安多藏特点，恢复了汉文化特色。因此，部分学者不同意将其划入安多藏区，本研究将其划入安多藏区，是因为历史上其与安多藏区文化上的密切关联性，但其与卡力岗人之间没有直接的文化交集。卡力岗正处在上述"河曲藏文化圈"与"河湟穆斯林文化圈"的交汇重合地带，也是藏传佛教文化与伊斯兰文化的交合地区，从文化的共性来看，卡力岗兼具两个文化圈的特性。

文化圈，是人类学传播学派提出的一个专业术语，它通常指由许多文化特质构成的一个复合的文化单位。该概念是 1905 年由格雷布内尔首次创用的。他认为文化圈是一个地理空间，包含有文化丛，这种文化丛不一定包括文化的一切范畴，但包括了一定数量（5～20 个）文化元素，他们分散在此文化圈内。传播学派的另一位代表人物施密特发展了格雷布内尔的观点，他认为文化圈是一个有机的整体，构成这个有机体的元素在功能上是相互关联的并具有自足性、独立性和永久性。他的发展就是文化传播或移动，而一种文化圈移动到另一种文化圈就形成了文化层。施密特和格雷布内尔的观点，经传播学派其他代表人物的发展形成了文化圈理论，具体看来，文化圈理论包括四个方面：第一，文化圈的概念界定；第二，文化圈的质量标准，也叫形式标准，即不同地理区域中文化元素在形式上的相同点；第三，数量标准，指不同地理区域中各种文化现象相似的数量；第四，文化层，即文化圈的前后次序。根据此理论，该学派将世界划分为若干个文化圈。传播学派的研究方法主要是利用数量标准（两地文化的相似）和质量标准（两地文化的相似数量）构建文化圈。

在文化圈理论的基础上，美国人类学家梅森、威斯勒提出了文化区的概念，该术语由美国人类学家梅森创用。最初只是用地理区域的区别来概括一个组群被认为是具有意义的文化，但实际上当时这样划分的一个区域中的文化并不一定有联系。1922年，美国人类学家威斯勒重新解释了文化区的概念。他从文化特质的相似方面来限定文化区，认为文化区可以根据文化特质加以分类。文化区有"文化中心"和"边缘区"。文化中心是一个文化区所共有的文化特质发明创造最集中的地方，而不一定是地理中心，文化特质从这里呈放射性向边缘区传播，文化传播的过程就是文化特质发展的历史，由此，也可以追寻文化的发展轨迹。如同人类学的其他理论观点一样，传播学派的上述理论，也受到许多学者的质疑。他们认为文化区不是具有相同文化特质文化所存在的地理范围，而只是一个文化所存在的地理范围。

笔者认为，尽管在今天看来人类学传播学派的理论存在着种种缺陷，特别是"埃及中心论"将其推至极致，偏离了社会科学的原则，但"文化区理论"在今天的区域文化研究中，仍然具有一定的意义。首先，它区分了地理区域与文化区域，给了人们一个分析工具。其次，区分文化的中心区与边缘区，又使文化区域研究理论具有了可操作性，相同的文化特征、文化模式所构成的文化区域，成为一种文化现象形成的前提与载体。

卡力岗跨"河曲藏文化区"与"河湟穆斯林文化区"，而这两个不同文化区域完全不同的文化特点正是其卡力岗现象形成的基础。

如上所述，卡力岗处在"河曲藏文化区""穆藏文化交汇"的"亚文化"区位，而该区域兼具穆藏两大文化的特点。

"河曲藏文化区"是一个以藏文化为主的多元文化区域，是整个安多藏区的藏文化中心。在该文化区域内部，又可以划分为以黄河"S"形大回转及周边地区组成的"核心文化区"。其范围包括今天青海省的果洛藏族自治州、海南藏族自治州、黄南藏族自治州和海北藏族自治州的部分地区，甘南藏族自治州的卓尼、临潭、夏河等地区也包括在内。而青海湖以北、河西走廊南部的裕固族、汉族、藏族杂居区及湟水流域南部的藏汉、藏回、藏土等杂居区，则是该文化区域的"亚文化"区，卡力岗人就处在这个"亚文化"区的边缘。从民族分布来看，这一文化区的中心层主要由藏族和蒙古族组成。亚文化区则由散居的回族、汉族、撒拉族、土族等多个民族组成，并且居住在该区域的民族，其文化具有鲜明的"跨民族"特点。

卡力岗所处的穆斯林文化区与"河曲藏文化区"相交，该区域指以河州为中心的、包括湟水流域和尖扎至永靖的黄河流域及周边地区，是"以伊斯兰教为标志，穆斯林群众为主体"的文化区域。① 根据其文化要素和文化特征，可区分为以河州及周边地区组成的"核心文化层"和湟水流域、大夏河上游及尖扎以下黄河流域等回汉、回藏、回土杂居的"亚文化层"。其中，核心文化层部分，包括今天甘肃南部的临夏回族自治州及周边地区。亚文化层，则包括青海、甘肃交界的循化撒拉族自治县和保安及北部的门源回族自治县及与河曲文化圈、河西文化圈相交的重合及边缘部分，这部分是回、藏、汉文化的共存地区，卡力岗就在这个区域的边缘。从民族分布来看，这一文化圈的中心层主要由回族组成，其来源主要有三个途径：一是随成吉思汗回师的中亚"探马赤军"繁衍发展而成；二是通婚、收养等融入回族的其他民族；三是"随教"的蒙古族、藏族、汉族、土族等其他民族。另外，是东乡族、撒拉族、保安族等穆斯林民族。而亚文化层则由回族、土族、汉族及散杂居的藏族等信仰藏传佛教和伊斯兰教的族群组成，卡力岗人就在其中。河湟文化圈的主要特征表现为：通行汉语"河州话"；信仰伊斯兰教，并且，伊斯兰教在其民族传统文化中占据绝对的地位；经济上则以商业、手工业为主；社会组织实行宗教（"门宦制"）、世俗双轨制。

（二） 多元与融合的文化特点为变迁提供了前提条件

如上所述，卡力岗所处的文化区位，是一个具有鲜明文化特征的区域，也是一个民族互动频繁、文化碰撞激烈的区域，由此，形成了其多

---

① 刘夏蓓：《安多藏区族际关系与区域文化研究》，民族出版社，2003，第112页。

元、融合与宗教氛围浓厚的文化区位特点，主要表现为"民族的多源流性""文化的多元性"和"宗教的多样性"。

1. 民族的多元性和民族族源的多源流性

以藏民族为主体民族的"多民族性"与民族族源的"多源流性"是卡力岗所在文化区位的主要文化特征，也是卡力岗现象的形成基础。

卡力岗所处的文化区位，历史上地广人稀，据考证，其大多数居民都是秦汉以来由外部迁入的。依据其迁入路线，主要可以分为"东来南下""西来南下""西来北上"三个部分，其中，又以东来南下者为最多。历史记载显示，我国的羌族、蒙古族、鲜卑吐谷浑、满族、汉族等均是"从东来而"，撒拉族、东乡族、回族、哈萨克族等信仰伊斯兰教的穆斯林民族，主要是"西来南下"的族群，"西来北上"的族群则只有藏族一支。文献研究显示，无论是东来还是西来，不管是南下还是北上，这些民族族源的"基因"均为多源流。随着现代科学手段在人类学、民族学研究中的运用，民族族源的多源流性的文献记载也得到了自然科学研究成果的支持。复旦大学生命科学院遗传学研究所的卢大儒先生及其同仁在这方面取得了突破性的研究成果。他在题为"中国遗传民族学研究的进展"[1] 的文章中指出，随着遗传学对不同民族的血型、耵聍、药物尝味能力、肤纹等研究的开展，遗传学与民族学结合而成的"遗传民族学"[2] 分支研究学科已经形成。李辉的《民族遗传系统中的类型学与发生学的关系》[3] 一文则进一步透露，目前已经可以通过 DNA 对许多民族的族源进行比对研究，其分类结果与民族学的族源划分基本相符。宿兵教授则在对羌族、氐族、藏族、汉族的DNA 进行研究后，进一步明确表示这四个民族之间有着明显的遗传一致性。这一系列研究成果与民族学、人类学族源研究的结果基本相符，从科学实证的角度支持了民族学、人类学的研究结论，从而，也就进一步支持了该文化区位民族族源的多元性，支持了其文化结构的复杂性。当然，目前要想运用科学方法，完全实证一个民族与其他民族之

---

[1] 卢大儒：《中国遗传民族学研究的进展》，第七届全国民族学学术研讨会参会论文。

[2] 国外的分子人类学（molecular anthropology）也在进行这方面的研究。

[3] 李辉：《民族遗传系统中的类型学与发生学的关系》，第七届全国民族学学术研讨会参会论文。

间有着完全一致的遗传基因的科学意义并非大于文化研究的意义，慢说这缺乏可操作性，即使可以操作，如前文所述，民族也从来就是一个文化概念，其与种族不同，生物学基础只是它构成的一部分，绝非全部。当然，其对当前的研究的意义，不可小觑，其至少用科学的手段证实了资料的可靠性，证实了在安多这个卡力岗人所处的文化环境中，在这个历史舞台上，每个经过这里的民族均留下了自己的"文化遗存"，尽管有的已是龙魂蛇影，但仍不失为造就该区域民族与民族源流多元性的一个"文化基因"。

卡力岗所处的安多文化区域的第二个特征是文化的多元性，主要表现在多民族文化共存、相互包容、融合借鉴上。毋庸置疑，卡力岗人所处的安多区域的主体文化是藏文化，但由于多民族持续进入该地区，使伊斯兰文化、突厥文化、汉文化、蒙古文化等与藏文化并存，其中，以伊斯兰文化和汉文化的影响最为深远。特别是该区域东北部末端的卡力岗地区大有藏文化、汉文化、穆斯林文化"三分天下"的意思，通过族群文化间的互动融合，形成了三种文化相互渗透、相互融合的态势。具体表现在以下几个方面。

表现在语言的多元与高度借鉴上。据中国社会科学院语言学家考察，我国目前使用民族语言的状况，大致可以概括为以下七种情况：

（1）本民族聚居度高，方言虽有不同，但有占绝对优势的方言；

（2）同一民族分布在不同地区，方言差别较大；

（3）民族名称相同，分布在不同地区，使用不同语言或语言关系尚待研究；

（4）民族名称不同，但语言基本相同，可以采用同一种文字；

（5）与本民族语言相近的其他民族已有文字，可以使用；

（6）本民族虽有自己的语言，但多数人已经熟悉一种与本民族语言不同的其他民族语言；

（7）本民族人口很少，虽然有自己的语言，但愿意使用一种与本民族语言不同的其他民族的语言文字。

似乎是为了验证这一形态的划分，在卡力岗所处的文化区位中以上七种民族语言的使用状况均有不同程度的存在，这固然是历史长期发展的产物，但更多的是由其复杂的多种文化模式并存并相互碰撞而形成的。从历史发展来看，随着唐宋时期安多文化区域的形成，藏语成为该区域的通用语言，其对该文化区域内其他民族语言的形成产生了重大的影响，以至于这里的保安族、撒拉族、土族、东乡族、西部裕固族的民族语言中有大量的藏语词汇，藏语成为该区域的主要借用语，广为流传。现存的一种藏语、汉语合璧的民歌——"花儿"（"风搅雪花儿"），就生动地反映出了卡力岗所处文化区位语言文化的多元与融合特性。

"风搅雪花儿"是一种特殊的"花儿"形式，其表现形式是同一句歌词，一半用藏语，一半用汉语，或用藏、汉两种语言交错表达。如以下这首"花儿"即为"风搅雪花儿"的典型代表：

> 沙日玛尕什当（藏语，意为"白大豆"），
> 让得合尕（藏语，意为"水"）磨磨里磨来。
> 大石头根里的清水泉，
> 哇里麻曲通个格（藏语，意为"黄母牛喝着水哩"），
> 我这里想你者没法儿，
> 乔尕里其以个格（藏语，意为"你那里做啥着哩"）。

这种藏语、汉语的交替使用，在"拉伊"等民间语言艺术形式中亦广泛存在。

上述语言的融合形式绝非仅存在于艺术化了的民歌、民谣中，反之，在该区域不同族群使用的语言中，也广泛存在，裕固族的语言就是一个最为典型的代表。从语言划分来看，裕固族语言分属三个不同的语言体系，构成了三个不同的语言区域，即属于阿尔泰语系突厥语族的西部裕固语，属于阿尔泰语系蒙古语族的东部裕固语，明花前滩和黄泥堡的裕固人则操汉语，而汉语属于汉藏语系汉语族。西部裕固语主要是居住在肃南裕固族自治县西部地区的裕固人使用，目前操该语言的裕固族人有 5000 多人。"这种语言是和古代维吾尔语最接近的活的语言"[①]，也被认为是裕固族族源的最有力的证据。居住在肃南裕固族自治县东部地区的裕固人使用东部

---

① 郝苏民：《甘青特有民族文化形态研究》，民族出版社，1999。

裕固族语，使用这种语言的裕固人有 3000 多人，被认为是蒙古族文化在裕固民族文化中所造成的影响在语言中的沉淀。这两种语言同为阿尔泰语系，但分属两个不同的语族，相互之间差距较大，不同互通，以至于双方交流要借用汉语，而居住在明花前滩及酒泉县黄泥堡等地的裕固人则既不懂西部裕固语，也不通东部裕固语，他们主要使用汉语，对于这部分裕固族人来说，汉语已经成为他们的民族语言，由此，汉语成了裕固族的通用语言。裕固族的不同人群不得不借助于汉语做"介语"来沟通，说明汉文化对其文化的影响与渗透至深至远。另外，还有一小部分裕固族人操藏语。

一个人口仅万余人的族群，使用四种语言，通用汉语，其语言系统如此复杂，固然是民族历史发展的结果，但最根本的原因，是裕固族文化与不同文化碰撞融合的结果，在长期与各民族的杂居过程中，民族之间的相互融合使裕固族文化发生了内容和形式上的巨大改变，逐渐形成了目前的语言使用状况。

裕固族的语言状况绝非个案，在该文化区，这一现象不同程度地存在着，土族的语言使用状况也与裕固族相类似。土语属阿尔泰语系蒙古语族，基本词汇和蒙古语相同或相近。现代土族语，分互助、民和、同仁三个方言区，青海互助、大通、乐都和甘肃天祝等地的土族语属于"互助方言"，青海民和及甘肃积石山等地的土族语属"民和方言"，青海同仁的土族语属"同仁方言"。甘肃卓尼土族历史上已丢失本民族语言，而完全使用属汉藏语系藏缅语族的"藏语支的一种方言"，与当地藏语接近。卓尼土族除使用藏语外，还使用汉语，其他地区的土族也兼通汉语和藏语。关于土族语言的复杂性有许多传说，尤以同仁地区土族的民间传说最为生动有趣。据传，在很久以前，藏族、蒙古族、土族、汉族四个民族，语言不通给他们相互间的交往带来了很大的困难，全靠用"比手画脚"来说明。可是，遇到复杂的事往往费了很大劲还说不明白，并常常闹出一些误会和笑话。这一天，四个民族各选派出一些人出去学习语言，他们走了很远很远，也走得很累很累。土族的代表走累了，就在半路上睡了一觉，等他醒来一看，别的人已经走得一个也不见了，他只好在路边等同伴回来。一会儿，藏族、蒙古族、汉族的兄弟们回来了，于是，他就从他们学到的语言中各带了一些回家，由此，土族的语言中就融合了这三个民族的语言成分。① 据清格尔泰等编著的《土族语话语材料》②，及清格尔泰编著、李克郁校的《土族语和蒙古语》③ 和李克郁编的《土汉词典》④，土族语同东乡语、保安语、东部裕固语比较接近，但其藏语借用词多，所占的比例大。在黄南藏族自治州的同仁地区，笔者所得资料表明，这里的土族人，全部通藏语，学生上学使用的也是藏文，他们对藏语的掌握程度，与藏族没什么差别。可见，卡力岗所处的这一文化区位的文化融合性特征。

从上述所举不难看出，安多藏语是影响该区域民族语言形成的重要因素，目前，它与汉语一起成为安多区域多个民族的借用语。各民族通过长期的文化交流，逐渐将异文化因子转化为本民族的"文化元素"，通过语言等中介，使各民族的知识经验、社会规范与价值体系被相互吸收，转化为不同的个体知识和经验，并形成了信念、价值观念、理想与自我，由此，将周围的文化元素有选择地逐步内化，"信仰的结果得以习俗的确立"⑤，完成个体社会化过程的同时也形成了安多文化高度融合、多元并存的特征。

卡力岗地区的语言使用状况同样具有上述特征，应视为该区域文化特征影响所致。卡力岗人在操藏语的基础上，通用藏语、汉语、撒拉语三种语言，同时，夹杂一些阿拉伯语词，这与他们所处文化区位的文化特征完全吻合，其语言现状是该文化区域所决定的。

2. 该区域文化的多元性还表现为"以通婚为标志"的族群间的高度互动交流上

"通婚"是一个地区族群文化互动的重要测量指标⑥，也是族群互动与融合的重要标志。美国学者辛普森（G. E. Simpson）和英格尔（J. M. Binger）在对美国多元种族社会条件下的族际通婚进行大量个案调查研究的基础上，

---

① 王继光、刘夏蓓：《同仁县志资料》，内部，第954页。
② 清格尔泰：《土族语话语材料》，内蒙古人民出版社，1988。
③ 清格尔泰编著、李克郁校《土族语和蒙古语》，内蒙古人民出版社，1988。
④ 李克郁编《土汉词典》，青海人民出版社，1988。
⑤ 〔英〕拉德克利夫－布朗：《人类学方法论》，华夏出版社，2002，第21页。
⑥ 韦云波：《镇宁县族际通婚模式及其影响因素研究》，华东师范大学硕士论文，2010。

发现当代美国社会存在大量的族际通婚现象，由此认为，"不同群体间的通婚率是衡量一个社会中人们之间的社会距离、群体间接触的性质、群体认同的强度、群体相对规模、人口的异质性以及社会整合过程的一个敏感指标"。① 社会距离（social distance）和收入是影响人们通婚的主要因素。一个族群的社会距离越小，"可接受程度"（acceptability）就会越高，族群外通婚的倾向性就越大；社会距离越大，可接受程度就越低，族外通婚的倾向性越低。②

罗伯特·派克则将通婚看作同化的产物，他提出了"种族关系循环论"（racerelation cycle）。他认为群体在最初通过迁移、征服等方式进行的接触当中，群体之间的关系主要是冲突和竞争性的，而在不断地接触过程中，必然导致同化，最终群体之间就会产生"渗透和融合"。密尔顿·戈登完善和发展了派克的理论，他提出了同化将是一个长期的过程，并把这个过程划分为七个不同类型和阶段。他认为，"同化首先出现在语言和文化上。当价值、信仰、教条、意识形态、语言等与主体文化的符号系统相适应时，'文化同化'就发生了。在戈登看来，同化过程中最为关键的步骤是结构同化，一旦迈出这一步，其他所有阶段的同化将必然在一定时期内产生。因此，戈登认为婚姻同化是结构同化的不可避免的产物"。③ 科普林（F. Kobrin）和格德沙尔德（C. Goldscheider）则认为族群的分层造成了各族群成员在公共领域的分离和居住格局上的隔离，而这一公共层次上的结构同化的差异也阻碍了地位不同的各族群成员在基层群体和组织中的相互交往，抑制了较大规模族际通婚的出现。族际通婚不是单纯地涉及两个异性个体之间的关系，而且还隐藏着两个体所代表的各自族群的文化和社会背景。族际通婚状况因此而成为测度民族相互关系和深层次融合程度的一个非常重要的方面，通过族际通婚可以反映出该地区族群间的互动。

族际通婚在卡力岗所处的安多藏文化区具有普遍性，并由此形成了两

---

① 〔美〕辛普森、英格尔：《族际通婚》，转引自马戎主编《西方民族社会学的理论与方法》，天津人民出版社，1997，第380页。

② 其力木格：《关于影响族际通婚的因素的简述》，《消费指导》2010第3期。

③ 梁茂春：《什么因素影响族际通婚？——社会学研究视角述评》，《西北民族研究》2004年第3期。

大通婚圈，即信仰伊斯兰教的回族、东乡族、撒拉族、保安族通婚圈与信仰藏传佛教的藏族、蒙古族、土族、裕固族通婚圈。同时，跨两大通婚圈的族际通婚也并不罕见。从历史上看，撒拉族就曾经与藏族长期通婚，因此，在安多有"藏族是撒拉的阿舅（指妻兄或妻弟）"的说法。由于，撒拉族从中亚迁入安多时人口较少，藏族就成为其通婚对象。此外，自清末赵尔丰在川边"改土归流"以来，汉人大量涌入安多地区，许多汉族与当地藏族通婚。① 藏汉通婚也一直是两个民族之间重要的族际互动方式，从历史上唐代的文成公主嫁入吐蕃，再到今天藏区的藏汉通婚，这种以通婚为手段的族际交往方式从未中断过，可谓非常普遍。此类通婚还见于汉回之间。② 族际通婚的高频度，反映出卡力岗所处的安多地区文化的多元与互动特征。

3. 该区域文化的多元性也体现在"家庭文化"上

当下该区域所表现出的鲜明的"宗法文化"（血亲情结）特点，是该区域各民族家庭婚姻文化中共同的突出特点。笔者曾经专门考察过与卡力岗地区一山之隔的东乡族家庭文化，东乡族十分注重"血亲关系"，他们往往以血缘的亲疏来区分社会关系。血缘家族的势力不仅左右着个人的婚姻家庭，而且，也左右着一个家族的命运，这与汉族的婚姻家庭文化有着高度的一致性。在东乡族历史上婚姻不单单是一个人成家立业的基础，主要是一个"家伍"③ 乃至于是整个"大家伍"④ 的事情。婚姻大事的确定要请家伍的人"会茶"，推举家伍中德高望重的人来主持，大家边喝茶，边议婚事，做出嫁娶、送亲、迎亲等人事安排。个人婚姻只能听凭族内长辈的安排，服从父母的决定，往往结婚人双方在婚前从未见过面。2000 年，笔者前往东乡地区调查时，曾就"婚前不能见面"的原因，询问过一位 18 岁就做了新郎（娶了一位从未见过面的 16 岁女子做新娘）的男子。他回答说，如果见面后，不要人家女儿，她就会被认为是挑剩下的，就不会再有人娶她了。2007 年，笔

---

① 赵勍:《四川藏区近代史上的藏汉民族通婚》，四川师范大学硕士论文，2009。

② 在卡力岗地区，受宗教的影响，其通婚受到越来越多的束缚，目前，大多数人信守"教派内婚制"，即只能与本教派的教徒通婚。

③ 即以父系血缘为纽带的家庭组合体。

④ 一个祖父的后代称为"大家伍"。

者在化隆县和卡力岗的调查中发现，"姑表""姨表"婚还相当普遍，这类婚姻多为家长、家族包办，仍然遵循着"家伍"原则。此外，在东乡族中曾流行"转房制"，即寡妇要同丈夫的弟兄或堂兄弟再婚。后来，允许寡妇再嫁时，寡妇不能将子女带走，要由家伍成员将其抚养成人，如遇特殊情况，即使将子女带走，也要在抚养成人后，送归本家的叔伯或兄长安置。田野调查显示，早在同治年间，东乡族、回族、保安族等民族的家庭就有将"忠顺"作为家训的，"齐家、治国、平天下""家国同构"等观念，已经深入穆斯林民族的婚姻家庭文化之中。同时，儒家思想还集中体现在其社会伦理道德方面，如穆斯林家庭中重男轻女、女子没有继承权，在东乡族地区还存在着"三休"的习俗，即只要丈夫对妻子说三声"不要"，夫妻关系即告解除。为了防止轻率离婚，东乡族的婚礼上要议"卡比尼钱"，如遇男方休妻，可作为女方的生活保证。可见，汉族的"宗法文化"成为东乡族婚姻家庭文化中突出的特点，而东乡族的婚姻家庭文化特点也是该地区穆斯林婚姻家庭文化的特点。

藏族的婚姻文化中有着更多的汉文化痕迹，如其缔结时的提亲（择偶）、订婚、迎亲（婚礼）三个步骤中均可见汉族婚姻文化的影响。藏族的提亲也是由家族中的长者做主。要先看男女双方的属相命相是否相合，各地对生肖间的相克相合说法不一，但原则相同。看命相术也相当流行，年月日辰与天干地支五行相配，依此推算二人命相是否相合或相克。其内涵类似于汉地的测八字，实际上是自汉地传入的五行占算。[1] 另外，"舅权"在该地区也较为突出，在该区域的各民族的婚姻家庭文化中，普遍存在着舅权，如东乡族对外甥与舅父的关系看得较重。外甥把舅父看作"牙孙尾额占"（意为骨头的主儿），对舅父所生的子女称"上姑舅"。相反，姑姑的孩子却称"下姑舅"。在订婚和结婚仪式上，舅父的地位很高。在订婚仪式上，男方在给女方送聘礼时，要有送给舅父的礼品，且要比其他人的礼物更贵重，并且，舅父在外甥的婚姻上有重要的话语权。在婚礼仪式上，舅父和"上姑舅"被当作最上宾。而居住在河湟汉回杂居地区的穆斯林民族更是如

---

① 由于目前真正能推算命相的人较少，再加上自由恋爱结婚者日增，长辈的影响在渐渐淡化，自然去看命相看属相的人并不多，但提亲本身仍然保留着包办的遗存。

此。小到舅权，大到"忠君爱国"，反对"数典忘祖"等均受到了儒家文化的影响。

不能忽略的是，宗教信仰对安多区域文化的深远影响。该区域除具上述特点之外，最为突出的特点之一，就是宗教所赋予它的影响，使其文化具有强烈的宗教特性。

（三）宗教的多元性与多元的宗教文化为卡力岗人信仰演和文化变迁奠定了基础

宗教曾经一度统治人类社会，中世纪宗教的强权及与科学民主的对立，让人类刻骨铭心，因此，美利坚合众国的创建者们在建国之初曾就宗教多样性的问题展开讨论并做出了关键性的决定。他们认为，除了通过契约对宗教进行治理之外，还需要保留一个"强大的因素"以保证没有哪个教派拥有特殊的地位，这个因素就是政教分离。他们认为，只有避免宗教势力与政治结合才能够抑制宗教的一枝独秀，也才能削弱其对文化的影响。文化的独立健康发展是避免中世纪文化尴尬地位的基础，要达到这一目标则需要通过宗教的多样化来制衡宗教的发展，因此，在联邦制度下，联邦主义被用来以多种方式保护宗教多样性的发展。

安多的宗教文化十分发达，其渗透到了安多文化的方方面面。可以说，离开宗教谈安多文化是一种"妄想"，也是"惘然"。由于安多各民族均为全民信教，因此，宗教文化及价值观是其文化的主要价值取向，经过苯教与佛教、佛教与伊斯兰教等千百年来的博弈，目前能够相互制衡的就只有藏传佛教和伊斯兰教，两大宗教均建立过"政教合一"制度，凭借政教权力的交换与结合，安多文化一度完全成为一种宗教诠释。但是，在这两分天下的局面下，竞争失势的本土原始宗教、多神崇拜、民间信仰、地方信仰等虽然未能进入制度、政权层面，但是也并未完全退出历史舞台，其中绝大多数转化为风俗习惯，被整合入藏民族的传统文化之中，以节日文化、仪式及日常生活习惯的方式保留了下来，而大部分宗教元素则融入了藏传佛教、伊斯兰教之中，苯教就是一个例子，我们通过它对藏传佛教的融入来管窥安多宗教文化的多元与融合。

从历史的角度来看，苯教是藏区的原始宗教（也有学者认为苯教并非原始宗教，而是藏传佛教前的西藏宗教），在前藏传佛教时期，其传播最为广泛，信仰人数最多，对藏文化宗教化过程的影响也最大，可以说，是苯教为安多藏文化定下了宗教性的基调，它是安多文化宗教性的"始作俑者"，今天安多区域所盛行的各种宗教崇拜及宗教仪轨、仪式，以及今天藏文化宗教思想的来源，均与苯教有直接的关系。因此，谈安多的宗教文化和文化的宗教性不可不论及苯教。

依据法国社会学家、人类学家爱弥尔·涂尔干的观点，一种宗教要被称为该区域的原始宗教，需具备两个条件：一是"应该能在组织的最简单的社会中找到它"①；二是"不必借用先前宗教的任何要素便有可能对它做出解释"。② 无疑，苯教完全具备了上述两个要素，它不仅无须借助其他宗教因素来解释自己，而且，其后兴起的藏传佛教等均需借助苯教来理解其宗教思想、宗教仪轨和部分教派的教义。它是理解安多文化宗教性的金钥匙。正如笛卡尔所言，"在科学真理的链条中，最初的环节始终居于支配的地位。"③ 作为安多宗教链条中的"最初环节"，在今天安多及西藏的一些地区仍有不少苯教的追随者。

苯教的具体形成时间目前已无从考证，只知其早在吐蕃王朝建立以前很长的一个时期内，就为安多居民所普遍信仰。佛教传入西藏之前，还曾作为最高信仰护持着吐蕃奴隶主贵族的政治和权益，并且形成一股强大的社会势力，干预政权的更迭。据《新唐书·吐蕃传》记载，公元前4世纪左右，雅隆部落的首领聂赤赞普就被拥为"六牦牛部"的部落联盟酋长，传说第一代赞普就是由苯教徒拥立的。藏文史书又载，自聂赤赞普至拉脱脱日年赞，凡二十七代，都以苯教护持国政，期间苯教徒能够"作纳祥求福，祷神乞药，增益吉祥，兴旺人财之事"；"作息灾送病，护国奠基，被除一切久暂违缘之事"；"作指恶善恶路，决是非疑，能得有漏神通"；"为生者除障，死者安葬，幼者驱鬼，上观天相，下降地魔。"④ 苯教不仅以人们的生产、生活的指导者和保护者的身份出现，干预和控制人的出生、婚姻、疾病、丧葬、迁徙、出行、种获、渔猎、放牧等各个方面，而且参与

① 同样我们也把这些社会说成是原始社会，把这些社会里的人说成是原始人。无疑，这种表述不太确切，但这是很难避免的；此外，在我们下大力气确定了它的含义之后，这种说法也并无不便之处。

② 〔法〕爱弥尔·涂尔干：《宗教生活的基本形式》，上海人民出版社，1999，第1页。

③ 〔法〕爱弥尔·涂尔干：《宗教生活的基本形式》，上海人民出版社，1999，第3~4页。

④ 王忻暖：《西藏王统记》，商务印书馆，1957。

部落间的交兵、会盟，部落首领的安葬建陵，新首领的继位等政治军事大事，他们通过主持这些重要事宜左右政权。早在第八代赞普志贡赞普之前，藏族部落内就设有"敦那钝"一职，一般认为此职位系掌管政务的苯教巫师，所以又被称为"孤苯"，这些常在赞普左右身居高位的人物，不仅是统治阶级的得力工具，实际上也已成为统治阶级的重要成员。他们以"天神"的名义宣称：赞普是天神的儿子，受天神委托来统治人间，借以神化赞普的权力，维护赞普的最高统治地位。同时，对不听话的赞普王室，他们便往往借助神的旨意，要挟、控制甚至不惜采用谋杀手段加害赞普本人，相传志贡赞普之所以被人谋杀致死，便是当时吐蕃王室同苯教巫师之间矛盾斗争的结果。换句话说，此时的藏族统治政权已经有了"政教合一"的意味①，神权借助于政权渗透于文化之中，为藏文化的宗教性奠定了基调。

由于苯教对藏文化宗教性的重大影响，导致了藏民族宇宙观的二元性，决定了藏文化中多神崇拜的各种仪式与藏传佛教一神信仰同时存在的宗教现象。苯教的这一影响在今天安多地区与藏彝走廊交汇的西南部及许多牧区中表现得尤为突出。在四川省西北部的阿坝藏族自治州若尔盖牧区县，牧民们在信仰藏传佛教的同时，仍然保留着对苯教的信仰。各游牧部落均供奉着种类繁多的苯教神灵。而在苯教的寺庙中也供奉着藏传佛教的班禅大师和达赖喇嘛（见图3-3）。用老百姓自己的话说，"供奉神佛是为了来世幸福，敬仰山神是为保今生平安"（访谈资料，男，50岁）。由于，苯教与藏传佛教有许多相似之处，以至于藏区民间误将苯教（又称"黑教"）当作藏传佛教的教派之一，将"本本子"（即苯教徒）当作藏传佛教徒，因为，在老百姓看来它们之间在教义、仪轨、仪式等方面实在有太多的相同之处。

（四）带有宗教色彩的节日文化为卡力岗信仰演变与文化变迁奠定了基础

苯教、地方信仰转化为风俗习惯的部分，则在禳解仪式和节日文化中有更多体现。

---

① 有学者不同意此观点，如《藏族政治制度研究》一书的作者。

图 3 - 3　卡力岗牙曲村的苯教寺院供奉台

　　安多节日最具代表性的特点是既娱神亦娱人，其中，所娱之神既有藏传佛教之神灵，也有苯教之神灵，更不乏地方神灵，甚至还有众神灵的妻子儿女，充分反映出安多藏文化中神灵体系的多元融合性，隆务河流域的"六月会"就是一个典型的案例。据笔者田野考察，"六月会"大约形成于清朝时期，最少已有几百年的历史。"六月会"又称"周卦勒柔"（藏语，意为"六月歌舞"），是隆务河两岸农区 30 多个村寨最盛大的节日，前后长达 10 多天，节日期间乡民们载歌载舞，享祭神祇，祈求平安、五谷丰登，是集祭祀、娱乐于一身的特殊仪式。"六月会"大致由两大内容和三个部分组成。一个主要内容是全村人的集体祭祀庆祝活动，另一个内容则是各家各户亲友的相聚或互访。三个组成部分为：节前准备工作；大型娱神娱人舞蹈及各类节目表演；表演场外的唱"拉伊"等个体之间的交流。[①]

　　"六月会"中娱神的内容占有较为突出的地位，但是它又不同于一般的宗教节日。首先，它是以群众为主而非僧人为主的祭祀活动，因此，它不仅有娱神的内容，也有滑稽戏、游戏等娱人的内容。其次，它没有令人心悸的巫术，没有狰狞的面具，没有恐怖的气氛，人们是用美丽的服装、

---

　　① 刘夏蓓：《青海隆务河流域的"六月会"及文化内涵》，《西北民族研究》2000 年第 1 期。

优美的舞蹈、精美的供品和平和的祈祷来表现他们对神的敬仰，即使是带有"血祭"性质的"开红山""插口钎、插背钎"①，也仅限于壮年男子，并须绝对自愿，在特殊情况时，如天气突变、降冰雹和暴雨时，为保住即将收获的庄稼时才进行，而且也越来越少见了。笔者连续在隆务河流域的十几个村子考察节日活动，只见到了一例"开红山和插钎"。此外，"六月会"上不仅祭祀藏族人民崇敬的各路神仙，一些村落还祭拜汉地二郎神、文昌帝君等。这位中原名声赫赫的二郎神，在隆务河流域土族的庙宇中，已经变身为穿土族长袍、一手托宝塔、一手持酒壶的土族本地神灵。"六月会"上不同民族、不同年代（二郎神供奉产生于唐代）、不同地域的众多神灵，让我们看到了安多藏区宗教文化的多元性及多民族融合性的特点。

综上所述，安多地区的上述特点是卡力岗人信仰演变与文化变迁形成的前提条件，可以说，在一个单一民族、单一文化、单一宗教的地区，出现卡力岗现象是不可想象的，事实上目前也没有发现这种现象。正是卡力岗所处安多地区的多民族聚居性、各个民族族源的多源流性、文化的多元性、多种宗教的并存及宗教文化的多生特点，为卡力岗人的文化变迁提供了资源和动力，为其改奉宗教信仰提供了基础和现成的生活样本，使其如此大跨度的信仰变迁变得可参照、可操控；并为其族群认同演变提供了多族群资源，而族群间的高度互动又使其族群演变成为可能。

二　社会制度基础

如上所述，宗教对安多文化的渗透和影响是全方位的，反映在制度上就是"政教合一"制度，而该制度为卡力岗信仰与文化变迁提供了不可缺少的制度条件。

（一）"政教合一"制度

政教合一制度首先形成于西藏，其经过了一个长期的历史过程，早在苯教护佑吐蕃奴隶主贵族政治和权益之始，僧人就开始参政，后来逐渐发

---

① 由法师将特制的钎子穿过"自愿者"的腮部或插在背部，谓之"插口""背钎"，将额头划破称"开红山"。

展成为僧俗两界的统治者。吐蕃王室后裔益希坚赞在成为山南地区的新兴封建农奴主的同时也是桑耶寺寺主；统治阿里地区的古格王益希沃，既是农奴主，又是高僧，呈现僧俗政教结合的特点。随着藏族封建社会的发展，到公元 11 世纪中叶，出现了数十种不同的教派，他们大多得到了各地方封建势力的支持，大兴寺院，建立主寺和属寺，形成一个个独立的教区，用政治势力支持宗教发展，又用宗教力量巩固政治势力，形成了大小不同的"政教合一"的政权。如萨迦教派以萨迦寺为中心与款氏家族结合，在后藏建立了地方政权；蔡巴噶举与朗氏家族结合以山南一带为中心，建立了西藏最大的地方势力集团。公元 13 世纪中叶，藏传佛教萨迦派受元朝政府的正式册封，掌管了西藏地方政权，寺院取得特权，巴思八既是藏区宗教上的最高首领，又是西藏地方政府的掌权者。"政教合一"制度初具规模。萨迦派在元朝中央政府的直接管理下，主持西藏地方政教事务，统治全藏达 91 年，使"政教合一"制度更趋完善。公元 14 世纪，建立了三年一换的"宗本制度"。公元 17 世纪后半期，格鲁派寺庙集团的第五世达赖喇嘛在清朝中央政府的正式册封下，掌管了西藏教权，经过政治权力转移的斗争，"政教合一"制度最终确立。"政教合一"的政权形式，在西藏表现为西藏地方政府（噶厦）是由封建世俗贵族和僧侣上层联合专政的政权组织。

随着西藏政教合一制度在西藏的确立，在安多则表现为"土司"对教权的控制，即安多藏区的土司往往也是寺主，其身份同样为僧俗合二为一。如甘南地区的卓尼土司自明代以来一直沿袭"兄为土司，弟为僧纲，如遇独子两职兼"的制度，可见土司制度的实质就是政权与教权的结合。在"政教合一"制度的护佑之下，藏传佛教寺院完全垄断了藏文化教育和文化传承。

安多文化的"制度化传承"是完全集中在寺院的，其有一套相当完备的寺院教育制度。藏族的传统文化被统称为大、小五明。大五明为工巧明（包括工艺美术、建筑、雕塑、绘画等），声明（声韵学、语言文字学），医方明（医学），因明学（逻辑学），内明（佛学）；小五明包括历算、诗、调、韵、戏曲。大、小五明共十种学问，包括了各类学科，而这些均集中在寺院教授学习。藏传佛教寺院有严格的学经制度和整套的法会、仪轨等，在此制度下的藏传佛教寺院设有闻思学院、密宗学院、时轮学院等。藏人自幼为僧入寺学习，先进入闻思学院，按部就班地学习藏文及佛教义理，最后达到通晓五部大论，方可进入密宗学院、时轮学院，学习密宗仪轨、教法、教诀等，进行修持以求获得正果，修完全部课程约需36年，学习方法上注重背诵、辩论，考试则采用口试，以决定升格升级。修完五部大论而成绩优秀者，在祈愿大法会上通过辩论筛选，给优胜者授予"饶绛巴"学位，"饶绛巴"意为硕学士，为寺院的最高学位。这样一来，凡是学术上造诣深厚的学者皆为精通大、小五明的僧人，寺院完全垄断藏文化的传承。元明清以来，安多地区藏族学者辈出，著述如林，无一不是藏传佛寺的高僧大德，他们都是在寺院接受的文化训练，寺院对教权的垄断保障了安多政教合一政权的合法性。因为，无论是传教还是掌管一方世俗，均需要学富五车的高人才能胜任。青海黄南藏族自治州的隆务河流域的佛教传播始祖阿米拉杰，原名叫拉杰那札哇，人们称他为阿米拉杰，藏文"阿米"意为"老人"，"拉杰"意为"医生"，也就是说阿米拉杰的传教身份是藏医。在藏传佛教的传播过程中，他曾借助"行医舍药"传播宗教，医生的身份使其更具权威性，借助藏医学的"威力"和佛祖的"效验"，藏医学的著作成为佛的教诫。神学与藏医学的结合，为藏医学披上了神秘的宗教色彩，因为寺院对文化传承的垄断，藏医只能是寺僧，藏医学也成为寺院文化的组成部分，成为佛教传播的工具。

除此之外，藏传佛教还渗透到了藏文化的各种艺术形式之中，并且将其置于宗教的控制之下，形成了藏传佛教艺术独尊的局面，其中热贡艺术最为典型。今天我们欣赏热贡艺术不禁仍为其高度的艺术性而折服，很难想象其是与其他艺术形式同时代的艺术，没有一个适应其发展的环境，热贡艺术的发展兴盛是不可能的，热贡艺术的独盛使我们管见了安多藏文化核心区域宗教对文化的控制。

当藏传佛教寺院完全垄断文化传承和文化教育权力时，宗教也就成了人们日常生活中最为重要的部分，它规定着人们的日常行为，决定着人们的价值观念，也成为政教合一制度存在的前提条件。

（二）门宦制度

同藏传佛教一样，伊斯兰教同样对安多文化产生了巨大的影响，首先，表现在门宦制度的形成与清真寺对该区域民族文化教育和文化传承的垄断上。

中国伊斯兰教的"门宦"有别于教派的宗教组织。教派是以对教义、教律解释的不同来区别的，它没有严格的组织，仅以同一个清真寺为活动中心，各个清真寺之间也没有什么特殊的联系。而门宦则属于伊斯兰教中的"神秘派"，国外称其为"苏非"（阿拉伯语），新疆称其为"依禅"（波斯语），甘青宁称其为门宦。虽称呼不同，但意义是相同的。现多数学者认为，不论门宦一词来源于何处，该名词的出现说明中国伊斯兰教已与中国传统封建制度及儒家思想紧密地结合在一起，而形成了具有封建特征的门宦制度，说明在甘青宁地区的苏非学派各支派已形成了一批具有宗教世袭身份、特殊地位和教俗特权的高门世家。门宦是伊斯兰教与中国封建传统文化相结合的"本土化"的产物。

门宦制度的形成经历了一段漫长岁月。门宦的创始人，一般是比较贫穷虔诚的宗教职业者，重在传播宗教，聚敛钱财不是唯一目的。所以第一代都未形成大地主，大半是在第二、第三代后才形成。门宦制度是由雄厚的经济和宗教特权组成的。大教主一般是地主阶级的代表。门宦制度的特权集中表现在"父传子受"的世袭罔替制度、对清真寺教权的控制、组织武装、左右地方政权和依附政治势力维护教权等方面，颇有"政教合一"的味道。

各个门宦左右政治的能力大小不一，嘎德林耶的传教者是不婚配的，没有"父传子受"的世袭罔替制，出家人也不重视聚敛钱财，束脩赠送基本上属于公有。由于经济权益没有完全集中到个人，所以当家人的特权不是太大。库布忍耶，一家独传，教徒少，束脩赠送不多，仅仅是个小教主兼小地主，特权相应也小。只有虎夫耶和哲赫忍耶所属主要支系，组织严密，特权较大，他们各为自己的门宦争取群众，争取到的群众愈多，愈能扩大势力。这不只是扩大宗教势力，实际上是为了扩大经济实力。西道堂就是资本主义性质的商业经济和封建农业经济相结合的集体经济，教徒虽有一定的民主权利，但教主的特权仍然很大。西道堂的历史，是一个商业社团的历史。各个门宦除以束脩赠送形式取之于教民外，还主要从事商业活动。他们不仅是大地主，而且是商业资本家。有的曾依附反动势力，靠掠夺致富。这种政治上的封建宗教特权，又反过来，影响着河湟文化（详见第三章第三节）。门宦制，同样是一种集教权与宗教组织、世俗权力为一体的社会组织制度。河湟穆斯林文化所根植的政治基础就是门宦制。

如前所述，门宦制是河湟地区经伊斯兰教整合的新型社会组织，它不仅是穆斯林社会生活的单位，也是地方的政权组织，同时，又是宗教组织，这种特殊的"政教合一"制度，正是河湟文化发育的政治保障。同时，河湟文化的特点与发展，也受制于门宦制。

产生于甘肃狄、河地区的门宦制，以后逐渐发展到西北、东北、西南各地，一直保持到现在，笔者在对甘肃东乡族门宦教主的访问中，深感其对卡力岗现象的影响，其强大的社会整合功能，正是卡力岗人接受伊斯兰教的基础，也是卡力岗现象形成的制度保证。

三 社会经济基础

研究显示，畜牧业是藏文化的经济基础，卡力岗所处区域正是牧业经济区，而随着伊斯兰教的传入，在卡力岗现象的主要承载区域逐渐形成为以畜牧业为主，辅以农业、手工业和商业，后发展为现今以农业为主，辅以畜牧养殖业、手工业、商业的经济模式。

（一）历史上的牧业经济

从文献资料来看，大约在 3000 年以前，畜牧业生产就已经在安多发展起来了，手工业雏形也已经形成。在民和马厂、乐都柳湾，湟中卡约文化等遗址均有 3000～4000 年之前的畜牧产品出土。在此基础上至公元 7 世纪前，该区域出现了畜牧业经济发展的第一个高峰，其中青海养马业十分突出，令人瞩目。吐谷浑归顺唐朝后，青海成为繁殖军马的重要基地。从祁连山下到河曲草原，从青海湖畔迄河湟谷地，均有马场。史载，唐朝一次就从吐谷浑地、党项地获良马 5000 匹，可见，当时马场的规模如何。从唐太宗贞观年间到高宗麟德年间的 40 年内，唐朝对马匹的需求，主要来自这一地区。[①] 吐蕃占领了党项及吐谷浑故地之后的半个多世纪，河西九曲之地也被开发出来作为养马基地，青海的马匹养殖再次飞跃，史载，该地

---

① 黄奋生：《藏族史略》，民族出版社，1982。

"畜牧蔽野"，优良的马匹源源不断地从这里输往内地，唐朝的国马发展至43万匹。《新唐书·兵志》亦载："唐每会战马，多从青海补给"。杜甫的"草肥番马健，雪重拂庐千"的诗句，是青海畜牧业发展的真实写照。

除此之外，兴盛于唐朝的"茶马互市"，也充分反映出该地区畜牧业的发展水平。卡力岗所在的河湟地区与藏地毗邻，是唐代汉文化西面最边缘的地区，这个地理位置使它自古以来就是汉藏通商的"口岸"，是一处著名的"茶马互市"故地。据载，"吐蕃同唐朝的互市多在甘陇、洮岷地区进行，吐蕃以马、牛为主，唐以绢、茶为主，各换所需，互通有无。促进了双方的经济联系。"①

研究显示，茶马互市雏形大约起源于公元5世纪，唐代时逐渐兴盛并形成规则，宋朝时进一步制度化，据宋史载，1074年（宋神宗熙宁七年）行茶马法，于成都置都大提举茶马司主其政。有明一代，茶马贸易在沿袭旧制的基础上被进一步归置，1371年（明洪武四年），户部确定以陕西、四川茶叶易番马，于是在各产茶地设置茶课司，定有课额。又特设茶马司于秦州（今甘肃天水）、洮州（今甘肃临潭）、河州（今甘肃临夏）、雅州（今四川雅安）等地，专门管理茶马贸易事宜。明代的茶马有了明显的羁縻色彩，成为辖制少数民族的手段之一。明朝历代统治者严格控制茶叶的生产和运销，并严禁私贩。以茶易马，在满足国家军事需求的同时，也以此作为加强控制少数民族的重要手段和巩固边防、安定少数民族地区的统治策略，茶马贸易愈益兴盛。清代茶马政策是明代政策的延续。清雍正十年，云贵总督鄂尔泰以茶马互市控制云南边疆土司以及边境诸国战马数量，最后成功平叛并顺利推行改土归流。在茶马互市的政策确立之后，今陕、甘、川等地广开马市，大量换取吐蕃、回纥、党项等族的优良马匹，用以保卫王朝边疆。从宋代起，南宋时，茶马互市的机构，就在甘肃今河湟地区设立相对固定的"甘肃三场八个地方"，主要用来与西北少数民族交易。元朝不缺马匹，因而边茶主要以银两和土货交易。到了明代初年，茶马互市再度恢复，一直沿用到清代中期，而此时此地正是卡力岗现象的开始时期。畜牧业的发展，是该区域藏文化依托的经济基础，历史上的卡

---

① 黎宗华、李延恺：《安多藏族史略》，青海民族出版社，1992，第48页。

力岗地区是高度发展的畜牧业经济区。卡力岗地区畜牧业生产今天被若索、团一、团二等藏族村保留了下来。

另外，即使是改奉伊斯兰教的卡力岗人也仍然饲养不少的牲畜，每家都会养马、驴、骡子、牛、羊等牲畜。在卡力岗的农事安排中，种完庄稼后的主要劳动就是放牧，一方面是用于农业生产的畜力，另一方面也是村民们的生活资料来源，日常生活的奶制品和肉食均来源于此，据统计德恒隆全乡有牲畜17027头，老人、妇女和孩子是这项工作的主要承担者。卡力岗的农业呈现"以农为主，农牧结合"的自给自足特点。因此，放牧也是他们所从事的农事之一。

> （5月10日，星期一，晴）一些年轻的男子汉外出打工的走完了，妇女和老农、儿童们坐在家里料理家务，最大的劳动是放牧。"

（二） 以农业为主、畜牧养殖为辅的生产方式

安多的农业经济较之畜牧业要晚很多，但仍可追溯到千年以上，但主要集中在河西走廊地区，其中，山丹考古发掘就发现了千年以前的麦粒。从青海百余处古文化遗存中得知，其农业经营的地点多集中于河湟谷地、柴达木和河西地区。农业生产工具的大量出土，也是安多农业地发展水平的重要标志。"从民和阳洼村出土的石质、生产工具看，这里早在公元前3000～5000年前即开始了生产活动，且晓得灌溉。在西宁朱家寨、本巴口、大通家寨及贵德县罗汉堂等地出土的石刀、石斧，是原始的农产工具。在湟中卡约古文化遗址中出土的骨铲、石刀、石铲，说明先民们当时业已懂得了除草、松土。"①

随着农业的发展，特别是羌族的进入，迨及公元前5世纪，中原地区较先进的农业生产经验与技术开始传入青海。《后汉书·西羌传》所记载的"秦厉公时，河源间少五谷、多禽兽、以狩猎为事。爱剑教之田畜，遂见敬庐落，众人依之者见益众。"这些关于青海农业的最早文字资料和上述之考古遗存都说明，此地在爱剑西来前后农业生产就有了较大发展。特别是汉族这个农业大户进入安多，在其积极屯田垦殖和运用、传播先进生

---

① 黎宗华、李延恺：《安多藏族史略》，青海民族出版社，1992，第49页。

产工具的努力下，河西走廊和河湟地区，逐渐发展成为沃野千里的农业区。"吐蕃逐步控制了青海河湟九曲、东部农业区以及河西、陇右、洮岷地区之后，经历了由掠夺牲畜到抢获秋粮，由夺取即走到就地戍守屯田，乃至强迫被占领区的民众为其种田、耕作、收粮以资军用的战略策略变更过程。"① 在当地不同族群长期交往、相互学习、共同生活和共同生产劳动的过程中，安多的农业区经济有了恢复和发展。

上论显示，及清代卡力岗人改奉伊斯兰教时，卡力岗周边地区已经有了较高水平的农业生产，可以推断，从广袤的草原、万匹良马到万顷良田、沃野千里，安多的河湟地区经历了畜牧业经济——以畜牧业为主——以农业为主的不同发展阶段，安多成为农牧两种生产方式兼具的地区。卡力岗山区也同样经历了以畜牧业为主到以农业为主的过渡，该过程伴随的应该是卡力岗现象的形成。今天的卡力岗已经是以农业生产为主的地区，居住在山里的卡力岗回族主要从事农业生产，种植的农作物以小麦、青稞为主，一般占该村种植面积的70%，除此之外还种植土豆、油菜籽、豌豆、胡麻等经济作物，一般占30%（德恒隆乡耕地面积47197亩，草场面积19万亩，人均占有耕地3.31亩）。油菜籽是化隆的主要经济作物。

（3月30日，星期六，晴）"我们的田间管理方面没有什么具体措施，一般一边放羊、放牛或马、骡子，一边检查庄稼，女人们经常在地里拔草，主要种植小麦、豌豆、胡麻、拉盖、土豆、青草。除青草做饲料外，都是人吃的，家庭情况比较好的也拿出一部分豌豆做饲料，还有瘪粮食、麦麸、小土豆和麻榨来做饲料"。

（访谈资料，老村长，男性，50岁）"昨天是农历2月30日，春分又叫天舍，人们都到巷道口聊天，今天天气好，80%的雪就要融化完了，明天休息一天，从后天开始可以正式种田了，天不舍地不开。今年多数人计划增加胡麻播种面积，减少青稞种地面积。"②

（三）手工业、商业

手工业、商业在安多发展的历史亦较长，河西走廊和河湟地区，自古

---

① 黎宗华、李延恺：《安多藏族史略》，青海民族出版社，1992，第48页。

② 访谈资料。

就是商旅之路，其中河湟地区早在汉唐之时已是商旅云集、西来东至商品之交易场所，也是唐、汉商品交易的主要地区，河西在汉代也成为中西商旅的必经之路，成为东西商品的中转站。元时具有经商传统的"探马赤军"大量定居于此地，在此基础上形成的安多穆斯林民族，将此地商业枢纽的地位发扬光大，在此基础上形成了该地区的商业文化。

从整个安多来看，畜牧业经济是其形成最早、发展最为充分、占主导地位的经济形式，在此基础上形成和发展起来的藏民族传统文化也是安多的主体文化。农业经济是仅次于畜牧业经济的生产方式，根植于此经济之上的是汉文化及河湟汉族。安多的辅助经济形式是商业、手工业。该经济形式下形成和发展起来的商业文化，是安多多元文化的一种重要形式，其载体是河湟的穆斯林民族。

有学者认为，从某种意义上来说，伊斯兰文化是一种农业文化，其要求信众一天五次朝拜，一周一次"聚礼"，因此而形成的"围寺而居"，适宜从事定居的农业生产，事实上，也使该地区的以牧业生产为主转变为农业生产为主。当然，这并不意味着伊斯兰教信仰仅限于农业民族，哈萨克族是以游牧为生产方式的民族，但同样信仰伊斯兰教。我们认为，卡力岗现象形成的物质条件是其所处的安多地区，从以牧业为主向农业为主过渡并辅以手工业、商业的经济结构。

第四章　卡力岗人的族群演变与族群认同建构

第一节　卡力岗人的族群演变与性质

如上所述，卡力岗人宗教信仰的变迁全面引发了卡力岗人的文化变迁，而在此基础上族群属性与族群文化的冲突导致了族群认同的危机，在与周边族群互动的基础上，卡力岗人的族群认同逐渐改变，在族群文化变迁与族群认同的双重作用下，形成了卡力岗人从藏到回的族群演变。

一　族群与族群演变概念界定

（一）族群概念的界定

本书所使用的族群概念从方法取向来看属于"综合论"视角，即认为族群具有外在一致性的排他特征，但同时具备主观建构的"想象"，因此，本书所述族群指具有一定共同文化特征，建构共同社会记忆并被自我主观认定和他者所认同的，可随地方或国家等场景而变换边界的共同体，包括外在具有一致性的文化特征、主观建构的社会历史记忆、族际互动与开放而流动的族群边界、相同价值标准及族群认同等要素。

具体到本研究对象，本人认为卡力岗人在两个不同场景下，由于语境转换而构成不同内涵。即在历史上的地方语境下，其是一个上述定义意义下的族群，而在当今民族国家的语境下，其是我国56个少数民族之一——回族的一支，是民族国家意义下的权利主体，是现代民族国家中的一个民族。族群指"文化共同体"，而民族是"权利共同体"。由此，本文界定的卡力岗人是使用藏语、信仰伊斯兰教、以卡力岗山区为聚居地、建构了共同的社会历史记忆的文化及权利共同体。

（二） 族群演变的界定

从上述界定来看，以往学界对"卡力岗人从藏族到回族的族群演变"概括，具有鲜明的国家语境色彩，是指在两个"权利共同体"之间的演变。而这一演变应该仅限于本书所指卡力岗现象中的一部分，即从藏回到回族的演变。本研究认为，在地方空间和语境下，卡力岗人的族群演变只是族群间关系的一种"空间位移"，其演变是从"安多哇"到"哦回"的族群认同演变和文化变迁过程，是由宗教信仰引发的族群文化的变迁过程，并非是从一个主体民族演变为另一个主体民族。后来国家在场的场景变换，促成了其演变中的第二个环节的变迁，即现代民族国家语境下的民族身份与权利的确认，在其民族身份的他（国家）认同促进下，完成了其民族认同的建构。族群是"自然状态"下"自在"[①]的文化变迁与认同变迁；民族是"国家在场"下"自觉"[②]状态的身份变迁和认同建构。从这个概括出发，本书所述族群演变包括两个层次：一是地方空间与地方语境下的族群文化变迁，从"安多哇"到"哦回"的族群演变；二是国家在场的，在民族身份识别的归置与确认下，从藏族到回族的国家民族身份（nation/nationality）认同的建构。从演变顺序来看，族群认同建构在先，民族认同建构在后，其中，后一阶段，国家在场具有重要

---

① 参见费孝通先生的"文化自觉"概念。
② 参见费孝通先生的"民族自觉"概念。

的促成意义。

上述卡力岗人的族群演变是在族群文化变迁及族群文化认同危机的双重作用下完成的，而连接族群演变与文化变迁的中间项是文化价值观念，文化价值观的改变，改变了原有的族群认同，最终建构起了新的族群认同。

二 从藏到藏回的族群演变

如上文所述，卡力岗人在改奉伊斯兰教后发生了与伊斯兰教教规及价值观相适应的族群文化变迁，而伴随这一巨变的是卡力岗人族群文化的认同危机，与此相适应，卡力岗人的族群认同也在变化，在族群间互动的过程中，其族群性逐渐呈现"回回文化"的特征。卡力岗人文化在适应伊斯兰教规的变迁中，由藏文化趋向穆斯林文化；在与周边藏族及回回的互动中，其族群认同由藏转而趋向回回，逐渐建构了新的族群认同，卡力岗人由安多藏族演变为藏回。我们可以从两族人口比例的负相关上看到这一演变过程。

（一）人口数量的演变

如同我们从藏传佛寺与清真寺数量的消长中可以看到卡力岗人信仰的演变一样，我们从藏族与回族人口数量的消长中，也同样能够窥见这一族群演变现象。

据文献记载，清中期以前，包括卡力岗在内的整个化隆地区藏族人口占有绝对优势，而清乾隆以后，这里的人口构成开始发生变化，藏族人口所占比例持续下降，回族人口比例则持续上升，形成了一个负相关的关系。而究其原因，除了藏族部落外迁和回族人口内附外，卡力岗部分藏族的族群演变也是促成这一人口比例变化的重要原因之一。

据《青海省志》《化隆县志》《西宁府新志》《巴燕戎格厅地理调查表》及才项措《青海卡力岗历史文化变迁研究》等数据资料，化隆地区从乾隆十年到2005年的260年间，卡力岗藏族与回族在人口比例的增减上呈现明显的彼长此消特征，详见表4-1。[①]

---

① 引自才项措《青海卡力岗人历史文化变迁》，西藏大学硕士论文，2013。

表 4 - 1　化隆地区民族人口变化（1745 ~ 2005 年）

民族人口	年份	乾隆十年（1745 年）	咸丰三年（1855 年）	宣统元年（1909 年）	1949 年	1985 年	2005 年
总计	户数	3021	7067	4499	17117		
	人口	11781	27565	16645	79457	185412	236794
回族	户数	192		1519			
	人口	749		5655	38139	92187	126481
	占总比（%）	6.35		34	48	49.72	53.41
藏族	户数	2829		1928			
	人口	11032		7042	21610	39704	48166
	占总比（%）	93.65		42.3	27.2	21.41	20.34
汉族	户数			1052			
	人口			3948	16388	44793	49360
	占总比（%）			23.7	20.6	24.16	20.85
撒拉族	户数						
	人口				3178	8253	12271
	占总比（%）				4	4.45	5.18
其他族	户数						
	人口				142	585	516
	占总比（%）				0.2	0.26	0.22
数据来源		《西宁府新志》	《西宁府续志》	《巴燕戎格厅地理调查表》	《化隆回族自治县概况》	《化隆回族自治县概况》	《化隆回族自治县概况》

资料来源：才项措：《青海卡力岗历史文化变迁研究》，西藏大学硕士论文，2013。

从表 4 - 1 中的数据可知，清乾隆年间，藏族人口占化隆总人口的
93.65%，这一数据证明了历史文献所记载的"该地区是藏族部落的驻
牧之地"。但是，自乾隆年间始，藏族人口所占比例开始持续下降，历
164 年至宣统元年，藏族人口由原来的占化隆总人口的 93.65%，下降到
仅占总人口的 42.30%，下降了一半左右，下降率为 51.35%，年均下降
0.3 个百分点。然而，这一下降运动并未就此停步，从宣统元年到 1949
年新中国成立之前，仅仅 40 年的时间，其人口比例又骤降了近一半，下
降了 42%，年均下降率达到了 1%，其人口所占总人口的比例由宣统年
间的 42.3%，下降为仅占化隆人口的 27.2%。也就是说，至新中国成立

之前，藏族已经退出了化隆地区主体民族的地位，取而代之的是穆斯林，即今天的回族。

1949 年新中国成立后至 2005 年，藏族人口比例下降的速度明显放缓，56 年中仅下降了不到 10%，年均下降 0.1 个百分点，是清乾隆年间至 2005 年下降最慢的时期，但其所占当地人口的比例仅剩 20%，详见表 4 - 2。

表 4 - 2　化隆地区藏族人口变动幅度

人口及所占比例 变动幅度	变动（上升） 幅度最大	变动（上升） 幅度第二	变动（下降） 幅度第三
时间	宣统元年至新中国成立 1909～1949 年 （共计 40 年）	新中国成立至 2005 年 1949～2005 年 （共计 56 年）	乾隆十年至宣统元年 1745～1909 年 （共计 164 年）
人口数变动	7042→21610	21610→48166	11032→7042
所占人口比例 变动（%）	42.30→27.20	27.20→20.34	93.65→42.30
变动百分点（%）	+ 206.87	+ 122.89	- 36.17
年均变动百分点（%）	+ 5.17	+ 2.19	- 0.22

反之，与此形成鲜明对比的是该地区回族人口的从无到有，从少数到多数，最后成为卡力岗地区的主体民族，其人口一直呈现持续递增的态势，详见表 4 - 3。

表 4 - 3　化隆地区回族人口上升幅度

人口上升幅度	上升幅度最大	上升幅度第二	上升幅度第三
时间	乾隆十年至宣统元年 1745～1909 年 （共计 164 年）	宣统元年至新中国成立 1909～1949 年 （共计 40 年）	新中国成立至 2005 年 1949～2005 年 （共计 56 年）
人口数变动	749→5655	5655→38139	38139→126481
所占人口比例 变动（%）	6.35→34	34→48	48→53.41
变动百分点（%）	+ 655	+ 574.42	+ 231.63
年均变动百分点（%）	+ 3.99	+ 14.36	+ 4.14

从表 4-3 不难看出，回族人口比例一直处在持续上升状态，三个时期的上升率分别是 655%、574.42% 和 231.63%。年均上升百分点分别达到了 3.99%、14.36% 和 4.14%。且人口数量从 749 增至 126481，平均年均增加 483.58 人。

（二）所占总人口比例的演变

从表 4-2、表 4-3 中可以看出，藏族、回族在化隆总人口比例的增减共经历了三个峰值期，一个时期为负相关，两个时期为正相关，表现出以下特征，详见表 4-4。

表 4-4 化隆地区藏族、回族人口相关性

人口变动幅度	民族	变动（上升）幅度第一	变动（上升）幅度第二	变动（下降）幅度第三
时间		宣统元年至新中国成立 1909~1949 年（共计 40 年）	新中国成立至 2005 年 1949~2005 年（共计 56 年）	乾隆十年至宣统元年 1745~1909 年（共计 164 年）
人口数量变动	藏族	7042→21610	21610→48166	11032→7042
	回族	5655→38139	38139→126481	749→5655
相关性		正	正	负
所占人口比例变动（%）	藏族	42.30→27.20	27.20→20.34	93.65→42.30
	回族	34→48	48→53.41	6.35→34
相关性		负	负	负
变动百分点（%）	藏族	+206.87	+122.89	-36.17
	回族	+574.42	+231.63	+655
相关性		正	正	负
年均变动百分点（%）	藏族	+5.17	+2.19	-0.22
	回族	+14.36	+4.14	+3.99
相关性		正	正	负

从表 4-4 中可以看出，藏族与回族从清乾隆年间到 2005 年，从人口变动数量、所占总数的比例、变动百分比、年均变动百分点四个指标来看，具有明显的规律性，表现如下。

从横向的两个民族数据比较来看，呈现两点规律。

第一，两族人口及所占比例变动相关性在两个时期完全相同，一个时期完全不同。

从宣统年间到 2005 年，两个时间段中，藏族与回族四个指标的变动完全一致，即人口数量变动为正相关，所占人口比例为负相关，人口变动百分点与年均变动百分点均为正相关。

而唯有乾隆至宣统年间，藏族与回族人口及所占比例的相关性均为负值，与前两个阶段相比表现出自己的特征。

第二，乾隆至宣统年间，两族四个数据均成反向发展，呈现互补之趋势。

数据分析呈现，从乾隆至宣统年间，藏族人口的数量从 11032 人下降到 7042 人，共减少了 3990 人，而回族的人口数量从 749 人上升到 5655 人，共增加了 4906 人。藏族所占人口比例，从 93.65% 下降到 42.30%，下降了 36.17%，而回族则从 6.35% 上升到 34%，上升了 655.0%。这组数据中的一升一降形成了鲜明的对比。

推断：以上两个横向比较数据说明两个事实并据此做出推断：第一，藏族与回族人口及所占比例在宣统年间至 2005 年的近一百年间，呈现相同的发展规律，表现为正负正正（详见表 4-4）。第二，乾隆至宣统年间的 164 年间，则呈现不同于后两个阶段的发展规律，所有指标均负相关。据此推断，此当有后两个阶段所没有的因素左右了两族人口的变动。根据研究，左右两族人口变动及变动比例的因素有三个，一是藏族人口的外迁，二是回族人口的内附，三是自然增减。而这三个因素，在乾隆年间至 2005 年中，在两族中均时有时无地存在，不会导致一个时期人口的剧烈增减。结合史实，本书推断，导致这一现象的是该时期伊斯兰教的传入和卡力岗人的族群演变。数据的纵向分析也支持了这一推断。

从藏族与回族数据的纵向比较来看，同样呈现两个特点。

第一，藏族人口在不同时期人口数量有升降，而在总人口中所占的比例持续下降。

从藏族数据来看，其人口的变动经历了两个高峰和一个平缓时期，两个高峰期是宣统之后到 2005 年，第一个高峰是民国时期，即宣统元年到 1949 年，是其人口及所占比例变动最大的时期，该时期的特点为藏族人口所占比例下降，但人口的数量在上升。即人口由 7042 人上升到 21610 人，上升比例达到了 206.87%。1949～2005 年的 56 年间是人口变动的第二个时期，其人口从 21610 人上升 48166 人，上升了 122.89%。也就是说，没有记载这一时期藏族人口有大规模的内迁，那么，近百年的时间里，藏族人口从 7000 多增加到 48000 多，增加了 40000 多人，年均约增加 400 人。而唯有乾隆时期，藏族人口所占比例下降（从 93.65% 下降到 42.30%）的同时，其人口数量也在急剧下降，由 11032 人下降到 7042 人，在 164 年间减少了 4000 人。（详见表 4 - 2）

第二，回族人口持续上升，人口数量与所占比例均持续增加。

从表 4 - 3 可见，回族人口一直在持续增长，与藏族人口的高峰增长阶段不同，清乾隆至宣统年间是其增幅最大的时期，其人口由 749 人增至 5655 人，增幅达到 655%。而此时正好是藏族人口的骤降时期，降幅达 36%。

上述藏族与回族人口消长的原因，至少提出了两个问题：一是，藏族人口的持续减少，回族人口的持续上升是由什么原因造成的？二是，这些下降的人口是怎样被消解掉的？反之，上升的人口源自哪里？回答了上述两个问题，也就解答了卡力岗人族群演变的难题，也是卡力岗现象是否存在的关键问题。

如同上文推断，从藏族与回族（族群、民族）数据的纵向比较来看，理由同样成立。

导致藏族人口骤降和回族人口上升的主要原因之一，除了藏族部落外迁，回族人口的内附外，是该时期伊斯兰教的传入和卡力岗人的族群演变。

（三）卡力岗人的族群演变推断

关于卡力岗人的族群演变问题，目前，在我国学界有两种完全对立的观点，第一种观点认为，藏族与回族人口的持续衰减与上升，是这一地区的人口流动造成的，也就是说是由藏族人口迁出、回族人口迁入造成的，即"外迁说"。第二种观点则认为，根据历史记载，当时，确有藏族迁出和回族迁入，但量都不大，不可能在短短的两百多年时间内造成该区域主体民族退出历史舞台，这一现象应该另有原因。根据民间传说与集体记忆、文献记载和文化遗存等资料，他们认为，两族群大规模的持续增减是因为在当地的主体民族中发生的族群演变，即一个族群成员充实了另一个族群，从而造成了该地区两个族群人口数据的反向发展。

一般认为，在同一个地区，两个不同族群人口的反向发展，形成负相关的交叉关系，不能不让人推测是一个族群对另一个族群的"剥夺"或"填充"所引起的，其最终结果是一个群体的数量增加，势必伴随着另一个族群数量的减少。因此，卡力岗地区人口结构比例的变化，极有可能是其内部族群成员的变化而导致的。

本书采信据这一推断，绝非仅仅依靠上述数据分析。事实上，上述数据分析还十分粗浅，甚至可以说简单粗暴，还应对照乾隆至 2005 年间的藏族外迁、回族内附数据，来证明那个节点除了外迁内附之外的两族人口数据变动的剩余人口数，并用其具体说明藏族衰减的人口发生了"空间位移"，充实了此时急剧增长的回族人口。但是，限于数据的有限性和有效性，本书并未进行这项工作。而更为重要的是本书并非仅仅借助此一项指标来说明卡力岗人的族群演变，事实上，也无法用这一项指标来说明，因为这一复杂的演变过程并非一蹴而就，甚至可以说延续至今，因此，靠数据根本无法说明。如前所述，史料记载、民间传说、卡力岗人的集体记忆、文化遗存等均互证了此事实的存在，而今本书做此数据分析，不过是多了一个佐证的视角，因此，本书是根据上述所有资料采信这一推断的。

本书认为，在伊斯兰教传入卡力岗的 260 多年间，有部分卡力岗人皈信伊斯兰教，成为穆斯林，而在伊斯兰教对其文化的渗透与规定中，推动了其文化的全面变迁，文化价值观念的变化冲击了文化认同和族群认同，从而逐渐促进了其族群认同的改变，当新的族群认同建构起来时，也就完成了卡力岗人的族群演变。

三　族群演变的性质

如上所述，以往学界对"卡力岗人从藏族到回族的族群演变"的概括，显然指在国家语境下，两个具有政治意义的"民族共同体"藏族与回族之间的演变。然而，在地方语境下，卡力岗人的族群演变只是族群间的关系的一种"空间位移"，其演变是从藏族到"哦回"的文化变迁和族群认同演变，是由宗教信仰引发的族群文化的变迁过程，并非是从一个主体民族演变为另一个主体民族。正是由于后来国家的介入，少数民族识别的实施及民族政策的推动，才促成了这一文化变迁中第二个阶段的演变：现代民族国家语境下的"民族身份的演变"和民族身份的认同演变。前者是"自然状态"下"自在"的文化变迁与认同变迁；后者是"国家在场"的"自觉"状态下的身份变迁和身份认同变迁。从这个概括出发，本书所研究的族群演变包括两个层次，一是地方语境下，族群文化变迁中的从藏族到"哦回"的族群演变；二是国家在场的、民族身份转变下的、从藏族到回族的民族身份（nation/nationality）的演变。从演变顺序来看，从藏族到"哦回"的族群演变在先，从藏族到回族的民族身份演变在后，其中，国家在场具有重要的促成意义。

学术界至今对卡力岗人演变的研究还尚未引入本书对其族群演变的语境分类，研究较多的还是关于其族群演变的"真假"问题。马伟华、胡鸿保合著的《青海卡力岗人研究综述》一文认为，"卡力岗的族属问题是多年来学术界争论的热点问题，一些学者从不同的角度出发，在查阅资料、田野调查的基础上得出不同的结论，尽管还存在分歧，但认为卡力岗人祖先为藏民，改信伊斯兰教后逐渐变为回族者占了多数。"① 顾名思义，还有相当部分的学者在讨论卡力岗人是否由藏族演变而来。正如本书所述，历史文献研究、文化遗存、民间传说、集体记忆和当代的田野调查均表明，卡力岗人或者准确地说，绝大部分的卡力岗人，即"哦回"是由藏族演变为回族的，而且是始于宗教信仰的改变，并由此开始了从观念到制度再到日常生活的族群文化的整体变迁，最后，在国家层面其民族身份也发生了转换，由"哦回"演变为回族。

在卡力岗的地方语境下，这个演变可以视为在两个族群文化边界的内外部流动，是文化的一种"空间位移"。② 在卡力岗这样的"三多地区"，这种文化的空间位移和族群边界的相对流动表现为族群间的文化碰撞和族际间的密切"过往"，这构成了卡力岗族群演变的基础，使在平常环境下

---

① 马伟华、胡鸿保：《青海卡力岗人研究综述》，《青海民族研究》2006 年第 3 期。
② 刘夏蓓：《关于安多藏区族际关系的人类学研究》，《民族研究》2004 年第 5 期。

看似不可能发生的演变在这里上演，因为这里具备了促成这幕历史剧的基础与条件。

第二节 卡力岗人族群演变的基础与条件

如上所述，卡力岗人的族群演变分为两大阶段，其中前一个阶段可以视为卡力岗人在两个族群之间的"空间位移"，这便是由"安多哇"演变为"哦回"的过程，这两个族群就是今天的藏族与回族，是卡力岗人的过去式和现在时，这一演变的前提因为这里具备了演变所需要的多族群、族群的多元文化基础，谓之"族群基础"。

一 族群构成基础

如上所述，卡力岗所处的安多地区，不仅多族群，而且族群的族源构成也十分多元，藏族与回族尤甚，这就为卡力岗人的族群演变奠定了族群基础。

（一）藏族的多元构成是卡力岗人族群演变的前提条件

藏族是我国人口较多、影响大、文化积淀深厚的一个民族。据 2000 年人口普查资料显示，我国现有藏族 480 余万人，他们绝大多数居住在西藏自治区，其次是青海省的玉树、海南、黄南、海北、果洛藏族自治州，海西蒙古族藏族哈萨克族自治州，甘肃省的甘南藏族自治州、天祝藏族自治县；四川省的甘孜、阿坝藏族自治州，木里藏族自治县；云南省的迪庆藏族自治州等地，也都是藏族聚居的地方。与其相对应，历史上将其分为三个方言区，即安多藏区、康区和卫藏地区。这里所说的西北藏族[①]主要指安多藏区的藏族，即藏族人自称为"安多哇"的这一支。在论述卡力岗人社会文化背景一章时，本书曾就安多藏区的多民族特点做了详述，可以说，卡力岗人所属的安多藏族就是历史"民族熔炉"炼就的成果之一，因此，卡力岗人的族群演变也是其中之一。

———————

① 这里指聚居在甘、青、川西北地区的安多藏族。

藏民族的族源问题一直是国内外藏学界争论最为激烈的问题之一，分歧也较大，主要有"西羌说"，"原生土著说"，"西羌、土著混合说"，"印度北来说"（或称"藏族南来说"），"西藏东来说"和"鲜卑说"等不同观点。目前得到学界多数学者认同的观点主要有三种，即"西羌说""土著说"和"西羌、土著混合说"，而三种观点中支持"混合说"的学者又相对更多一些。

"西羌说"的主要依据来自《通典》和新旧《唐书》等有关汉文古籍，认为藏族是以西羌为主而形成的。"土著说"则认为，藏族源于西藏新石器时代的原始土著居民，此观点以藏文文献和新中国成立后西藏地区陆续出土的考古资料为依据，由此，在学术界也引发了汉文古籍和藏文古籍关于藏族族源的记载谁更可靠的争论，学界就此也产生了尖锐的分歧。

"西羌、土著混合说"，是在排除了"印度北来说""鲜卑说"等不同观点后被认为是目前最有说服力的观点。持该观点的吴均先生在《藏族史略》的前言中①阐明了自己的观点。吴均先生认为，主张藏族来源于印度释迦王系的"印度北来说"目前已被现代人种鉴定技术所否定；而认为藏族来源于鲜卑族（"鲜卑说"）一支——秃发（bo 拨）部后裔，目前也尚未得到有力的证据支持；"西羌说"则失之偏颇。"西羌、土著混合说"得到了西藏和西北甘青地区考古发掘材料的支持，也有更多的文献资料支持，比较可信。根据这些资料，他认为，藏族是由生活在青藏高原的土著与迁入的羌人部落融合而逐渐形成的，并且在藏族的发展过程中，还融入了吐谷浑、汉、蒙古等更多民族的成分。

该观点得到了国内多数学者的认同，但就吐蕃的先祖最先兴起于西藏还是青藏高原的其他地区这一点，学者们又有较大分歧。过去，大部分学者认为，藏族起源于西藏的山南地区，这一观点曾经左右了学术界多年，成为藏族起源的经典学说。② 但随着考古发掘的丰富，一部分学者认为藏族并非起源于西藏的山南地区，而是起源于甘青地区，持此观点的主要有黄奋生、黎宗华、李延凯等藏学专家。他们认为吐蕃源于土著与西羌的融

---

① 黄奋生：《藏族史略》"前言"，民族出版社，1985。

② 中国科学院民族研究所西藏少数民族社会历史调查组编《藏族简史》，中国科学院民族研究所，1963。

合，而甘青的湟中自古就是羌人的聚居地，当年羌人之首领无弋爱剑为避秦国扩张之锋芒，匿于此地。① 后又迁入河曲地区。也就是说羌人先入湟中、河曲，最后才进入西藏。因此，甘青才是藏民族的摇篮。② 目前我国学界对于藏族的起源地，没有比较一致的看法。但甘青地区的藏族构成的多元性却一直是学界的共识。

秦汉以前，甘青地区就是古羌、氐的居住地，先后有氐、羌、匈奴、月氏、鲜卑、吐谷浑、党项等民族建立的政权或部落联盟在这里居住繁衍。从汉代起，中央王朝开始介入此地，赵充国受命在卡力岗人所在的湟水流域屯田，汉民族进入该地区，先进的农耕技术和汉文化为该地带来了新的生机。公元7世纪，吐蕃从青藏高原崛起，兼并了诸羌部落后，开始东扩。公元8世纪"尽占河西陇右"，吐蕃部落占据了包括卡力岗人所在的地区，形成了以藏民族为主的安多藏文化区。可见，安多自古就是一个多民族繁衍生息的地方。

由于安多藏区"民族熔炉"的特点，安多哇的构成也比较复杂，以分布在甘肃南部的藏族为例。经考察，甘肃藏族的主要来源有三个，第一个来源是由西藏地区迁来的吐蕃部落。甘肃藏族中出于吐蕃后裔的较著名的部落有两支。第一支是现今居住在卓尼县的、原杨土司所辖藏族部落。据史载，这支藏族的始祖是"吐蕃第一代藏王聂赤赞普家族后裔，族姓噶氏，传至公元8世纪，家族中的葛伊西达吉被派遣到今四川若尔盖一带征收税款，从此，就定居在若尔盖地区，并生有五子，遂向宜农宜牧的地方发展，而迁来卓尼"。③ 明正德年间，其后裔旺秀土司入京觐见皇帝，被赐姓杨，改名洪。杨土司所辖藏族除卓尼、迭部的大部分以外，其余分布在舟曲县境内，共辖16"掌尕"（村落、部落）48旗（辖11599户）502族。④ 杨土司共传19代，执掌该地500余年，是安多藏区的一支著名藏族部落。第二支是吐蕃名门，即聚居在今甘肃夏河县的"喀加六部"，其始祖是古代藏族四大氏族中"东"氏族姓的后裔。公元8世纪，因守戍边该

① 刘夏蓓：《两汉前羌族迁徙论》，《民族研究》2002年第1期。
② 黄奋生：《藏族史略》，民族出版社，1985，第5页。
③ 陈庆英：《中国藏族部落》，中国藏学出版社，1991，第399页。
④ 陈庆英：《中国藏族部落》，中国藏学出版社，1991，第399页。

部落自青海巴燕（今卡力岗人所属的化隆地区）迁徙至此，一直留居此地，夏河为其辖地，当时不分僧俗军民，一概并同兼管。[①] 其后归属拉卜楞寺。

第二个来源是从青海和四川等邻近省份逃亡、迁徙进入甘肃的部落。如玛曲境内"欧拉部落"等就是从青海、四川等邻省份迁徙而来的。[②]

第三个来源是"土著藏族"，即主要由党羌诸部及吐谷浑屯戍军的后裔和松赞干布的"马兵"等融合而成。这些藏族部落均使用安多方言，许多藏民也会汉语［只有从西藏迁来的卓尼藏族仍然保持着西藏（卫藏）方言］。

安多藏族的分布区域，在不同的历史时期也有所不同，地域变化较大。藏族的这种分布状况，我国学者有专门的研究。如陈庆英先生在其《中国藏族部落》一书中就认为，公元 7 世纪以后，吐蕃军队大批进入安多藏区，一些部落也随军开赴河西、陇右及西域地区，他们在征战中或攻城略地，或驻守城镇、要塞，以部落为单位统一行动。公元 7～9 世纪"唐代陇右道领秦、原、河、渭、兰、鄯、阶、成、洮、岷、临、廓、叠、宕十四州，即今甘肃中部、东南部和青海东部皆由吐蕃的青海节度使、鄯州节度使、河州节度使等，以统辖进驻这一地区的各千户部落"。[③] 其部落的活动"遍布"整个安多并涉及更广阔的地区。入宋，吐蕃部落分布更加广泛，甘肃、青海两地是其最主要的聚居地。据刘建丽的《宋代西北吐蕃研究》[④] 整理，见著于史料的吐蕃部落主要分布在秦凤、泾原二路，熙、河、兰、会、巩地区，黄河以南的洮、岷、叠、宕、阶州及积石军地区，黄河以北的湟、鄯、廓州（化隆包括在这一地区内）以及河西走廊等五大区域。"这些部族名称各异，或以地名族，或以人名部，或以姓氏为族名。这些吐蕃部族大多以分布地域为其固定的活动地区，但也有少数部族迁徙不定，居地有变。"[⑤] 经蒙元时期的民族大融合，至明代，一部分藏族部落

① 黄奋生：《藏族史略》，民族出版社，1985。
② 陈庆英：《中国藏族部落》，中国藏学出版社，1991，第 393 页。
③ 陈庆英：《中国藏族部落》附录 1，中国藏学出版社，1991。
④ 刘建丽：《宋代西北吐蕃研究》，甘肃文化出版社，1998，第 138 页。
⑤ 刘建丽：《宋代西北吐蕃研究》，甘肃文化出版社，1998，第 138 页。

融入了当地人中，其余则聚居在了甘肃南部、四川西北部和青海与西藏相连的青藏高原地区，形成了安多藏族聚居区。

青海是安多藏族的主要居住地之一。据 1982 年人口普查统计，青海藏族人口共为 754254 人，主要分布在海南、黄南、海北、果洛、玉树、海西等藏族自治地方的为 587421 人，占青海藏族人口的 77.8%，主要从事牧业。其余分布在西宁市的大通县和海东地区各县，主要从事农业。最近的人口资料则显示，青海藏族有 106.92 万多人，占全省总人口的 21%。

新中国成立之前，青海藏族实行部落制，主要分为（习称）以下几个部分：

（1）玉树 25 族。包括囊谦、扎武、拉达、布庆、拉秀、迭达、固察、称多、安冲、苏尔莽、苏鲁克、蒙古尔津、永夏、竹节、格吉麦玛、格吉班玛、格吉得玛、中坝得玛、中坝麦玛、中坝班玛、玉树将塞、玉树总举、玉树戎模、玉树雅拉、娘磋 25 个大部落。

（2）三果洛。包括 8 个大部落：贡麻仓、然洛、康干、康赛、哇塞、红科、莫巴、霍科。

（3）环海 8 族。包括汪什代海、刚察、千卜录、达如玉、阿曲乎、都秀、阿力克、热安 8 个大部落。

（4）同仁 12 族。包括加吾利吉、阿哇铁吾、多哇、黄乃亥、夏卜浪、麦秀、隆务庄、官秀、和日、乃亥、兰采、浪加 12 个大部落和村庄。

（5）化隆上 10 族、下 6 族。上 10 族即迭祚、昂思多、多巴、舍仁布具、安达池哈、思纳加、喀咱工哇、黑城子加合尔、群加、水乃亥；下 6 族即石达仓、拉咱、千户、奔加卜尔贝、科巴尔塘、羊尔贯。共 16 族。昂思多、安达池哈、喀咱工哇三个部落构成了卡力岗地区的藏族族群，属于化隆上 10 族。

据《化隆县志》记载，卡力岗地区原来多原始森林，是藏族部落的驻牧之地。[①] 明朝时为西宁府中马番族 25 族之一的占咂族部落驻牧之地，今化隆德加乡至二塘、巴燕镇、谢家滩直至卡力岗山各乡镇，均为占咂族牧

① 《化隆回族自治县概况》编写组：《化隆回族自治县概况》，民族出版社，1984。

地，所属小族29族。清乾隆九年（1744年），清政府在这里设“巴燕戎格抚番厅”①，将居住在化隆一带的藏族划分为迭柞（今支扎）、昂思多等16个部族，每年向他们征收番粮。详细见表4－5。

表4－5　巴燕戎格抚番厅千百户

族称	分布地	户数	千户、百户
迭柞族	郡城东南一百九十里	五百六十六	百户存住
囊思多族	郡城东南一百六十里	二百四十三户	百户官卜剌夫旦
多巴族	郡城东南一百六十里	一百三十九户	百长隆住
舍人不具族	郡城东南一百八十里	一百三十四户	百长班的（第）
安达池哈族	郡城东南一百九十里	一十九户	百长郭爱
思那加族	郡城东南二百二十里	一百三十六户	百长桑吉
前为喀咱工哇族	郡城东南一百九十里	一百二十七户	百长噶卜藏
黑城子加贺尔庄族	郡城东南一百八十里	一百九十二户	
群家族	郡城南七十里	五十一户	
水乃亥族	郡城东南一百九十里	一百四十九户	百长角巴
实达仓族	郡城东南二百二十里	一十八户	
喇咱族	郡城东南二百一十里	二百九十九户	百长官卜
千户族	郡城东南二百二十里	四百九十六户	百长郭尼

资料来源：杨卫：《清代青海藏族社会研究》，陕西师范大学博士论文，2011。

当时，整个化隆地区有藏族2921户。② 而卡力岗地区是占哂16族中“安达迟哈”族（19户）、“思那加”族（136户）和“喀咱工哇”族（127户）的居牧之地，其中，“喀咱工哇”部落居住在今天的阿什努乡一带，“喀咱工哇”和“安达迟哈”部落的一部分居住在沙连堡乡一带，“思那加”和“安达迟哈”部落的其余部分则居住在今天的德恒隆乡地区。③

藏文史料也同样有如此记载。藏族史料中称拉鸡山脉为宗喇仁茂，谓“宗喀措科具省”，即宗喀十三族世居此地。宗喀十三族是指果米族、都多

① 杨卫：《清代青海藏族社会研究》，陕西师范大学博士论文，2011。
② （清）钟文海：《巴燕戎格厅地理调查表》，宣统元年（1909年），甘肃省图书馆存。
③ 化隆回族自治县地方志编纂委员会：《化隆县志》，陕西人民出版社，1994。

族、隆奔族、西纳族、米娘族、香将族、祁家族、占咂族、革咂族、雅仁结族、巴州族、灵藏族、弘化族。拉鸡山东支山脉即今化隆地区。蒙元时期，"宗喀措科具省"即宗喀十三部族中的西纳族（亦称洗纳、斯纳族）受到蒙古皇室的大力扶持，成为河湟地区权势显赫的部落，史称宗喀赤本，统辖宗喀地区的万户。[1] 明代，化隆仍未设县，为陕西行都指挥司西宁卫塞外隆卜、占咂、华咂三个番族（即藏族）部落住牧。边政考（明）嘉靖丁未（二十六年）（1547 年）记载：咎咂族男妇五百名口住牧西宁隆奔山口；革咂族男妇四百名口住牧碾伯静宁寺地方；纳隆卜族人马二千有余住牧碾伯静宁寺地方；思果迷族人马五百有余住牧西宁板撒尔地方；章咂族男妇五百名口住牧碾伯古咂山口。[2] "明洪武十三年（1380 年），西宁卫指挥佥事朵尔只失结招抚西宁等地藏族十三族，居化隆县境的隆卜、占咂、革咂三族归明。后占咂、革咂二族结连反叛，叛服靡定。万历十九年（1591 年），兵部尚书郑洛经略，遣使招谕占咂族，互开其族为二十四族。万历二十三年（1595 年），西宁兵备刘敏宽招抚革咂族。乾隆九年（1744 年）由西宁县和碾伯县析置巴燕戎格抚番厅，隶属西宁府，将原西宁县所属的隆卜族、申中族一庄（群加族）及碾伯县所辖的占咂族、革咂族皆划归巴燕戎格厅管辖"。[3] 乾隆时期，巴燕戎格厅（治今青海化隆）所属藏族部落有：迭柞、囊思多、多巴、舍入不具、安达池哈、思那加、喀咱工哇、黑城子加贺尔庄、群家、水乃亥、实达仓、喇咱，千户、奔加不尔具、科巴尔堂、科才、拉扎、噶加、巴燕戎、才他吾具、香弄胡拉、亦杂石、卜尔加、瓜拉仓、顺善、多受、才禄、查甫、曲加、隆藏、乙支龙、杂什一、什加一、查卜浪、上八庄、下四庄、尔角、他自家、查住、安官、多达、麻达，加浪仓、卡麻吾具。[4] 据《西宁府新志》记载，巴燕戎格厅所辖番族大致以今加合、巴燕、甘都为分界，分为上十族和下六族部落。

---

① 才项措：《青海卡力岗历史文化变迁》，西藏大学硕士论文，2013。

② 青海民族学院民族研究所：《青海民族史料汇集之四·明实录·青海民族史料摘抄》，青海民族学院民族研究所，1981，第 156 页。

③ 才项措：《青海卡力岗历史文化变迁》，西藏大学硕士论文，2013。

④ 胡国兴：《甘肃民族源流》，甘肃民族出版社，1991，第 194 页。

可见，明清年间，为了加强其统治，明政府对青海藏族实行所谓"以夷制夷"的千百户统治制度，化隆卡力岗地区被划归马番占哂族驻牧。清朝乾隆年间，卡力岗人开始族群演变之时，这一地区的藏族是以部落为单位与汉族、回族交错聚居，这里已是藏、汉、回聚居地交汇的地区，可以认为这里的藏族部落融入了更多的民族成分，其多元的族群构成导致族际互动频繁，交往密切，文化融合时有发生，从而使之具备了更多的包容性，为卡力岗人的族群演变奠定了"族群基础"。

（二）回族的多元构成，为卡力岗人族群演变提供了可能

与藏族一样，西北回族的构成更具多元性，这是卡力岗人族群演变又一不可缺少的前提条件。传统观点认为，我国回族的形成，可以追溯到唐宋来华经商的阿拉伯人。更多的学者则认为，回族是元末明初，在融合当地居民的基础上形成民族共同体，"是凝聚在伊斯兰文化之下的不同国度、族类的外来移民与国内民族……融合而形成的"。[①]

持第一种观点的学者认为，回族的族源可以上溯到公元 7 世纪中叶，大食、波斯的穆斯林商人到中国广州、泉州、杭州、扬州等东南沿海城市及长安、开封等地经商。他们中的一部分通过婚姻根植下来，其繁衍的后代被称为"土生蕃客""五世蕃客"，一些人还通过科举考试在政府中任职，更多的则从事其祖辈的经商产业，以后在此基础上形成回族。

另有学者认为，从汉代起，连接中亚直至罗马、地中海沿岸的丝绸之路，就是商旅、使臣的必经之路，也是中原王朝对外交流的一个重要渠道。汉至唐宋的千余年时间里，封建统治的政治、经济、文化中心在西部，从都城长安西行的丝绸之路不仅是商业贸易、经济交流的通道，也是外国使臣来华、封建王朝对外政治交流的必经之路，是那时连接中外的重要通道之一，其地位和作用十分重要。自汉以来沿此路来华的商人，在丝绸之路的周边聚集并且越来越多，与当地人融合而形成了回族。

更多的学者则倾向于后一种观点，他们认为，回族是蒙元时期信仰伊斯兰教的穆斯林群体与当地居民融合而形成的。其中伊斯兰教和共同语言——汉语的形成是两个主要因素。他们认为，回族的族源不应该是唐宋

---

① 马建春：《各民族共创中华·西北卷》下，甘肃文化出版社，1999，第 1 页。

来华经商的阿拉伯人，这部分人不仅数量有限，而且其中的大部分也融入了当地居民之中，汉代的使臣也好，唐宋来华经商的阿拉伯人也好，都只是元代穆斯林群体中的一个组成部分，不能作为回族的族源。回族的族源应该是蒙元时期形成的穆斯林群体，以此为基础至明代，最后形成了回族。回族形成过程中的两个决定性因素，伊斯兰教和共同语言——汉语的形成也是回族形成的主要标志。作为元朝"色目人"的一个重要组成部分，回族在元朝有着特殊的政治地位。元朝灭亡后，他们不仅失去了优越的社会地位，同时还承受着来自明朝政府的压力。在这种外部环境的作用下，共同的信仰产生了强烈的凝聚力，在伊斯兰教的促成下，回族的民族意识和共同民族心理逐渐形成。与此同时，元朝时期遍布全国各地的回族，在与汉族的杂居中，逐渐掌握了汉语，形成了夹杂着波斯、阿拉伯语语词的共同语言——汉语，而取代了其传统的波斯语、阿拉伯语。共同语言的形成和伊斯兰教的凝聚力促使蒙元时期的穆斯林群体在明朝时期形成一个新的民族。

对后一种观点，杨建新先生颇为赞同，他认为，回族的族源不是唐宋时期进入我国的穆斯林群体，因为这些活动于 12 世纪以前的信仰伊斯兰教的人，数量不多，而且分散于全国各地，其中很大一部分没有长期留居下来，留居下来的部分也在与汉族的密切交往中，完全被汉化了。因此，他们只是唐宋以来进入中国境内的信仰伊斯兰教的穆斯林，很难说是我国回族的祖先。他认为，"与我国回族形成有直接关系，并可作为我国回族先民的，应该主要是 13 世纪及其以后进入中国的西亚和中亚的信仰伊斯兰教的人……他们的活动，直接促成了回族的形成"。[①] 而"唐宋以来居住在东南沿海以及居住于西北的大食、波斯人的后裔，也可能因宗教上的联系，成为这个新形成的民族共同体的成员，但在形成回族的过程中，他们的作用并不是主要的，其数量也是微不足道的"。[②] 大量历史文献也表明了这一点。有明一代，西域人持续入迁尤为突出，因为地理和宗教的关系，他们入附后很快与原有回族融为一体，从而进一步扩大了西北回族人口。西域

---

① 杨建新：《中国西北少数民族史》，民族出版社，2003，第 586 页。
② 杨建新：《中国西北少数民族史》，民族出版社，2003，第 587 页。

历来政治动荡，居民早有东迁之风。而明廷招徕与优待回族贡使商人的政策，也吸引了西域人大量入附。明兵部尚书王琼到甘肃平凉府，见东关居住着许多来自撒马儿罕、阿拉伯、土鲁番、哈密的穆斯林。这些人都是由入贡而滞留西北的。明代数百年间，西域人之入附持续不断，人数极多。这些入附的西域人，大多为穆斯林，同时，西北之蒙古（今保安族）、撒拉、东乡等族亦受伊斯兰教影响而逐渐形成。这种观点颇具代表性，陈连开[1]、白寿彝[2]等学者也多持此观点。可见，我国回族的族源构成十分多元。

西北地区的回族构成更为多元，第一个来源是随成吉思汗回师的"探马赤军"。这部分人主要是中亚地区的色目人，后来在西北各地屯聚牧养，定居并向各地发展。明代回族的分布，主要表现为从蒙元时期的遍布全国逐渐退居西北地区，特别是明洪武、永乐年间，明令中亚、西亚各国商人、使臣都只能经河西走廊与明朝交往[3]，之后，西北地区便逐渐成为回族的主要聚居地。

西北地区回族的第二个来源，是因避难或种种原因由外省迁入的穆斯林。据记载，元代穆斯林散布在全国，到明代主要聚居于西北。据调查，今天的甘肃临夏的回族就有许多来自北京或江南。更多的回族在西北地区内部流动，而形成了一个个回族的聚居区。

西北回族的第三个来源，是因移民实边而入居的汉人移民。明朝初年，为了修缮长城，中央政府曾数次向青海移民。许多汉族自江淮一带迁来，同时也有一些回民一同移入。在民间就广泛流传着由南京珠玑巷西迁的传说。

西北回族的第四个来源，是其他民族的"随教"。回族除通过通婚壮大外，其他民族成批改奉伊斯兰教演变成为回族也是一个重要途径。"卡力岗人"就是其中之一。

第五个来源是从中亚迁来的各种移民。除元明时期由阿拉伯半岛、中亚等进入西北的探马赤军外，还有来华使臣、传教士和大量内附的商人入

---

① 陈连开：《中国民族史纲要》，中国财政经济出版社，1999，第 472 ~ 474 页。

② 白寿彝：《白寿彝民族宗教论集》，北京师范大学出版社，1992，第 162、163 页。

③ 《明实录·孝宗实录》卷三十二，弘治二年十一月。

境。在明朝政府的规定下，"整个河西、宁夏、青海、陕西就成为允许回回人寄住、留居的主要地区，这里也就逐渐成为回回聚居的地区，明洪武年间曾宣布甘肃境内的回回人可以按自己的愿望西返，当时愿意西返的就有一千二百余人。"① 可见，聚居在西北的、由中亚内附的回回人数之多。

化隆地区的回族也主要源于外迁。从元朝起，就有大量的回族迁入化隆一带。如上所述，受明朝政府的限制，有明一代，大批回回进入河湟一代。据记载，从明朝末年起，为饥荒所迫，青海民和、甘肃临夏等地的回回开始陆续迁入卡力岗地区垦荒种地，定居下来，以家族、同乡等为纽带逐渐形成了"围寺而居"的回族村庄。同治年间，陕甘起义失败后，为避人祸又有一批批回族迁入。经过漫长的历史发展，回族逐渐成为卡力岗地区的主要民族，据化隆县志记载，截至1985年底，卡力岗人所在的化隆县境内共有回族92187人，分布在除塔加藏族乡以外的20个乡（镇）及政府和各个机关单位。其中，甘都、巴燕、德恒隆、阿什努、沙连堡、加合、二塘、昂思多、黑城、扎巴、群科、牙什尕等乡（镇）最为集中。

与整个回回的形成过程一样，化隆的回族主要来自以下途径。

首先是传教、经商。据记载，唐朝时期，就有大食、阿拉伯、波斯的传教士和商人经祁连山来青海活动并定居下来，如化隆县石大仓的铁力盖、文家山、官藏等地的马姓回族群众就自称是西域人，自古定居在这里。甘都镇唐寺岗村的回族自称其祖先是一位传教士，初来时孑身一人，为当地藏族头人放羊为生，并在藏族中开展一些传教活动，后娶藏族女子为妻，从此定居下来。群科镇自古为军事重地，先后设置过郡、州、县等，人口集中，贸易频繁，有文献记载西域传教士、商人经常在这里活动，并有一部分人从此定居了下来。上述这些人当为青海境内回族的先民。

其次是驻守、屯垦。据记载，13世纪初，蒙古人西征，从西域带回大批"探马亲军"及其家属，还有随之而来的商贾、工匠、传教士等，后来多被安置在甘、宁、青一带驻守屯垦。随着元统治地位的逐渐稳固和战事的减少，这些人从驻守、屯垦逐渐演变为普通农民和居民，以耕稼为业或

① 马曼丽：《中国民族史入门》（甘肃民族卷），青海人民出版社，1988，第75页。

货殖经营为主。这部分人也是化隆回族的基本部分。

再次为移民。明代初期，明政府曾多次向青海移民实边，也有大批汉族一起被发配来青海的，他们辗转一二百年后，进入化隆境内定居。

最后是逃荒、避难。化隆境内入居的回族除上述三种来源外，最多的是因逃荒避难而入境定居者。据记载，明代万历年间，陕西大饥，一部分回族逃荒到化隆地区定居。今天巴燕镇、石大仓等地区的回族群众中就有一部分以陕西为祖籍，说自己家族在化隆已有三四百年的历史了。黑城乡城车村的绽姓回族，也是明末从西安迁来的。据说，当时他们一行46人，到这里后发现地广人稀，且有一座被废弃的古老城堡可以建屋搭棚，便定居下来生息繁衍至今。

清康熙年间，甘、青地区又遭灾荒，乐都、民和的大量回族向化隆迁徙。其中，居住在今民和县米拉沟的冶姓家族，七八百人集体迁来化隆，散居在此。清咸丰、同治年间，回族反清起事被镇压后，被迫四处流离，有人辗转逃至化隆，在当地回族同胞的庇护下定居下来。同时，清统治者还强行迁徙回族人民入境定居。如同治十二年（1873年），回族反清失败后，左宗棠曾将贵德、西宁等地回族强行安置在化隆和尖扎等地，仅化隆扎巴一地一次就安置回族五百多人。

清末民初，战乱频仍，饥馑连年，陕、甘、青境内的回族继续零星或小批量地向化隆境内迁徙。光绪二十一年（1895年）河湟事变后，从西宁东关迁来回族百余人散居境内。民国年间，马步芳为了筹集军饷，曾将甘都的水车、西滩及扎巴部分土地据为己有，召集临夏等地灾民安为庄户（佃户）为其垦种，一次就安置了近百户人家。另外，还有一些群众最初因政治形势所迫而改随了伊斯兰教，如巴燕镇北街大姓朱氏，原为江苏扬州汉族，其祖先在清咸、同年间参加反清活动，奉命来青海与回军联络事宜，终因捻军、回军先后失败，无法返回，被当地回族保护起来，受其影响而改随回族。

最后是通婚。通婚也是化隆回族人口迅速发展的一个重要因素。回族群众与兄弟民族相处的漫长过程中，不断地吸收融合周围其他民族。回族的传统习惯认为，迎娶藏、汉及其他民族女子并劝化其改随伊斯兰教是一大功德，随教者特别受到欢迎和尊重，其他民族男子迎娶回族女子或入赘从而改随伊斯兰教者，也同样受到欢迎和尊重。因此，有一部分回族是汉、藏、蒙古等民族通婚随教而成的。随教是化隆地区回族的一个重要来源，卡力岗就是改信伊斯兰教而成为回族的。这部分藏族改信伊斯兰教约在清乾隆二十一年（1756 年），距今已有 250 多年。但是，由于千百年传统民族习惯和语言的影响，他们虽然在宗教上加入了穆斯林行列，并成为回族，但语言尚存。"藏族的传统特征仍保留在他们中间。①据田野访谈，卡力岗地区的回族已经超过五代，其进入卡力岗的主要方式是家族式的。

从以上所述不难看出，卡力岗所在的地区，大到整个安多，中到青海，小到化隆、卡力岗地区，藏族与回族来源十分复杂，各个不同人群通过上述各种渠道大量的入附，形成了一个开放性、流动性的族群边界，消解了两族之间张力，其共同所具备的多元特征，也形成了互动、包容的族群关系，成为卡力岗人的族群演变的"族群关系基础"。

二　族群关系基础

族群性是在族群互动中形成的，没有互动就无从判定他者与我者，而族群互动又是族群演变的必要条件。与其他学科相比，人类学认为族际关系的实质是文化调适与族际互动的结果，前者是地方语境下的族群文化碰撞；后者则是国家语境下的民族交流。卡力岗人的族群演变就是这两个层面的族群及民族间互动，前者互动的主体是藏传佛教文化与伊斯兰教文化；后者则是现代民族国家意义下的藏族与回族。

在卡力岗地区存在着两大文化体系，其中以藏族为主体的，由土族、裕固族、蒙古族共同构成藏传佛教文化体系；以回族为主体的，由撒拉族、保安族、东乡族共同构成伊斯兰文化体系。两大文化体系的交流形成了不同的族群互动类型，形成了族群间的边界。

从整体看来，主要有对等、交错、裹挟、涵化、依存等以下几种互动类型。②

---

① 参照《化隆文史资料》，内部刊印。
② 刘夏蓓：《关于安多藏区族际关系的人类学研究》，《民族研究》2004 年第 5 期。

（一）族群关系与互动类型之一："对等互动"的关系类型

在安多复杂的族际互动中，存在着一种最基本的互动类型，这就是民族之间对等交往、相互调适、相互作用的互动关系，简称为"对等互动"。这种类型的族际关系具有两个主要特征：长期对等性与短时随机性结合的互动类型。这种关系类型下互动双方或多方的调适表现出显著的相互作用的特性，并且作用频率及作用力也基本相当，呈现明显的对等性。互动双方的调适都是积极主动的，表现在主动吸纳一些外来文化要素并将其纳入本民族的文化体系之中。因此，各方都在对方的文化界面上留下了"己文化"的作用痕迹，并且都对族际关系的走向、格局及实质留下了自己的影响，而并非是某一方受到外来压力而做出被动反应的"单向流程"。① 当然，在民族交往的过程中，双方的互动与调适也表现出时密时疏、时深时浅的特点，具有一定的随机性。但从整体发展来看，双方或多方互动调适的总量又是平衡的，因此，对等是长期的，随机是短时的，而长期对等与短时随机相结合就成为这种族际关系类型的主要特征之一。另外，互动双方或多方的实力相当。这里所说的"实力相当"主要是指双方文化系统对外来文化的排拒力，也是指整合良好的社会系统的"均衡状态"。研究表明，借取"更可能在非均衡态（off balance）系统中进行"。② 对于一个文化积淀深厚、已经形成稳定文化传统的民族来说，全盘的文化侵入或文化借用几乎是不可能的，新的外来文化特性必须与既定的文化总体达成一定的妥协，才能形成以自身文化为本位的具有选择性和再解释性特点的文化借取。也就是说，一个有着鲜明特色、完备体系、稳定模式、均衡状态的文化系统是不会轻易接受外来文化的。③ 由于对等互动关系主要发生在这类文化实力雄厚的民族之间，因此，就交往双方中的任何一方而言，虽然政权更迭、经济发展可使其自身（或对方）的文化防御能力发生阶段性变化，但其文化往往表现出相对的稳定性。由于实力相当，双方谁也不能够

---

① 罗康隆:《族际关系论》，贵州民族出版社，1998，第108~116页。
② 〔美〕克莱德·伍兹:《文化变迁》，施惟达、胡华生译，云南教育出版社，1989，第35页。
③ 〔美〕克莱德·伍兹:《文化变迁》，施惟达、胡华生译，云南教育出版社，1989，第35页。

深入对方的文化核心，改变对方的价值观念、语言体系、思维模式及道德伦理，从而使他们之间保持着清晰的"个体主观上对外的异己感和对内的情感联系及人们在特定的资源竞争关系中为了维护共同资源而产生的族群界缘（族群边界）"。① "对等互动"关系是安多族际互动的主要类型，也是人类社会普遍存在的最基本的互动关系类型。在安多藏区，汉族与藏族、蒙古族、回族等民族之间的互动都属于这种类型，其中最典型、影响也最大的就是藏汉民族的互动关系。

藏汉关系的历史就是一部"对等互动"的关系史。中唐之前，藏汉民族之间和战无常，各有胜负，并伴有会盟②、和亲等互动交流，双方都积极主动地作用于对方，并且都在对方的文化中留下了"己文化"的痕迹。今天安多湟水流域"一半胡风似汉家"的"家西番"③，就是此阶段双方和亲的产物。同时，该阶段也奠定了安多汉族"独安固陋、不求闻达"④等有别于中原汉族的文化特性。由于双方都是文化积淀深厚的民族，因此虽然此阶段他们之间的互动与调适频繁而持久，但从总体上看，他们并没有深入对方的文化核心，而仅限于文化体系中物质和技术的相互借取。唐代末年，吐蕃政权发生分裂，走向衰败，双方军事实力的对比发生了变化，汉藏关系进入以经济交流为主的时期。在元代，汉族与蒙古族的互动频繁起来，藏汉间的互动频率和密度有所减弱。明清两代直至整个民国时期，藏汉互动的频率又逐渐恢复，主要体现在以茶马贸易为主的经济交流上。虽然茶马贸易的中心不在安多藏区，但藏汉民族间的经济文化交流则是全方位的。

此阶段的藏汉双方都在继续吸收对方文化中的要素，而且这种交流还在加速发展。安多藏族部分地接受了汉族发达的农业生产技术和农耕文

① 郭红珍、何星亮：《评王明柯的〈华夏边缘〉》，《广西民族大学学报》（哲学社会科学版）2003 年第 3 期。

② 705～821 年，共有八次会盟。

③ "家西番"系"假西番"的转音，意即"假藏族"。"家西番"自我认同为藏族，以农业为主，同时经商或饲养少量牲畜，说汉语（青海方言），目前懂藏语的已不多。在他们的风俗中，既有汉族的祭祖、祭灶等活动，也有藏传佛教的某些影响。如，他们祭奠亲人时，与汉族一样烧纸钱，过春节也贴对联、放爆竹，同时，他们也保留着藏族农历十月二十六日为纪念巴逝世念"岗索"经等藏民族的风俗。

④ （清）左宗棠：《请分甘肃乡闱分设学政析》，《左文襄公奏稿》卷 44。

化，形成了一定规模的农区。汉文化中"重土地"的价值观以及宗法观念和重男轻女的思想也部分融入藏民族的文化之中。与此同时，安多汉族在吸收藏文化的基础上，也形成了"喝熬茶""衣皮袄"等习俗，双方的互动与调适在对等的情况下有了进一步的深入发展。

新中国成立以来，藏汉两个民族又进入了以"文化融合"为主，政治、经济全方位互动调适的新阶段。笔者在青海黄南藏族自治州同仁县的田野调查中发现，人们对域外新知识的认同感在逐渐增强，以至于隆务寺（著名八大寺之一）的寺主夏日仓活佛也在学习域外的新知识。笔者访问他时，正好见到他在练习电脑打字，他说自己现在还在学习英文，他要掌握这些域外的新知识并由此建立一个对外交流和对话的平台，以便为他的家乡和当地百姓多做一些有益的事。夏日仓活佛在当地有着极高的威望和崇高的地位，他对域外现代知识的重视，说明当地社会已经确认了"物质与技术以外域文明为价值中心，制度与伦理以自身文明为价值中心"① 的二元价值观念。这种二元价值观念也反映在当地的诸多方面。服饰文化上尤其显著。② 青海隆务河流域的藏族传统节日"六月会"就像一个藏汉合璧的服饰"博览会"。在"六月会"的表演场地上，人人都穿着全套的藏族节日盛装，而在四边看台上，观众服饰的主流则是汉藏合璧的装束，花衬衫、太阳镜、高跟鞋、挎包、各式帽子等与藏袍搭配在一起，还有年轻的藏族小伙儿穿着西装。夸张一点说，在这里，不到节日时，已经很难看到地道的藏族装束了，几乎每一个藏族人身上都有几件汉族的服饰，人们早已接受了内地的各种服饰和服饰审美观念。对于在藏族服饰中占有突出位置的金银首饰，也是如此。当问到他们为什么喜欢内地的首饰时，他们说，内地的首饰比他们传统的首饰更精致、更美观，主要是款式新颖。与此同时，安多汉族的文化特色也不再被认为是"独安固陋、不求闻达"，他们认同了自己从藏文化中借取的、在青藏高原这个特殊自然条件下所需的生存技术与技巧。他们穿藏靴、戴皮帽、喝奶茶、吃酥油、吃牛羊肉、喜好利于储藏的面食，并乐意将各类藏式装饰品佩戴在自己的服装上。青

---

① 周建农：《人类意志的现实化》，学林出版社，1991，第 231 页。
② 刘夏蓓：《青海隆务河流域的"六月会"节日文化研究》，《西北民族研究》2002 年第 4 期。

年们尤其喜欢藏族的手工艺品，特别是藏刀。由此看来，安多的汉族也同样具有二元价值观念。

来自田野调查与文献的材料充分说明，安多汉藏之间是相互吸收、对等交流的双边关系。尽管由于双方实力变化的影响，这种交流在某一时期可能表现出一定的随机性，但总的看来，对等的关系是长期性的，随机的变化则是短暂的。在双方的互动调适中，任何一方都是在保留自己文化核心的情况下，将对方的文化因子纳入自己的文化体系之中，并经整合后服务于本民族的社会运作。因此，双方不仅保持了自己鲜明的文化特色和相互开放的"族群边缘"，而且，族际关系的基本格局也始终保持相对稳定。

汉藏的对等互动形成了汉藏的族群边界。

（二）族群关系与互动类型之二："交错互动"的关系类型

交错互动关系是指互动双方在其文化的某一层面呈现稳定的互渗现象，以至于在这一文化层面，各互动双方之间形成相互依存、相互补充、相互交织、盘根错节的格局。交错互动关系具有两个主要特征：其一是双方互动密切，往往形成亲密的族际关系，但又并未失去各自的文化特色和"族群边界"。[①] 其二是相关民族之间往往有一个"互渗"的联结点，这个互渗点可以是风俗习惯、文化特质、宗教信仰，也可以是生产方式、交换形式或仪式等。任何一方的文化运作都必须把对方的存在作为必须具备的条件，而不像对等互动关系那样只是简单地将对方的文化因子纳入自己的文化体系。交错互动关系是由点及面、由表及里、你中有我、我中有你的联动关系。在该类型的民族之间，文化相同点较多。交错互动关系也是安多藏区的一个主要族际互动关系类型，其中以蒙古族同藏族的关系最为典型。在历史上，蒙古人虽然是以征服者的身份进入安多的，但却并未演绎出一个"蒙古文化"时代。[②] 相反，安多藏区的主体文化——藏文化，逐渐征服了蒙古民族，使其接受了藏传佛教和以藏传佛教为核心的藏族文化要素，以至于在相当长的时期内，蒙古民族经历了一个持续不断地吸收藏文化或与藏文化相互吸收的过程，形成了蒙藏之间以藏传佛教为"互渗

---

① 刘夏蓓：《关于安多藏区族际关系的人类学研究》，《民族研究》2004 年第 6 期。
② 刘夏蓓：《西北少数民族通史·明代卷》，民族出版社，2009。

点"的交错互动关系。

综上所述，蒙藏关系史上的每一个重大历史事件或历史关头，几乎都与藏传佛教有密切的关系。互动双方以藏传佛教为互渗点而形成的由点及面的互渗层，使这两个民族形成了高度密切的交错互动关系。

（三） 族群关系与互动类型之三："裹挟嵌入"式的互动关系类型

"裹挟嵌入"式互动关系是指两个或两个以上的民族在分布地域、人口比例上存在着较大的反差，地域分布较小的民族处于另一个地域分布广阔、人口较多的民族的包围之中，使被包围的民族只能与包围它的那个民族进行互动与调适。裹挟互动关系具有两个主要特点：其一，互动双方在互动关系中的地位是不对等的，呈现鲜明的强弱反差，以至于较弱的一方在特定时期内不得不依附于较强的一方；其二，被包裹的一方往往以包裹它的另一方作为其调适参照，从而呈现定向调适的特征，无法与其他民族进行互动调适。这种定向调适的结果，就是弱方的民族文化仿佛成为强方文化的一个特殊组成部分，形成了文化上的"嵌入"现象。"裹挟嵌入"式互动关系类型与前面所讲的那两种关系类型不同，这种类型的调适已不仅仅是量和度的变化，而是发生了质的改变。安多藏区的回族与撒拉族、东乡族、保安族等民族之间的互动，就是这种互动关系的典型。安多藏区的穆斯林族群在与当地蒙古族、汉族、藏族等民族融合的基础上，于公元14 世纪左右形成自己的族群，长期以来被称为"东乡回""撒拉回""保安回"。新中国民族识别前，他们也认同此称呼。民族识别时，专家以其不同于回族的语言和族源，将其从回族中划分出来，确认为单独的民族。东乡族主要聚居在甘肃省临夏回族自治州的东乡族自治县，是由 13 世纪伊斯兰化了的蒙古宗王阿难答的蒙古屯戍军后裔与当地居民融合而逐渐形成的。① 撒拉族人口较少，主要聚居在青海省循化撒拉族自治县，是由元代来自中亚撒马尔罕西突厥乌古斯部的一批信仰伊斯兰教的族群与周围的藏族、回族、汉族等民族通婚而形成的。保安族也是人口较少的民族，主要聚居在临夏回族自治州的大河家，是成吉思汗在西征归途中留下的蒙古军

---

① 关于东乡族的形成，另有一些不同的观点：一种观点认为东乡族是由中亚的"撒尔塔"人与当地居民融合而成，另一种观点认为他们是传教者的后裔，此外还有人持吐谷浑说或回回说。

队的后裔同藏族、回族等民族长期融合而形成的。这三个民族均分布在回族聚居区内，在人口和地域分布上被回族所包围。回族是安多藏区主要的穆斯林民族，其进入安多的时间要早于上述三个民族，人数也较多。由于前述三个小民族均分布在回族聚居区内，其通婚往来、商业交流、文化采借只能在回族和它们自己之间进行，使这三个小民族的文化逐渐嵌合在回族的文化之中，成为其特殊的组成部分，以至于这三个小民族被长期混同为回族。笔者在田野调查时深刻地体验到了他们之间的密切关系。由回族创制的清真饮食文化、民族刺绣工艺和砖雕艺术，也被这三个小民族认同为自己传统文化的一部分。其节日文化、宗教仪式及社会组织也基本与回族相同。"门宦制度""幼子继承制"[1] 等是他们共同的社会基础，其宗教信仰以及由宗教信仰所形成的行为方式、生活习惯、价值观念、道德伦理等几乎完全相同，甚至在一个相对较长的历史时期内无法区分彼此的不同特性。尽管如此，在漫长的历史发展中，这三个民族并未被回族同化，他们保持着自己的语言，保留了对自己"民族族源"的社会记忆认同。究其原因，主要是他们所做出的调适是局部的，而不是全面的，因此双方关系的总体趋势并不是弱方文化特色的消失，而是弱方在强方文化运作的空当中获取了正常延续的生存空间，这也是文化系统"防御的层次性和变革梯度规律性"[2] 作用的结果，是"文化变迁中弱势族群对自身族源解释权"[3]予以保留的结果。正因为如此，在新中国成立后的民族识别中，这三个小民族才从回族中划分出来，被确立为单独的民族。由于文化趋向上的一致性，裹挟互动民族之间的互动调适程度较深，反映在族际互动关系上，虽有强弱之分，但彼此亲密、和睦，在对外时往往有某种一般关系所不具有的行动一致性。发生在清朝末年的回民大起义，就有相当数量的东乡族、保安族和撒拉族群众参与。[4]

（四）　族群关系与互动类型之四："部分涵化"的互动关系类型

涵化的互动关系，是指三个或三个以上的民族持续接触，相互借取、

① 刘夏蓓：《跨世纪少数民族家庭实录·东乡族卷》，云南人民出版社，2003。
② 刘夏蓓：《卡力岗人的文化变迁与防御层次研究》，《暨南大学学报》2007 年第 2 期。
③ 郭红珍、何星亮：《评王明柯的〈华夏边缘〉》，《广西民族大学学报》（哲学社会科学版）2003 年第 3 期。
④ 刘夏蓓：《安多藏区族际关系与区域文化研究》，民族出版社，2003。

相互吸收，造成一方或多方的文化在某一方面发生全方位变异。由于这种变异发生于某一民族文化中的一个部分，其他部分仍然保留着原有的文化特质，因此，部分涵化的互动关系不会导致同化的结果。处于这种关系格局中的民族关系具有两个基本特征：其一，这种关系类型往往涉及三个或三个以上的民族，表现为多边的关系，但他们之间并不存在文化体系上的联系，也就是说，他们不是一个文化体系中的民族，彼此间往往有较大的文化差异。这些民族在多方"博弈"中，其中一方在文化的某一方面全方位地趋同于他方，因此，在其文化体系中往往有多个不同文化的作用痕迹，使其仅在他方文化没有对位文化要素和对位结构时，才继续保持自己文化的固有特征。从表面上看来，一方似乎被多方所同化，但实际上只是部分的涵化。这与裹挟互动中弱方的嵌合式调适具有完全不同的性质。其二，尽管在部分涵化的互动关系中，有时各方也存在实力上的强弱悬殊，但不存在地域、人口上的包围、包含现象，这类族际关系在地域上往往表现为多民族混居或杂居的格局。安多藏区的土族、裕固族等，由于分布在安多多民族杂居地区，长期受藏族、汉族、蒙古族等民族的文化影响，产生了文化的部分趋同现象，属部分涵化互动族际关系的典型。裕固族是甘肃省特有的少数民族，绝大部分居住在甘肃省肃南裕固族自治县。该县有汉族、裕固族、藏族、回族、蒙古族。裕固族形成以来，从语言系统到风俗习惯，从社会组织到宗教信仰，都发生了向藏族、汉族、蒙古族等民族的部分性趋同。裕固族有三个聚居区，分别使用三种不同的语言。居住在肃南西部的裕固人使用属于阿尔泰语系突厥语族的尧乎尔语，居住在东部的裕固人使用属阿尔泰语系蒙古语族的恩格尔语，而居住在肃南双海地区和酒泉黄泥堡的裕固人则使用汉语。在裕固族内部，语言互不相通，需要借助汉语才能沟通。在宗教信仰上，裕固族接受了藏传佛教，并以此取代了传统的萨满教。但裕固族在接受藏传佛教的过程中遇到了语言文字上的障碍。裕固族僧人学经，都必须先学习藏语、藏文，然后再学习藏文佛经，学成回来后仍要用藏语诵经布道，而绝大多数裕固族人并不懂藏语，于是，裕固族僧人在个别非正式的宗教场所或私下里，就只好用裕固语讲一些浅显的佛经故事。这就妨碍了裕固族人对深奥的佛学思想的理解，藏传佛教在裕固族地区的传播也因此一直处于初级阶段。藏传佛教在裕固族地区也基本上没有形成如同其他藏区那样的"政教合一"的制度。在裕固族社会中，宗教上层人士与大头目以及各部落头目关系密切，他们可以在一定范围内影响对部落的管理，但不能直接参与政权。在清代，朝廷所封的"七族黄番总管"，才是裕固族的最高统治者。

土族也信仰藏传佛教，主要分布在青海省互助土族自治县、民和回族土族自治县、大通回族土族自治县、黄南藏族自治州和甘肃省天祝藏族自治县境内，其余则散居在青海省的乐都、门源、都兰、乌兰、贵德、共和、西宁和甘肃省的积石山、卓尼、永登、肃南等地。土族分布的地区属于汉、藏、回等多民族交错杂居的地区。同裕固族文化一样，土族文化中也有多种文化作用的痕迹。土族语言中有大量不同语系的词汇。土族没有文字，主要使用汉文和藏文，其语言分为互助、民和、同仁三大方言，但相互交流并无障碍，部分土族还兼通汉语、藏语。

（五） 族群关系与互动类型之五："生存互补"的互动关系类型

生存互补的关系类型是指互动的两个体系之间存在着相互依存的因素，这种因素可以是经济的，也可以是文化的。交错互动关系是以"互渗"为核心，而这种关系类型则是以依存为核心。这种关系类型有两个基本特征：其一，双方具有高度的相互依存性；其二，该类型的主体不是单个的民族，而是由多个民族构成的经济文化体系。由回、东乡、保安、撒拉等民族构成的安多藏区穆斯林经济文化体系与由藏、蒙古、土、裕固等民族构成的藏传佛教经济文化体系之间的关系，就是此关系类型的典型。安多藏区的河湟地区与其毗邻的河曲地区，分别是穆斯林民族和信仰藏传佛教的民族的聚居地，属安多藏区的两个主要的文化区。这两大文化区具有不同的经济文化特点，形成了相互依存的关系。安多藏区的藏族、蒙古族等信仰藏传佛教的民族绝大多数以牧业为生，其价值观念是重生产、轻交换，重畜牧、轻商业。而安多穆斯林民族的先祖则多是来自西域的商人，他们从家乡带来了以重商为特点的生产方式和价值观念。明清时期，河湟地区的"回商"已十分有名。此外，回族、东乡族、保安族还都有从事手工业的传统，保安族的铁匠、金银匠、鞋匠、镉碗匠等，成为藏区牧民和寺院日常物品的主要生产者。撒拉等穆斯林民族所需的粮食、柴草，需要由文都、道帏等藏族农业区供应；藏区需要的蔬菜、果品、茶、布、工艺品，以及所生产的羊毛等畜产品，则需要由撒拉等民族进行转运。两种完全不同的生产方式，形成了藏族与穆斯林民族之间在经济上的相互依存关系。随着商品经济的发展，近年来，穆斯林民族将藏区的牛羊运至他们在安多藏区的居住地，经育肥后再出售（即所谓的"西繁东育"），这已成为安多藏区穆斯林的一条新的致富门路。另外，在藏、蒙古等民族的节庆活动中，也总能看到穆斯林民族的身影，他们往往为人们提供食品和交通运输等服务。正是这种互动维持着两大系统之间的相互依存。

综上所论，不难看出，从两个族群之间的对等互动到三个以上的裹挟互动，再到其之间的涵化互动和相互依存，互动关系的主体已从两个发展为由多个主体所构成的经济文化体系。这种变化的趋势正是由文化变迁的互酬原则[①]以及文化所建构的族群边界所决定的。而频繁的深度互动构成了独特的族群边界，这一边界又为族群演变提供了基础条件。

三 族群"边界"基础

卡力岗所处区域族群边界的流动与包容特性为其族群演变奠定了基础。

（一）汉藏边界及特征

由汉藏对等互动特性所决定，从总体上看，汉藏互动停留在文化体系中物质和技术的相互借取上。可分为四个阶段，中唐以前，以政治文化交流为主，双方都积极主动地作用于对方，并且都在对方的文化中留下了"己文化"的痕迹。唐代末年，以经济交流为主。元至明清两代直至整个民国时期，以带有政治色彩的"茶马贸易"经济交流为主。

汉藏双方在互动中吸收对方文化中的要素，建构了双方的族群边界及边界的"流动区"。[②] 在经济上形成了农耕与游牧的中间形式，即藏族的农耕区，这是一种农耕与畜牧业养殖相结合的农区。也形成了汉族的畜牧区，是一种畜牧业养殖与农耕相结合农业形式。农业生产技术、农耕文化

---

① 刘夏蓓：《关于安多藏区族际关系的人类学研究》，《民族研究》2004 年第 5 期。
② 指互动双方所形成的相互作用区域，如在对方文化中留下的"文化痕迹"部分。

和由此形成的生活方式成为双方文化边界的流动区。价值边界则表现为汉文化中"重土地"的价值观以及宗法观念和重男轻女的思想也部分融入藏民族的文化之中。与此同时，安多汉族在吸收藏文化的基础上，也形成了"喝熬茶""衣皮袄"等习俗，双方的互动与调适在对等的情况下有了进一步的深入发展。族群边界清晰，族群边界交流区中的边界则呈现流动与模糊特征。

（二）　回族与撒拉族等穆斯林的族群边界与特征

由于回族与撒拉族、东乡族、保安族的"裹挟嵌入"式互动关系，使三个小民族被限定在与回族的互动范围内，又均以伊斯兰教文化为基础，因此，由宗教信仰所形成的行为方式、生活习惯、价值观念、道德伦理等几乎完全相同，使这三个小民族（当时应属族群）的文化逐渐嵌合在回族的文化之中，成为其特殊的组成部分，其族群的价值边界、文化边界及经济边界完全嵌入于回族之中。特别是其社会组织因与回族同样为"门宦制度""幼子继承制"[1] 等，使他们的社会与回族不具有排他性，以至于在一个相对较长的历史时期内无法区分彼此的不同特性。尽管如此，在漫长的历史发展中，这三个民族并未被回族同化，其最为重要的族群边界是保持了自己的民族语言和对自己"民族族源"而形成的社会记忆的认同。因此，当国家力量介入后，三个小民族经过民族识别，被确立为单独的具有现在民族国家意义的民族。由于裹挟互动的族群边界流动性强，流动区范围广，因此，反映在族际互动关系上，虽有强弱之分，但彼此亲密、和睦，在对外时往往有某种一般关系所不具有的行动一致性。因此，与回族一起构成了具有文化整体特征的穆斯林文化体系，其族群边界呈现包裹覆盖特征。

（三）　藏族与回族的边界与特征

藏族与回族是卡力岗人族群属性的过去式与现在时，这两个民族的边界，是解释卡力岗人族群演变的关键，也是前提。

由于藏族与以回族为主体的穆斯林民族所具有的"生存互补"型的互动关系，因此两个体系之间形成了相互依存、相互别异的互补的经济、文

---

① 刘夏蓓：《跨世纪少数民族家庭实录·东乡族卷》，云南人民出版社，2003。

化、价值边界，具体来看，是伊斯兰教与藏传佛教价值体系的别异；游牧经济与农耕经济体系之间的别异和社会生活排他性。如上所述，穆斯林民族和信仰藏传佛教的民族聚居地，属安多藏区的两个主要的文化区。这两大文化区具有不同的经济文化特点，形成了相互依存的关系。安多藏区的河湟与河曲地区，分别是穆斯林民族和藏传佛教信仰民族的聚居地，两地区相互毗邻，交界部分相互杂居，形成了安多藏区的两大文化区。① 由于两大文化区具有各自不同的经济文化特点，而形成了相互之间的生物链式的制约关系。安多藏区的藏族绝大多数以牧业为生，畜牧业是其主要生产方式，其价值观念是重生产，轻交换；重畜牧业，轻商业。安多穆斯林民族的先祖多是来自西边的商人，他们从家乡带来了以商业为特点的生产方式和价值观念，又由于"回民不是驻关便是驻山"，促使穆斯林民族向农业以外的领域发展。明清期间，安多藏区的穆斯林商业经济已达到相当规模，河湟地区的回商十分有名。清代东乡族从事商业的"脚户"就有 600 余户。青海城镇回民"除务农外有 80% 左右的回民兼营季节性小商贩"，"青海湟中回民 90% 以经商或淘金为生"。回族、东乡族、保安都具有良好的手工业传统，如保安族的铁匠、金银匠、鞋匠、铜碗匠等。

长期以来，穆斯林成为藏区牧民和寺院日常物品主要生产者。而穆斯林民族不足的粮食、柴草，则由藏族农业区供应，而藏族需要的蔬菜、果品、茶、布、工艺品等则由撒拉族和其他族转运过去，并将藏族居住区的羊毛等畜产品转运外地。茶叶的转运贸易、装饰品贸易、宗教用品贸易、屠宰、运输、商品零售、畜产品购销、饮食、采挖黄金和收购药材以及打零工、建筑等均是穆斯林与藏族的经济互补的领域。可见，以上行业已经成为安多藏区穆斯林的主要生产方式。今天，卡力岗地区外出打工的青年人，仍然主要从事上述工作。

采用两种完全不同的生产方式造就了藏族和穆斯林之间的经济结构制约性的互补共生。制约互补的需求又带来频繁互动，形成了两大体系的"生存链"。随着商品经济的发展，近年来，穆斯林民族将藏族的牛羊，购买后经家庭育肥再出售，赚取其中的利润，即所谓的"西繁东育"，这已

---

① 刘夏蓓：《安多藏区族际关系与区域文化研究》，民族出版社，2003，第 91、92 页。

成为安多藏区穆斯林的一条新的致富门路，所创造的产值接近安多藏区农区产值的近 1/4。在藏、蒙等民族的节日上，总能看到穆斯林民族的身影，他们往往出任供应食品、提供交通等角色。集市上，他们又是藏民族商品交流的中介。藏族与穆斯林民族成为一条生物链上的不同环节。正是这种互动与调适维持着两大系统之间休戚与共的和睦相处和安多地区多民族之间的友好并存，也是卡力岗人由藏族演变为回族的族际互动基础。

按照巴斯的观点，互补是连接族群间关系的基础，在一个包容性的社会系统中，几个族群的正面联结取决于群体的互补性，并涉及群体的一些独特的文化特征。这种互补可以产生相互依赖或共存，并构成上面提到的连续领域；但若没有互补的领域，便不可能有基于族群界线的组织基础——要么不存在互动，要么有互动却与族群认同无关。

高度制约共生而形成的生存互补关系，制约共存而形成生存依存关系使藏族、回族从族群起就一直保持着高度的互动关系，形成了穆斯林经济文化体系与藏传佛教经济文化体系之间的密切互动和开放的族群边界。藏回的族群边界体现在游牧经济与农耕经济，藏传佛教与伊斯兰教，语言、族群社会记忆与族群历史传说建构等方面。族群边界清晰，虽具有极强的排他性，又具有开放性，正是由于这种非此即彼的排他性和流动性，促成了卡力岗人的族群与族群认同演变。

第三节　卡力岗人族群认同的建构

一　认同与族群认同界定

（一）　自我与自认同

自我（self）是一个心理学概念，由美国实用主义哲学家、心理学家詹姆斯（William James，1842～1910）明确提出的。詹姆斯认为，人类有将自身看作客体，进而发展自我感觉和关于自身态度的能力。正如人类能象征性地表示他人与其周围世界的各个方面，能够发展出关于这些事物的态度和感觉，并能够形成关于这些事物的典型反应一样，人类也能符号化自身，形成自我感觉和自我态度，并构成对自身的反应。詹姆斯把这些叫作自我（self）的能力。他还从类型学的角度将自我划分为"物质自我"，包含着这样一些物质客体——人类把它们看作是其全部存在的一部分和决定其身份（identity）的关键的那些客体；"社会自我"指由于同他人交往而形成的个体的自我感觉；"精神自我"则是指个体的一般认知风格和认知能力。詹姆斯"社会自我"概念成为后来"互动论"理论建构的一个组成部分。

符号互动理论（symbolic interaction）是当代互动论中颇有影响的理论之一，它的基础源头之一就是以詹姆斯、杜威等人为代表的实用主义哲学。符号互动论强调人类之所以认识自我、形成群体、构成社会，都是通过符号交流而进行的。其核心观点包括：社会是一个意义系统。首先，对个人来说，介入与语言符号相关联的共认意义是人际活动，从中产生出引导行为，使之遵循可预期格式的稳定而又共同理解的各种期待。其次，从行为学的观点来看，社会现实和物质现实都是标明的意义构成，由于人们单独和集体地介入符号互动，他们对社会的解释既"社会常规化"，也"个人内在化"。另外，符号也是结合人们的纽带，人们对其他人的看法以及他们对自己的信念，是从符号互动中产生出的个人意义构成。因此，人们对彼此和自身的主观信念是社会生活中最有意义的事实。同时，在一个特定的行动中，个人行为是受人们与那种情况相联系的看法和意义支配的，行为不是对外部来源的刺激的自动反应，而是对自己、他人及所处情况的社会要求所得到的主观构想的产物。

符号互动论的代表人物之一，美国社会学家库利（C. H. Cooley）提出了"镜中我"（the looking – glass self）的概念，他认为通过符号互动，人们彼此成为对方的镜子，我们对自己的看法取决于我们和他人的联系。后来挪威人类学家巴斯提出的"互动形成族群边界"的观点就与库利的观点有着相关性。库利的"镜中我理论"，修正和发展了心理学家詹姆斯的自我概念，它将自我看作个体在其社会环境中，将自身连同他物一起视为客体的过程。他强调了自我源于同他人的交往。他认为个体间彼此互动，进而从他人的观点中看到自身，并通过他人获取自我形象或自我感觉以及自我态度。库利强调了自我是以群体为背景的在互动中产生的意义。

符号互动论的另一位代表人物乔治·赫伯特·米德（George Herbert Mead）以"心灵、自我与社会"为题，阐释了自己的理论观点。他认为正如人类用符号指称环境中的其他成员一样，他们也能象征性地将自身标示为客体。在米德看来，在这个过程之中，随着与他人的互动可以引起暂时的"自我想象"，最终将明确为或多或少、稳定的、可归为某一类客体的"自我概念"，借助自我概念，个体行动获得了前后一致性，因为这些行动此时作为中介贯穿于个体，其作为某类人稳定并始终如一的态度、意向或意义之中。米德从行为的角度发展了自我概念。爬梳以往自我概念所涵盖的意义，不难看出，自我的概念，经创立至今强调了两个属性，一是人类在互动中形成的自我认识能力，二是这一能力与群体及社会之间的关系。在米德的这一理论体系中，社会或制度代表着个体间组织化、模式化的互动，而心灵、自我与社会之间的关系构成了社会制度的变迁。[①]

本书中的"自我"借鉴了上述自我概念的内涵，但又不完全等同于上述概念，一方面，本书借用了上述自我概念中的"自我认识"能力的含义，另一方面，本书强调了群体之间的互动及互动中形成的"群体的自我认识"能力。本书所述自我，是个人所构成的群体（族群）在与他群体的符号（族群别异特征）互动中，对己群体的意识（认识与判断），是一种"族群文化"的"自觉"认识活动，这里主要指该认识活动中的一部分，即族群的自我认同。

社会学家吉登斯认为，"自我认同"并不是个体所拥有的全部特质及其组合，而是个人依据其个人经历所形成的、作为反思性理解的自我。认同在这里设定了超越时空的连续性："自我认同"就是这种作为行动者的反思解释的连续性。这样，对"人"的理解则肯定依据文化的改变而改变。个体的认同不是在行为之中发现的，也不是在他人的反应之中发现的，而是在保持特定的叙事进程之中被开拓出来的。可见，个体的自我认同与集体、集体认同直接相关。集体自我是个人自我扩展的结果。人的自我认同随着意识的扩展，可以建构起一个跨越历史和地域的认同，形成集体认同。即我们作为个体存在，却总是认同于特定的社会群体，同时也意

---

① 〔美〕乔治·米德：《心灵、自我与社会》，赵月瑟译，上海译文出版社，2009。

味着遵守群体的规则和惯例。生活经验告诉我们，一个群体的成员的言行或情感意志总是表现出某些群体特性。

族群认同是集体认同的一种，是人们与不同起源和认同的人们之间互动中的产物，地理上与其他人群完全隔离的孤立的人群是不可能构成族群的，也不可能产生族群边界和族群意识，更谈不上族群认同，因此，可以说，族群自认同是在与他人互动中形成的"我族意识"的认同。

（二） 他者与他认同

社会学的建构主义启示我们，流通于公共文化空间的概念体系，是被各种话语实践和文化实践建构而成的。主流意识形态及其话语基本代表了政权与社会文化精英，他们拥有强大的表征武器，实现对新群体形象的生成操控。无论是"藏回"，还是"从藏族到回族"，都是他者对卡力岗人身份的话语建构，"话语"、概念的使用即他群认同建构的方式之一。因此，本问题中的他者指他群，他认同指他群对卡力岗人身份的符号建构，主要包括他族群对卡力岗人的认同和政权对其的认同。

（三） 本书对族群认同概念的操作

本书在族群、民族概念的基础上，从地方与国家、社区与社会的双重角度出发，将族群认同概念操作如下：

第一，将本书中"族群认同"区分为族群认同和民族认同两个层面。笔者认为，族群认同的实质是文化认同，主要包括族源认同、宗教认同、地域（社区）认同、语言认同和社会记忆认同等；而民族认同的实质是国家认同、国家民族身份认同和国族认同（中华民族认同）。在卡力岗人的个案中，主要包括对回族身份的认同、对中华民族多元一体国族成员身份的认同、对中华人民共和国的认同。

第二，本书将区分自我认同和他者认同在认同建构中的不同作用。分别从自认同和他认同两个层次讨论族群认同演变的事实与建构，探讨不同场景下，卡力岗人自我的族群认同建构和他者认同的一般规律，区分族群认同研究中的"社会文化事实"与"生物事实"，从实证出发反思族群认同理论，从文化、地域（社区 community）、国家三个维度探讨族群认同的结构与建构规律。

笔者在对卡力岗人研究的田野调查中发现，卡力岗自我认同的参照系是藏族（包括安多哇和安多藏族、藏族），他们的自我认同是一个有层级的体系，正如费孝通先生所言，他们可以因强调自己宗教信仰、日常生活与藏族的别异性而属于"回族"，也可因"生物族属"与藏族相同而属于"哦回"（藏回）；他们强调自己的"根"与藏族的相同与不同，使其族群边界时而流动、时而不确定，又因信仰而形成强烈的排他性，使族群边界变得异常清晰。调查还显示，卡力岗人的族群认同在国家语境下，形成了对回族、中华民族、中国多民族国家认同的统一。

可以说，卡力岗人的自我认同，兼具了族群认同理论涉及的方方面面，既有边界、别异性的相对性与流动特性；也有生物基础的建构特性，信仰的排他性和族群边界的清晰与模糊的相对特性等特点；同时，显示鲜明的认同观念与观念的客体（认识的客观对象）不完全等同特点，其社会记忆在识别和确认族属方面占有重要而突出的地位，凸显了族群与认同建构中的建构特性。另外，卡力岗人的自我认同是卡力岗人与藏族、撒拉族、汉族互动的结果，其认同观念会因互动对象的不同而转换，特别是语言的转换使他们的多种身份在语言中得以体现。当他们用藏语与藏族村庄互动时，他们是"哦回（藏回）"穆斯林；当他们用撒拉语与撒拉族互动时，他们是"回族穆斯林"；当他们操汉语与汉族互动时，他们是回族，是中华民族56个民族中的一员，是国家层面认可的回族，就像他们所说的"身份证上写着哩"；当他们与国外穆斯林互动时，他们是中国穆斯林；当他们与国外非穆斯林互动时，他们是中国人；他们的多层次认同与多重身份，共筑了他们族群认同的"流动性族群边界"，也验证了费孝通先生提出的"多元一体"理论。

二 卡力岗人族群认同的建构

卡力岗的族群认同是在与藏文化的互动中确立的，是卡力岗人与藏族、汉族、撒拉族等族群互动的结果，由价值认同、文化认同、制度（社会）认同构成。

（一）价值认同的建构

卡力岗人族群认同的参照系是藏文化。在地方语境下，卡力岗人是在与藏文化的互动中，强调与藏文化的别异性，而确立"己群"认同的，从而强调了生物族源、社会记忆、伊斯兰教文化价值观、社区、多语言的别异性，从而形成一个自认同体系。

从访谈资料来看，在有关"民族所属"得到的最为一致的答复是："我们是国家规定的回族，身份证上写着哩……我们念《古兰经》，信'伊斯兰'呗"（村民，回族，男性，60岁）。"我们跟他们（指若索藏族村的村民）不一样……生活习惯不同，我们的饭食和信仰就不同，我们用'汤瓶'①，他们是'锅头连炕'②，我们做'礼拜'，他们'转经'，他们饮酒，我们不喝酒……"（大学生，回族，男性，20岁）。"我们与他们（藏族）'不往来'（指通婚）"（村民，回族，男性，60岁）。

在与藏文化的互动中，卡力岗人认为自己与藏族最大的差异依次为：我们信真主，他们信佛祖——我们不吃猪肉，他们吃——我们卫生，他们洗汤瓶等。由此，建构了自己的价值认同（伊斯兰宗教信仰价值体系）、文化认同（生活习俗与道德规范）、社会制度认同（社会记忆与通婚禁忌）的族群认同体系。而该体系的建构始于宗教信仰的改变。

价值认同是族群认同建构的基础，也是卡力岗人族群认同建构的起点，伊斯兰教价值观是卡力岗人价值认同的主线，其主导着卡力岗人的整个价值体系，贯穿于卡力岗人从生活禁忌到社会规范再到风俗化了的社会生活体系之中，也主导着卡力岗人的族群认同。

趋利避害的理性选择与伊斯兰教的整合功能。如上所述，卡力岗人的族群演变始于对伊斯兰教信仰为核心的新价值观念体系的认同，接受伊斯兰教，放弃藏传佛教是建构卡力岗人新价值体系的起点，从历史资料与该地区的民族间传说来看，卡力岗人接受伊斯兰教的主观原因可以归结为该地区人群在对外界信息加工过程中，受到自然环境、

---

① "汤瓶"有很多名称，又称唐壶、唐瓶壶、汤壶、汤瓶壶、君迟、洗壶等。汤瓶原为熬茶、熬汤之用，后来作为回族沐浴净身的专门用具。汤瓶除了作大、小净外，一般家庭都用它来洗浴净身。

② 卡力岗地区藏族的一种把炕和灶连在一起的灶台，即灶台与睡人的土炕相通过，当烧火做饭时，土炕也就被烧热了，可烧饭取暖两不误，称作"锅头连炕"。

技术条件和文化资源的限制，在遵循"规避风险，利益最大化，交际费用最小化"的选择原则时，当自然环境的改变和旧有的文化系统、社会结构已经无法满足人们的基本需要时，人们就会转而接受新的信息①，按照趋利避害的原则，在可供选择的信息中进行类比性选择，显示出族群认同的"情景论"特色。

卡力岗地区是一个自然环境严酷、多民族聚集、多元文化共存、多种宗教信仰共生的"三多地区"，这里的人们所面临的最为丰富的可利用资源不是新的物质技术，而是多元的、纷繁复杂的文化与观念资源。因为"三多地区"往往也是自然环境较为恶劣的地区，其多山、干旱或高寒的自然条件，使人们无法使用机械农具、水利技术、交通工具、信息技术等诸如此类在大多数地区能给人们带来巨大满足的物质技术发明。据笔者观察，卡力岗人基本是每年3月中旬开始播种、施底肥，均使用榔头、毛驴等简单原始的农具与畜力，而田间管理工作也只是手工薅草、打农药，然后就"靠天吃饭"，用雨雪灌溉。

（3月17日，星期三，晴）"德一村的有些村民，从今天开始播种了，因为山地没有完全解冻，所以他们选了一块阳坡地，架着两头毛驴。到地里去，先撒种，再撒化肥，然后翻地，最后用榔头把地里的土块打碎就结束了"。

（3月18日，星期四，晴）"今天开始播种的人家又增加了几户，一开始种的都是小麦，耕作方式不一样，有的人家只用一头骡子耕种叫作单套。有的人家用两头毛驴的脖子上连接着一根木棒（当地称为给子），中间连着犁铧进行耕种叫作双套……下午2:00有一部分群众在自家的附近种地，这里的耕种者都是男子汉，妇女们送饭，拿着榔头打土块，有的帮助丈夫撒化肥，拌农药。"

（2004年3月22日，星期一，晴）"早晨路途中有些冰雪，一到中午，冰雪融化，道路泥泞，车辆手扶拖拉机不能行驶，下午多数人驮上籽种开始种田了。"②

---

① 〔美〕C.恩伯、M.恩伯：《文化的变异》，杜彬彬译，辽宁人民出版社，1988，第557页。
② 田野调查日记。

那些在大多数地区能够带来社会生活巨大改变的技术，因受到这里特殊自然环境的影响而显得无用武之地。在卡力岗人均四分地，一年一熟，无霜期只有四个多月，而"地无三里平"的地貌特征，使拖拉机等机械化农具在这里根本无用武之地，只能发挥运输功能，长期以来，这里沿袭着古老的耕种方式，产量极低。半农半牧、以农为主，家畜养殖等都处在较低水平。可以说，受自然环境的制约，这里的物质技术资源极度贫乏。反之，该地区却从来不缺乏文化资源。如上所述，卡力岗地区位居安多藏区"河曲—藏文化区"与"河湟—穆斯林文化"的交汇处，这里汇集着藏传佛教文化和历史悠久的藏文化、整合功能极强的伊斯兰文化和高度发达的汉文化，各种不同的价值观念和思想在这里碰撞，卡力岗可谓是文化资源极其丰富的地区。研究显示，在此类具有丰富文化资源的地区，当自然环境突然恶化，人们面临灾难，社会组织涣散，功能缺失，旧有的社会文化体系面对变化亦束手无策，无法胜任其社会整合功能时，丰富的文化资源就以其具有交际成本低、集体分担自然与社会风险、提供一定的生活保障、分担精神上的苦闷等物质利益最大化而得到人们的青睐，于是，在新文化体系和旧文化体系之间进行选择，就成为人们的首选和"选择惯习"。新旧文化体系博弈的结果就是人们的选择结果。具体到卡力岗人，我们发现，从外在客观表现上，卡力岗人放弃藏传佛教接受伊斯兰教时，该地区正处在上述情景之下。

根据文献记载，卡力岗人放弃传统信仰，选择伊斯兰教之时，正是该地区藏传佛教格鲁派（黄教）教规松弛、组织涣散之时。据记载，"当时卡力岗地区和昂拉地区的活佛，为争宗教观点的是非曲直和佛位的高低，组织双方属民械斗，连年不息。结果双方属民在械斗中非死即伤，造成大量的青壮劳动力失去生产能力甚至丧命。从而使本来贫困的信众因失去劳动力而背上更为沉重的经济负担，许多人为此家破人亡，孤儿寡妇悲苦无告，申诉无门"。① 一时怨声载道，老百姓对藏传佛教的"失职"十分失望。按照老百姓对藏传佛教价值文化体系所形成的共同预期，民众对寺院负有布施、劳役责任的同时，寺院"有替民众祷告"、保佑民众、消灾免

---

① 冶清芳：《青海化隆卡力岗地区藏回渊源考》，《青海师范大学学报》1986年第4期。

难、提供精神慰藉和迎生送死、解除病痛、管理人们精神生活、满足人们精神需求的义务，这就是宗教的社会整合功能。格里夫把这种表现为社会成员共同预期的宗教的社会整合功能叫作"理性的文化信念"，他认为，这种信念一旦形成，为该社会每个人所知，则在社会成员之间的博弈中就具有自我实施的特点，因而决定了每个人的最优战略选择，并进一步决定该社会的组织方式和制度选择。格里夫指出，理性的文化信念主要由社会的文化传统所决定，故不同社会在理性的文化信念上可能有差别，这是导致社会制度出现分歧的主要原因。[①] 在藏传佛教价值体系中，民众的预期，也就是理性信念，他们为此预期给寺院纳粮（布施），且钱粮数额往往超过交给官府的番粮和贡赋，正如年羹尧给雍正皇帝的奏折中所描述的那样："番民纳喇嘛租税，与纳责无异。"清政府在雍正二年曾鉴于民众负担过重而规定寺院不能直接向属民征收钱粮、衣物，但这里是山高皇帝远，官差一走，一切照旧。

黄教的组织涣散与僧侣的恶行已经打破了卡力岗社会成员的共同预期，引来了民众的极度不满，而此时又恰逢卡力岗地区遭遇前所未有的大旱。据史书记载，卡力岗地区不仅庄稼颗粒无收，而且，发生了人畜饮水困难，人们面临着生死考验。"靠天吃饭"的卡力岗人按照共同预期，希望寺院能够得到"神助"救他们于水火之中，也期待活佛组织他们（政教合一制度下，活佛也具有世俗的权利）渡过难关。但卡力岗的藏传佛教寺众僧侣却依然故我，在自保的前提下，组织了几次求雨法事，却屡次无果。随着旱情的加剧，人们对其为主要代表的旧有社会文化体系的价值产生了质疑，对该文化体系的价值认同发生了动摇。人们为趋利避害，进行最优选择，转而求助刚刚传入该地的伊斯兰教。今天，在卡力岗人中无人不知、无人不晓的马来迟（卡力岗地区的传教者，伊斯兰教"华寺门宦"的创始人）"呼风唤雨""无船自渡""点石成金"等"神迹"，特别是对这些"神迹"在社会记忆的夸大，正是对旧有的藏传佛教为主体的文化体系失望的反映，也是对伊斯兰教为主的新的文化体系期许的体现。而马来迟所传播的伊斯兰教"华寺门宦"的高度社会整

---

① 曹正汉：《观念如何决定制度》，上海人民出版社，2006。

合功能，正好满足了当时民众组织起来抵抗灾难的需求，满足了人们精神抚慰的需求，更不用说，在传教中，马来迟为人们提供的实际是解除病痛及物质利益的帮助。

研究显示，宗教具有三个方面的社会功能。其一，就是它的社会整合功能，即用一种规则、制度来统一社会的认识和行为，从而为社会秩序提供精神和信仰支持，而政教合一的藏传佛教，在当时更是负担着在制度层面上组织社会的功能，即"制序化"的功能。宗教通过其教义及对教义的解释，对信徒的言行做出了一系列的规范，用这些制度规则来约束教众，使他们的行为、观念符合其社会身份的界定，从而呈现一种秩序，进而实现对社会的整合功能，使其秩序化。秩序可以带给人们稳定与安全感，而意义则带给人精神上的升华和审美的情趣，反过来认同、欣赏和维护制度。其二，宗教为人们提供了社会秩序的模式，由宗教信仰而生成的社会价值观，有益于社会或团体从美国道德的层面对其成员加以控制。它还能够通过对造成社会混乱，破坏社会稳定，甚至导致社会崩溃的各种原因加以合理的解释，达到消除或者激起社会力量，保持或破坏社会稳定的作用。其三，宗教信仰与个人方面，还可以消解或建立个人与社会的张力，为社会中处于精神危机状态的信徒进行心理调适，平衡其心态，或激起其愤怒，从而为社会消除或形成心理隐患。宗教信仰所产生的心理感化作用是潜移默化的，是其他手段难以达到和替代的。伊斯兰教虽为世界三大宗教中最年轻的一个，但其自产生之日起，就显示出强大的生命力和传播能力，强调物质生活与精神生活的结合，反对将二者割裂对立，视物质财富为真主对人类的恩典，在享用时遵循公平原则等充分发挥其社会整合功能，同时，完美地契合了卡力岗地区文化价值观中对宗教的期待与期许。卡力岗人由信仰藏传佛教转变为信仰伊斯兰教，还有一个客观原因是压垮骆驼的最后那根稻草，那就是伊斯兰教的物质救助。藏传佛教信徒负担繁重的苛捐杂税，倡导修行，生活贫苦，即使遇到天灾人祸其宗教负担仍不能免除。在此背景下，卡力岗人通过马来迟传教宣讲，了解到信仰伊斯兰教，穷人不但可以免去苛捐杂税，而且还可以得到施舍。① 经过马来迟长

---

① 李琰：《卡力岗人与伊斯兰教》，《中国穆斯林》2004 年第 3 期。

时间的说教、劝谏和实际帮助，一部分藏族群众开始放弃藏传佛教转而皈信伊斯兰教[①]，脱离寺院，投奔清真寺。

马来迟出身于一个世代为官的家庭，他的家族本来是临夏最富有、最显赫的家庭，但是，到了他出生的时候却面临着破产，因此给他取名叫"来迟"（来晚了的意思）。8 岁时，马来迟到青海学习伊斯兰教经典。从1698 年起，他在青海、甘肃一些地方传教。曾经到过圣地麦加朝觐。朝圣期间，马来迟访问了许多阿拉伯地区，认识了很多伊斯兰教领袖，遍访名师大德，向他们请教教义教法，最终得虎非耶教义真谛。1734 年，马来迟学成归来，从海路回到中国。他先后在甘肃、青海等地的回族、撒拉族以及一部分藏族、汉族中间传播虎非耶教义，并曾应邀到云南、陕西、河南等地的清真寺讲学。经过 30 多年的努力，终于创立了盛极一时的华寺门宦，其信徒人数多达 20 多万，主要散居于甘肃临夏的西南两乡、广河的三甲集，和政的买家集、牙当、大小南岔；青海的循化、西宁；宁夏的银川及新疆的乌鲁木齐等地。至 1949 年已传 7 代，教主依次为：马来迟、马国宝、马光宗、舍姆斯丁、努伦丁、马桂源、马克里木。

华寺门宦的主要教义和仪礼包括：①以《古兰经》和圣训为信仰之本，同时主张"闹中求静"，力行静修功课，低声反复念"迪克尔"。②专门从事宣教的穆勒什德、谢赫、海里凡要做到"教乘""道乘"修持并重，要求一般的"穆里德"履行"天命五功"，经常拜谒拱北。③每逢圣忌和历代教主的生辰忌日要宰牲举行"尔麦里"活动。除念《古兰经》外，还要念《卯路德》、《冥沙》经。④信众逝世后，家属要先到拱北报丧做祈求，念"亥听"。逢信众忌日悼念时，其家属须先去拱北上坟。⑤用《古兰经》为亡人转"费底耶"（即赎罪），给死者站"者那则"（即殡礼）时要脱鞋。埋葬亡人时要求阿訇、满拉跪在墓前，各捧一本《古兰经》，分别朗诵完为止。⑥实行"父传子受"的教统继承制和选派"海里凡"管理区域教务的教坊制。从上述主要教义不难看出，与其他伊斯兰教门宦一样，华寺门宦对教职人员管束甚严，要求他们对教主的忠诚和对真主的虔诚缺一不可，这与此时卡力岗地区藏传佛教格鲁派的组织涣散、僧人堕落

---

① 冶清芳：《青海化隆卡力岗地区藏回渊源考》，《青海师范大学学报》1986 年第 4 期。

形成鲜明对比。同时，华寺门宦对信众也提出了较高的要求，其通过教义不仅对信众从信仰到生活确立了引领"关照"，而且，通过拜谒"拱北"对信众进行高度整合，提高他们信教的精神成本的同时，降低物质成本，免除各种宗教杂税，并对困难家庭提供物质帮助，从而具有了集体分担风险、解决生活问题和精神苦闷、提供低成本交际机会、建立生活保障等优势。与此同时，华寺门宦通过教义所规定的宰牲要请阿訇，遇有婚、丧事要请阿訇念经、围寺而居、一天五次前往清真寺礼拜、提倡厚养薄葬、普遍实行土葬、不分贫富贵贱、从速从简等渗透到民众的日常生活之中的本土化教理，具有极强的可操作性，也为本土文化所接受，同时，又很好地承担了宗教的社会组织与整合功能。这些与卡力岗地区的传统文化有着千丝万缕联系的宗教功能，对其信众来说并不是全新而陌生的东西，反之，在他们看来是新的、好的，符合他们期望的旧有的东西替代了不好的而已。因此，伊斯兰教在卡力岗地区被接受的原因之一，是其从社会大众内心的传统资源中找到支持的力量。而门宦制的实质，也是经伊斯兰教整合的新型的社会组织，它不仅是穆斯林社会生活的单位，也是地方的政权组织，同时，又是宗教组织，这种特殊的"政教合一"制度，又极大地提升了伊斯兰教的社会整合功能，成为规避风险、利益最大化的提供者，这就给了卡力岗人一个选择伊斯兰教的合理而有力的自我解释逻辑。正如格里夫运用博弈论模型与借助于热那亚和马格里布这两个历史案例所得结论：当社会成员面临一个共同的问题时，社会成员如何选择解决上述问题的策略，依赖于社会成员对他人行为的预期。在卡力岗信仰改变中，社会成员达成共同的预期，即"理性的文化信念"由于诸多原因而被新的伊斯兰教的共同预期所替代。这种新的"理性的文化信念"一旦形成，就协调着每个社会成员的最优策略，因而引导社会形成某种博弈均衡。社会成员在最优策略的路径上，逐渐发展出相应的制度安排。[①] 即从部落制为基础的藏传佛教政教合一制度，转换为以教坊为基础的伊斯兰教门宦制度。

　　除了上述原因外，精英的作用与卡力岗自身文化的包容性也是促使卡力岗人接受伊斯兰教价值体系的主要原因。

---

① 曹正汉：《观念如何决定制度》，上海人民出版社，2006。

　　在卡力岗人从放弃藏传佛教到接受伊斯兰教价值体系，转而建构新的族群认同的整个过程中，精英的作用十分突出。首先是传教者马来迟的作用。马来迟将伊斯兰教价值体系引入卡力岗，而描绘这套新价值体系的马来迟本人的"无边的法力"，在某种意义上成了这套价值体系的象征与符号。社会精英对于新旧价值体系的转换与选择起着重要的作用。

　　研究表明，当个人具有多种目标可供选择时，他对不同目标的效用评价受其思想观念的影响，往往优先选择他偏好的价值目标。而社会精英提供这些目标的示范。宗教是一套由不同的思想观念、不同的价值目标和思想理论组成的思想观念，以其为中心所形成的是不同的文化体系。显而易见，每个人的心中，都有一套或明确或不太明确，或清晰或不太清晰的思想观念。而且，在一个稳定的、秩序良好的社会中，也一定存在一套社会成员普遍认同的思想观念，这就是所谓的社会主流价值观。但是，并非每一位社会成员都能清晰地、明确地表述自己的价值观念；对于社会的主流思想观念，更非人人都有能力进行概括、表述和施加影响。故社会成员可以分成两大类，一类为社会大众，另一类为社会精英。这两类人群都参与了社会主流思想观念的形成，但社会精英却是社会观念与思想的创新者，他们有能力明确地阐述自己的思想，并有能力传播自己的观念，因此，他们对主流思想观念的产生和形成有着决定性的影响。而社会大众面对自然环境严酷和充满不确定性的世界中，需要有一套思想观念用来安身立命，用来解释自己面临的困惑，于是，形成了追随精英思想观念的基础。社会大众的思想观念主要来自两个方面，一方面来自于世代相传的社会习俗、习惯及对文化传统的学习，另一方面就来自社会精英对文化传统的阐述和对新思想观念的倡导。因此，当社会处于稳定时期，社会的主流思想观念通过精英人物的阐述和倡导，得以广泛传播和延续；当社会进入新的环境，面临新的问题，原有思想观念又不能应付此种新环境和新问题时，则社会的主流思想观念此时就将面临危机，而精英人物就负有对文化传统进行新的诠释；或者从社会外部引入新思想；或者从实际经验中创造新的思想观念，或者三者兼而有之的责任。马来迟正是这样的社会精英。研究表明，社会大众接受哪一种关于理想人生和理想社会的假设，须具备以下条件。一是在社会大众的心目中，提出和倡导这套思想观念的精英人物应是可以信赖的人，是道德高尚的人，他们倡导这套思想观念应是（或至少在外表上应是）为了实现社会的共同利益，因而社会大众在接受这套思想观念时，不会有被欺骗的感觉。二是在社会大众的心目中，提出和倡导这一套思想观念的人，应是强者、成功者、"英雄"或能够通晓天命创造"神迹"，其本人就是这套思想的符号和象征，使得社会大众有理由相信，这套思想观念和倡导它的精英人物能够解决社会面临的问题。三是这套思想观念应同社会的文化传统有内在联系，能够从社会大众内心的传统资源中找到支持的力量。

我们从卡力岗人对马来迟传教的"社会记忆"中不难看出，马来迟在卡力岗人的心目中是强者、成功者，也是"英雄"和能够通晓天命创造"神迹"的人。在卡力岗人中至今有三个传说被人们津津乐道，构成他们共同的社会记忆的一部分，即无船渡黄河、取胜藏传佛教僧人、祈雨救民众。与所有的英雄传说一样，在传说中，马来迟被塑造成无所不能的、神人合一的、拯救人们的英雄。在马来迟的这些传说中，作为负面的比较对象的是藏传佛教的活佛或者僧侣，这种极具象征意义的比较，似乎在诠释人们摈弃藏传佛教、接受伊斯兰教的逻辑，即善良战胜邪恶，美丽战胜丑恶，英雄战胜无能。在马来迟"呼风唤雨"的传说中，藏传佛教僧人屡次求雨不得，成为故事的铺垫，而在人们无力而绝望地呼唤求助时，马来迟轻易就求雨成功，成了救人们于水火之中的、能够呼风唤雨的、法力无边的英雄，人们相信其得到神助，是神派来拯救人们的神人合一的人，是一个能够信赖的领袖。由此，他们相信马来迟和马来迟所倡导的这套伊斯兰教思想观念能够解决他们所面临的问题。同时，马来迟到卡力岗地区后，一方面宣扬伊斯兰教的一些基本教义，另一方面积极接触下层贫寒群众，帮他们分忧解难。给一些极端穷困者施舍钱物，帮一些无力偿还债务者偿还借贷等行为，又使其走下神坛，给了人们亲近感，建立起好感，逐步在当地群众中树立了圣俗两方面的威信。史料记载，马来迟在传教过程中，因势利导，尊重当地群众的一些生活习惯，迎合群众的一些心理和需要，做了一些必要的让步，放宽了伊斯兰教的某些教规。① 这些都是卡力岗人

---

① 详见《化隆县志》。

皈信伊斯兰教的原因之一。当然，从历史资料和田野调查所获材料来看，18 世纪中叶，除马来迟在这里传教 10 多年外，还有更多的人在卡力岗传教，但除了马来迟外，其姓名都没有流传下来。① 卡力岗人接受伊斯兰教绝不可能是马来迟一个传教士所为，从某种意义上来说，马来迟也成了这些传教士的符号与象征，成了伊斯兰社会精英的符号与象征，成了卡力岗人共同社会记忆的符号与象征。

除了外来精英之外，卡力岗的本土精英在卡里岗人的族群演变过程中也起了重要的作用。据记载，"由于马来迟耐心传教，使部分头人率其属民改信了伊斯兰教"。② "据传，卡力岗地区某寺院的活佛与马来迟关系甚密，并进而也改信了伊斯兰教。又传，卡力岗地区某头人被马来迟劝化，皈信了伊斯兰教。"③ 此类记载与传说遍见于卡力岗文献与笔者的访谈之中。"活佛、头人改变宗教信仰，在信仰喇嘛教（藏传佛教）的群众中间震动颇大，于是大家纷纷随之皈信，以至于旧有的藏传佛寺被改建成了清真寺，今天，当我在卡力岗各村访谈时，村民就会细数遍布各村的清真寺，哪些个是从藏传佛寺改建而来的。这些本土的社会文化精英——活佛、头人改信伊斯兰教，对卡力岗民众的改教行为有着引领与示范作用，这被卡力岗人认为是他们改信伊斯兰教的主要原因。"④ 本书认为，藏传佛教、伊斯兰教本土与外来的两类社会精英的协商妥协是卡力岗人信仰改变的主要原因之一。正如中国学者曹正汉所建立的制度分析模型所示，在民众的选择中，社会的精英人物在制度形成与演变中扮演着重要角色，具体来说，精英人物的作用表现在两个方面：第一，表现为主动创立、倡导，或传播某种思想观念，因而影响到社会的主流价值观念的形成与演变；第二，从主流思想观念到社会的制度安排有着内在的逻辑性；第三，在环境因素或社会的主流思想观念变化之后，制度安排如何演变，也受社会精英的引领与影响。

---

① 沈玉萍：《卡力岗现象及其分析》，《西北第二民族学院学报》（哲学社会科学版）2003 年第 4 期。
② 冶清芳：《青海化隆卡力岗地区藏回渊源考》，《青海师范大学学报》1986 年第 4 期。
③ 李耕砚、徐立奎：《卡力岗地区部分群众昔藏今回的调查》，《青海社会科学》1981 年第 2 期。
④ 沈玉萍：《卡力岗现象及其分析》，《西北第二民族学院学报》（哲学社会科学版）2003 年第 4 期。

在曹教授的模型中，所言思想观念包含两个层面，其一，属于社会理想和人生理想的层面，即人们认为社会应该实现的目标和形成的秩序，我们称之为价值目标；其二，人们为解释此价值目标的意义及如何实现此价值目标所创立的一套思想理论。该模型引入了以美国新制度经济学派的著名代表人物奥利弗·威廉姆森（Oliver E. Williamson）为代表的交易费用理论，强调了将某种思想观念应用于社会实践，因而影响到社会制度的变迁的观点。因此，曹教授断言，从思想观念到制度安排，其背后的推动力量是精英人物的积极活动与社会大众的追随和响应。①

在前文论及卡力岗地区社会文化背景时，我们看到了整个卡力岗周边地区文化的多元性，这种多元性形成了卡力岗地区文化所特有的包容性，在族群层面主要表现为族群边界的流动性、族群文化的互渗性、宗教文化体系内涵的多元性和民族的多源流等方面。前文已述，此处不再赘述。而这一切不仅为卡力岗人的选择提供经验性的观察和体验机会，唾手可及的穆斯林的生活也为卡力岗人提供了改变信仰的比较范本，使其改变信仰的选择变得可控，这正是理性选择比较所必备的条件之一。因此，可以说，文化自身的包容性，特别是族群的杂居及族群边界的流动性，使卡力岗人的理性选择得以成为可能。

综上所述，卡力岗人的价值体系因宗教信仰的改变发生了巨大的改变，一套全新的价值观念成为卡力岗人族群认同的基础。在访谈中笔者注意到，卡力岗人特别强调了"伊斯兰教给他们的洁净观"是他们自感优越于周边其他人的主要原因，也是他们认为自己祖上接受伊斯兰教的主要原因，是他们自己价值的合理解释，"回族（穆斯林）生活习惯讲卫生，不饮酒、不抽烟，也不得病"（现任村长，回族，男，50岁）。"穆斯林不赌博，社会（治安）好，生活好"（阿訇，撒拉族，男，40岁）。在卡力岗人的本土观念中，部分藏族部落接受伊斯兰教与伊斯兰教所倡导的健康生活方式有关。他们强调，按照教义规定，穆斯林在每天的礼拜前要"大净""小净"，由此，形成了其日常生活中讲卫生的习惯，饭前饭后要洗手擦净；"早6点50分从清真寺的高音喇叭中传来了晨礼的呼唤声（邦克）

---

① 曹正汉：《观念如何塑造制度》，上海人民出版社，2005。

唤醒了我们熟睡的一家。我和爱人照例起床做了小净（何布太斯），小净的洗法是：洗两手同两肘，洗面容摸头摸脖颈，洗两脚同两踝骨，洗两便处，刷牙净鼻。然后我到清真寺做礼拜"（纳加村民，男，48 岁）。他们说"穆斯林一般家庭都是窗明几净，一尘不染……尤其重视水源卫生，凡供人饮用的水井、泉眼，一律不许牲畜饮水，也不许任何人在附近洗脸、洗衣或洗澡；井有的加盖，取水以前一定要洗手，盛水容器中的剩水不能倒回井里"。① 这些生活习惯，被冠以了穆斯林的符号，在医药条件匮乏的卡力岗山区，这些卫生习惯不失为一剂良药。在化隆县政府工作人员的访谈中，该问题的答案是：人们接受伊斯兰教"与马来迟将先进的农业耕作技术带入卡力岗地区有关"（化隆县人大工作人员，男，53 岁）。"虽然化隆早在元、明时期就已经成为农牧各半的地区，但由于卡力岗地区特殊的地理环境，现在以农业为主的生产方式应与伊斯兰教的传入有很大的关系，因为只有以农为主的生产方式才能够保证人们的宗教生活"（化隆县领导，男，50 岁）。

另外，伊斯兰教主张厚养薄葬，村民们也将其与洁净联系在了一起，他们说"要洗干净离开这个世界"（阿訇，男，25 岁）。"村里举行简单的送葬，在家的老人们打了坟坑，购买了些茯砖茶，用清水洗净了全身，用三层白布进行包裹，搞抬深埋了"（纳加村民，男，46 岁）。

伊斯兰教价值观代表着一种有别于昔日卡力岗游牧社会的、全新的农业社会的价值体系。笔者认为，他们以畜牧业为比较的参照对象，反映了他们对伊斯兰教所代表的农耕生活的认同。

（二） 文化认同的建构

文化认同也是族群认同中的重要部分，是人的社会属性的表现形式。文化认同一方面与族群相关，也与国家认同（民族认同）相关。文化认同是构成族群认同与国家认同（民族认同）的中介形式。作为中介认同形式，文化认同就必须一方面与族群认同有交叠的部分，另一方面与国家认同、民族认同有交叠的部分。测量民族认同与族群认同的程度，就是看文化认同与这三种认同之间各自交叠部分的比重。这会出现以下几种情况：

---

① 访谈资料。

①文化认同与国家认同（民族认同）的交叠和文化认同与族群认同的交叠基本重合，这时族群认同与国家认同基本一致，这往往表现为单一民族的国家。②文化认同与国家认同的交叠和文化认同与族群认同之间的交叠存在部分重合，这往往表现为多民族国家。这又会出现两种情形，或重合部分很小，这是国家认同比较弱的表现；或重合部分较大，这是国家认同比较强的表现。③前两种情形都存在是否与超国家共同体认同（如欧盟、东南亚联盟等）和全球认同的关系问题。一般说来，超国家认同成分多的，卷入全球化的程度深些；超国家认同成分少的，则卷入全球化的程度就浅些。

可见，文化认同在诸认同中地位之重要，各个族群就是通过文化的别异性强调已族群认同的。文化认同在卡力岗人的自认同中表现为族源、社区、社会记忆和多语言现状的认同。

研究表明，语言在体现族群认同的过程中具有极为重要的作用。

马戎教授曾指出："语言是各族群传统文化的重要载体，语言的交流与融合是文化交流与融合的重要组成部分……所以关于语言使用的调查是研究族群关系的一个最基本的研究专题。""语言作为文化象征符号的关键部分，它表达和影响着族群的思维，同时它也和图腾禁忌、咒语、神话、姓名等融为一体，形成族群文化中最富可塑性的底层。"

卡力岗的语言调查显示，卡力岗回族与全国的其他回族不同，是以藏语安多方言为母语，但通行藏语、汉语、撒拉语三种语言。调查显示，卡力岗人的藏语安多方言中，大约10%的词汇为伊斯兰教经堂用语和汉语词汇。中央民族大学张海洋教授认为："只要任何一方发现维持和建立民族界线于己方有利，哪怕轻微的口音甚至细小的举止都可能被用作族群标志。"① 可以说，藏语是卡力岗回族的一个重要的认同标志，这使他们与河湟地区的其他回族在文化认同上存在一定差异。在卡力岗地区，"过去阿訇们讲'瓦尔兹'时一律使用藏语。现在年轻的阿訇喜欢用汉语讲，年老的阿訇仍然喜欢用藏语讲，但为照顾一些年轻的听众，他们有时也用汉语

---

① 张海洋：《浅论中国文化的多样性：族群认同与跨文化传统》，中国社会科学出版社，1995。

翻译。那些年轻阿訇因为多数在临夏、西宁、兰州等地区学习宗教知识，因而他们喜欢并且擅长用汉语来讲解经典。此外，在宗教活动中，卡力岗回族的语言使用状况还呈现出这样一种有趣的现象：既援引阿拉伯语名词术语（一般是宗教术语），又套用藏语动词，形成了'阿藏合璧'这样一种较为独特的语言形式。"①

同时，语言在卡力岗的婚俗中也有鲜明的认同倾向性。

从择偶开始到结婚当天以及婚后的生活，都体现了他们对藏语的认同。德一村的青年人选择对象一般都在本村或者邻近的村庄，很少到太远的地方选择配偶。当然，有些青年也乐意到沙连堡、阿什奴等乡镇的村庄找对象。不管怎样，有一个原则是，他们一般都会选择说藏语的女子，不太愿意找说汉语的女子。出现这种情况的原因主要是，他们认为语言相近，生活方便，有利于日常感情的交流与加深。当地回族男青年也有娶藏族女子的情况，但是回族姑娘嫁给藏族小伙的情况几乎不存在。从通婚的状况中，我们也可以看到，在卡力岗地区，说藏语的回族与说汉语的回族，仍然存在一定的族群边界。也就是说"藏回"与说汉语的回族尽管宗教信仰相同，但是，由于语言的差异，使他们在相互认同的过程中，仍然存在一定的隔阂与距离。

访谈显示，卡力岗人的语言与当前的国家话语的族属并无实质性的关系。笔者通过对操三种不同语言和通用三种语言的四个村子的村民的访谈，得出的初步印象是：他们认为语言不同与否，跟是不是回族、藏族无关。但当问到回族与撒拉族的区别时，他们却又强调是语言上的差异，好像在卡力岗只有"撒拉语是撒拉人的话"，语言在这里才具有族群符号标志。

另外，语言与族源有紧密的联系。在操汉语的纳加村访谈时，绝大多数访谈对象认为自己祖上就是回族，他们说，"纳加村原来是藏族（居住）的地方，'纳加'就是藏语'有水草'的意思，好像与黄南藏族自治州的纳加活佛有什么关系"（阿訇，回族，男，20多岁）。听老辈人说，"这里

---

① 马伟华：《青海卡力岗回族语言认同的调查报告——以化隆德恒隆乡德一村为例》，《青海民族大学学报》2010年第2期。

原有藏民七户，回族进入该地区后，买下了纳加，原有藏族南迁牧区，村民们说回族迁入纳加村的历史已在五代以上，解放前本村回族人口也不多，约十来户。解放后，回族人口快速增加，达到现有的60户规模"（教师，回族，男，40岁）。"纳加一般与藏族村互不来往，而认同与藏语的回族是一个民族，认为他们之间仅为语言上的差别，他们来往最多的（通婚）是沙连堡乡的伊什春村，两村的亲戚最多"（村民，曾任村干部，回族，男，60多岁）。而他们联姻最多的这个伊什春村，就是操藏语的回族村。

在对操藏语的德一村访谈时，访谈对象明确认同"自己是回族"，"认为自己祖上原为藏族，该地也原为藏族聚居地，德恒隆即为藏语，意为'老虎沟'，据说该地原来是原始森林，多野兽，尤其多老虎，故称老虎沟。整个卡力岗地区原来都是藏族地区，后来马来迟进入本地区传教，显示了神迹。藏族自愿放弃藏传佛教皈信了伊斯兰教成为回族"（教师，回族，男，48岁）。目前德一村有239户1239人，约有50人是讲汉语的回族，其余皆操藏语，这部分讲汉语的村民们认为自己原为汉族。"我们家祖上是汉族，原姓韩，由外地迁居此地后'随了教'① 了，成为回族而改姓马，在德一村有许多藏汉人民随教后改为姓马的。"而"使用什么语言与是藏族还是回族没有什么关系"（公务员，回族，男，50多岁）。

正如巴斯所言，人们会依"根"而确定自己的文化边界，在卡力岗人中，就广泛传诵着马来迟传教"神迹"与自己族源、信仰、社区生活的关系，这些联系扭结在一起，成为卡力岗人关于"根"的社会记忆，而这一社会记忆又成为卡力岗人文化认同的重要组成部分之一。

田野访谈表明，目前，卡力岗人保留下来的较为完整的"母文化"当属藏语言。另外，还有一些生活习惯和节日中的一些文化因素，射箭、走马、"锅头连炕"被当地人认为是藏族的遗俗。但随着近年来改革开放的深入、外出打工人数的增加，这些遗俗正在逐渐消失。

（三）制度认同的建构

卡力岗人接受伊斯兰教后的一个直接结果就是其社会制度由部落制演

---

① 指皈依伊斯兰教。

变为"教坊制"，而本土化的伊斯兰教"虎夫耶教派华寺门宦"与藏传佛教相比具有较强的排他性，教坊制形成的村落生活也比地缘的部落制更具排他性，这样既避免了宗教"搭便车"现象的发生，也提高了信教的"回报率"，同时具有整合社会生活的功能。

如上所述，虎夫耶教派，阿拉伯语意为低念派，因主张默念迪克尔（赞颂词）而得名。笃信《古兰经》和圣训，主张教乘（五功）与道乘并重，其道乘主要功修是静修参悟和念迪克尔；所属各支系门宦因其传授不同，念诵方式亦各异。华寺门宦是"虎夫耶教派"的一个支系，其创始人为临夏河州人马来迟，18岁开始担任教长达20余年。1728年去麦加朝觐，并到大马士革、巴格达、开罗等地游学深造，先后研究了沙孜里、纳格什班迪和苏哈来瓦迪耶学理。清康熙十二年返回甘肃河州，综合各派教旨，开始传虎夫耶学理。他主张"闹中静"，重视五功、"干阿麦里"（为纪念该派有关人物忌日而举行的宗教性活动）和念《卯路德》《冥沙》等经。教徒死后，须在华寺拱北做"祈求"，并以"传转"《古兰经》为其赎罪；举行殡礼仪式时要求脱鞋。19世纪70年代分裂为以循化为中心的马如彪为首和以河州为中心的马永龄为首的新老两派。后在反清起义中遭清廷镇压，自此一蹶不振。

门宦是伊斯兰教在中国本土化的产物，其有别于教派，是一个政教合一的宗教组织。其教派以对教义、教律解释的不同来区别，它没有严格的组织，仅以同一个清真寺为活动中心，各个清真寺之间也没有特殊的联系。而门宦则属于伊斯兰教中的"神秘派"。国外称其为"苏非"（阿拉伯语），新疆称其为"依禅"（波斯语），甘青宁一带称为门宦。现多数学者认为，不论门宦一词来源于何处，该名词的出现说明了传入中国的伊斯兰教已与中国传统封建制度及儒家思想紧密地结合在了一起，而形成了具有中国封建社会特征的宗教制度，这也说明在甘青宁地区的苏非学派各支派之间亦形成了一批具有宗教世袭身份、特殊地位和教俗特权的高门世家，门宦制度是伊斯兰教与中国封建传统文化相结合的"本土化"标志。

爬梳伊斯兰教组织在中国的发展历史可见，其经历了蕃坊、教坊和门宦三个发展时期。蕃坊是伊斯兰教徒在中国的侨居时期，该时期的伊斯兰教徒，主要是在南方沿海从事商业活动的阿拉伯人和波斯人，以及少数军人和使节，尚未对中国形成影响力。教坊是元代、明代以来的以礼拜寺为标志的伊斯兰教徒聚居区，教坊制度的形成代表伊斯兰教徒从侨居的外国人转为定居的中国人，该时期的伊斯兰教徒，主要是从中亚迁到西北、西南等地从事屯垦的军人、工匠及其家属等，此时，伊斯兰教已经拥有了大量教徒，成为西北、西南地区具有影响力的群体。门宦则代表清朝以来伊斯兰教徒中大地主、教俗权力阶层的形成，还是伊斯兰教地区土地更加集中的时期，也是伊斯兰教完成本土化过程、成为中国宗教重要组成部分的时期，该时期伊斯兰教徒在门宦制度的整合下，对中国时局和社会的发展具有重要的影响力。

门宦制度的形成经历了一段漫长的发展过程。门宦的创始人，一般都是比较贫穷、虔诚的宗教职业者，其一生专注传播宗教，故第一代门宦创始人均一生贫寒。然而，第二、第三代后逐渐形成了教俗合一的高门世家，形成了门宦制度的基础。门宦制度是由雄厚的经济和宗教特权组成，其集中表现在"父传子受"的世袭罔替制度、对清真寺教权的控制、组织武装及左右地方政权和依附政治势力维护教权等方面，颇有"政教合一"的色彩。

受教义的影响，各个门宦左右政治的能力参差不齐。其中，"嘎德林耶"的传教者不婚配，没有"父传子受"的世袭罔替制度，束脩赠送基本上属于公有。由于经济权益没有完全集中到个人手中，所以"当家人"的特权不是太大的。而"库布忍耶"，一家独传，教徒少，束脩赠送不多，特权相应也小。只有"虎夫耶"和"哲赫忍耶"所属的主要支系，组织严密，特权较大，他们各为自己的门宦争取群众，争取到的群众越多，其势力越大。这不只是扩大宗教上的势力，实际上也扩大了经济实力。该教派下的门宦"当家人"不仅拥有大量财富，而且与当地的政治势力相结合，一呼百应，俨然是一方首领，形成了教俗合一的特权阶层。这种政治上的封建宗教特权，又反过来规定着区域文化和制度。门宦制是一种集教权与宗教组织、世俗权利于一体的社会组织制度，门宦也是一种更集中、更扩大的教坊。是一个严密的组织。① 它上有教主，下有清真寺，形成了一整

---

① 刘夏蓓：《安多藏区区域文化与族群关系研究》，民族出版社，2003。

套严密的组织。

由此可见，华寺门宦具有极强的社会整合功能。

我们的田野观察也证明了这一点。清真寺在卡力岗人的社会生活中，起着组织日常生活的作用。从婚丧嫁娶到农业生产再到前边提到的组织朝觐，无一不是其在发挥作用。伊斯兰教深入卡力岗人的日常生活中，并主导形成了对其社会制度的认同和社会生活的变迁。

（四）　卡力岗人族群认同现状田野调查

1. 关于族群认同

笔者就该问题分别在对德恒隆乡操汉语的纳加村和操藏语的德一村的回族居民与吾后列藏族村及撒拉、藏、回杂居的东加村中，选取了村干部、60 岁以上的老人、40 岁左右的普通村民、国家公务员、教师和外出上学的 20 岁左右的青年、10 多岁的女孩子、中年妇女等进行了访谈。有关民族认同得到的最为一致的答复是："我们是回族，念《古兰经》，信'伊斯兰'呗"（村民，回族，男，60 岁）。认为自己与藏族有极大的区别，"主要是生活习惯、饮食和信仰等方面，我们用'汤瓶'，他们是'锅头连炕'；我们做'礼拜'，他们'转经'"（大学生，回族，男，20 岁）。事实上讲藏语的回族已经没有了与藏族联姻的关系且"生活上不往来"（村民，回族，男，60 岁）。但笔者在吾后列藏族村时就看到，该村在建学校时，从邻村请来了许多人帮忙，其中有相当部分是讲藏语、通汉语的回族，因此，村民们不往来的含义主要是指不通婚。居住在东加村的撒拉族，除自我认同为"卡力岗人、撒拉族"外，认同自己是"与群科、循化撒拉不一样的'大撒拉'"（村民，撒拉族，女，40 多岁）。究其原因可能与历史上的"外五工——卡力岗工"的特殊性有关。

2. 关于族群语言

操三种不同语言和通用三种语言的四个村子的卡力岗人认为语言的不同对认同为回族或藏族没有什么关系，而与认同撒拉族有关。

综上所述，卡里岗人的族群认同观念是由以下几个方面构成的：

（1）文化认同与族群认同相联系的认同观念；

（2）族群认同与利益认同相联系的认同观念；

（3）"自识"和"他识"相结合的多元认同观念；

（4）"根意识"的认同观念。

第一层为地域认同；第二层为信仰认同；第三层为根认同；第四层为"自豪感"记忆认同，以上四点共同构成卡力岗人的多重认同体系，即二元族群认同标准——地域认同和宗教认同。

二　民族认同的建构

（一）　文化认同与民族认同

卡力岗族群认同建构的第二个部分，即从藏回到回族的促成因素是国家在场。在历史上，表现为清政府对藏传佛教和伊斯兰教的不同态度与政策倾向性。新中国成立后，中央政府的民族识别和民族政策则是促成其国家身份认同建构的主要因素。

明清时期，随着伊斯兰教各大教派的传入，特别是在"苏非"主义学派的影响之下，在甘肃的狄、河地区，形成了三大教派、四大门宦，"门宦制度"也由此确立并迅速盛行于河湟地区，完成了伊斯兰教的"本土化"过程，进入迅速发展时期。而清朝中期的康熙、雍正、乾隆三朝，致力于西北边疆的安定，连续对蒙古各部用兵，黄教势力受重挫，不仅使其无力整顿教规，而且使其丧失了以往的社会权力与地位，降低了其在民众中的信任度。

雍正元年（1723年），青海地区爆发了以和硕特蒙古贵族罗卜藏丹津为首的反清武装叛乱。"西宁数百里之内，一切有名的寺院喇嘛皆披甲执械，率其佃户僧人等攻城打仗，抢掳焚烧，无所不至。"[1] 一时，青海变乱四起，清政府派年羹尧击退了罗卜藏丹津的叛军，征剿参与叛乱的各个喇嘛寺院。其中，郭隆寺等喇嘛寺院进行了十分凶猛的抵抗。鉴于喇嘛寺院参与叛乱，年羹尧提出了严厉的善后措施，雍正二年（1724年）清政府规定："嗣后定例：寺庙之房不得过二百间，喇嘛多者二百人，少者十数人。仍令每年稽察两次，令首领喇嘛出具甘结存档。至番民之粮，应俱交地方官管理。每年量各庙用度给发，再加喇嘛衣服、银两、庶可分别其贤否，地方官得以稽察。"[2] 这些措施，极大地限制了喇嘛寺院势力的扩张。同

---

① 《年羹尧奏折》专辑（上）关于"附奏征剿西海番众土民片"。
② 王士谦：《东华续录》"雍正朝"卷四。

时，用经济手段控制了寺院。到乾隆年间，继续执行对喇嘛教的限制利用方针，曾指出："对于喇嘛惑众乱法者，仍以王法治之，与内地齐民无异。"① 清政府的这种政策，使藏传佛教的上层人物及寺院的活佛、僧侣因此失去了以前的社会地位和经济特权，也丧失了其在卡力岗地区不可动摇的统治地位。

相反，清政府在顺治、康熙、雍正及乾隆（至乾隆四十六年苏四十三起义前）时期，对伊斯兰教采取了宽容的政策。清廷对伊斯兰教的政策与对黄教的打击形成较大的反差。主要表现在以下几个方面：第一，允许伊斯兰教的合法存在。康熙年间，一些朝臣纷纷上告，说回回"夜聚明散"，意在谋反，请求予以镇压。对此康熙并未轻率决定，查明情况后，对上告的不实之词一一予以驳斥，并颁布一圣旨："通晓各省：如官民因小不忿，借端虚报回教谋反者，职司官先斩后奏。天下回民各守清真，不可违命，勿负朕恩，有爱道之意也。"② 第二，对回教回民一视同仁。雍正二年（1724年），当时任山东巡抚、后任大学士的陈世倌和安徽按察司鲁国华先后上奏回民不同于其他臣民，伊斯兰教本身应予禁绝。对此，雍正指出："自省各处，皆有回民居住，由来已久。其人既为国家之编氓，即俱为国家之赤子，原不容以异视也。"③ 第三，不干预伊斯兰教的传习、抄录。乾隆四十七年，哲赫林耶派——清王朝称其为新教中的苏四十三起义被镇压后，广西抚臣朱椿将伊斯兰教当邪教对待，将广东崖州回民所带抄录回字经21本，及汉字《天方至圣实录年谱》等书盘获，并逐一严讯，提出"从重究拟"等。此事引起轩然大波，各省督抚还就此纷纷复奏朝廷，引起朝廷重视，乾隆为此下多道谕旨。乾隆强调伊斯兰教经典不过相沿旧本，该教本来就有，并无悖逆之语，应该允许其传习、传抄、携带，国家不宜过问。④

---

① 乾隆：《喇嘛说》，碑藏雍和宫。
② 杨虎德、张钟月：《清朝伊斯兰教政策探析》，《青海师范大学民族师范学院学报》2008年第2期。
③ 杨虎德、张钟月：《清朝伊斯兰教政策探析》，《青海师范大学民族师范学院学报》2008年第2期。
④ 杨虎德、张钟月：《清朝伊斯兰教政策探析》，《青海师范大学民族师范学院学报》2008年第2期。

可见，清朝在对黄教持续打击的前提下，放任伊斯兰教自由传播，使伊斯兰教赢得了一个极好的发展机会。于是，西北出现了一个伊斯兰教的发展高峰，信众猛增，以至于从乾隆年间起，西北回民起义不断，至同治年间，动辄十几万人围攻"金城"。清朝中期，开放了海禁。各个信仰伊斯兰教的民族，纷纷朝觐，据 1950 年临夏社会调查，清康熙年间，河、狄两地每年前往朝觐的信徒平均在 20～30 人，为各地区人数之最，教徒们通过朝圣、传教、建清真寺、礼拜等活动，完成了传统文化的伊斯兰文化改造整合过程，再以整合后的"伊斯兰化"的民族文化向外传播，形成了一个比藏传佛教更为严密的循环系统，而经过伊斯兰教整合的各穆斯林民族文化呈现出高度的一致性，伊斯兰教在这些民族传统文化中的影响程度，可与河曲藏文化区的藏传佛教相媲美。而卡力岗人宗教信仰的变迁就源于此时。据卡力岗地区的老人们讲，马来迟传教时带来的经卷上盖有兰州官府的大印。这种"允回抑番"的特殊形势和政策有利于马来迟传播伊斯兰教。并且对习惯于养尊处优的僧人是一个打击。这种来自国家层面的压力对信教群众产生了重大影响，从而形成了有利于马来迟传播伊斯兰教的政治条件和环境。卡力岗部分头人、活佛因势力所迫而改信伊斯兰教，也说明了国家力量在宗教信仰变迁中的重要作用。

综上所述，国家意志在宗教发展上的作用至关重大，从某种程度上来说，是国家意志使卡力岗人得以实现了从藏传佛教到伊斯兰教的宗教信仰变迁，由内外部因素合力而形成的卡力岗人信仰变迁同样也体现在其族群认同上。同时，纵观卡力岗人的宗教信仰变迁，其内部原因主要是卡力岗人的外界信息加工方式所导致的理性选择、自身文化的包容性、藏传佛教的失势等。外部原因则包括社会精英的倡导、国家的意志、伊斯兰教自身的"本土化"的成功及通过门宦制提升的社会整合功能。内外部原因的联系，则表现为藏传佛教与伊斯兰教两套价值体系的长期互动与相互影响、两类社会精英的相互协商妥协等因素。

在上述诸多因素影响下，从乾隆年间开始，卡力岗人逐步完成了从藏传佛教到伊斯兰教的信仰变迁过程。

（二）宗教认同与民族认同

伊斯兰教与回族有着密切的联系，其联系着回族的思想意识，促进回族共同心理状态的形成，影响了回族的风俗习惯。因此，伊斯兰教往往与回族联系在一起，成为回族的符号与象征，卡力岗人因为接受伊斯兰教最终由藏族演变为回族，其族群演变与信仰之间的这种表面关系是问题的本质吗？卡力岗伊斯兰教信徒的新身份，与其族群演变有正相关的关系吗？这是学界长期争论的一个问题，也是卡力岗现象的关键所在。

回族学者保健行在《回族与伊斯兰教关系试析》一文中认为，伊斯兰教与回族有着密切的关系，在回族的形成过程中起到了至关重要的作用。表现在以下三个方面。其一，是伊斯兰教的宗教生活和清真寺把来到中国定居的大食人和波斯人团聚在了一块，使其具有了成为一个民族的可能。其二，由于信仰伊斯兰教的一致性，为形成一致的思想意识奠定了基础，伊斯兰教对于回族的形成起到了一般所说的纽带作用。其三，回族在形成后与伊斯兰教的关系更加密切，由于伊斯兰教教规渗透到日常生活之中，习俗化、风俗化，宰牲要请阿訇宰，遇有婚、丧事要请阿訇念经等，因此，伊斯兰教的教规也就成了回族的主要标志之一，二者是你需要我，我需要你，相互不可分割。可以说，伊斯兰教之于回族，已经是一个不可分割的组成部分。

但是，这并不意味信仰伊斯兰教的就一定是回族。目前，全世界穆斯林人口已达 15 亿之多，分布几乎遍及全球，而并非只是在阿拉伯国家才有穆斯林。在我国，也有回族、东乡族、维吾尔族等 10 个民族全民信仰伊斯兰教，但他们并没有因为接受伊斯兰教而失去原来的族性。

本书认为，卡力岗人从藏族到"哦回"的转变是文化变迁的结果，而对回族的认同则是国家在场及民族政策的结果，是由他认同而引发的自认同结果，且最后自认同与他认同合二为一，统一为回族认同。

考察表明，1949 年前后，卡力岗人的自我认同与他认同均为"哦回"，其后，特别是经过民族识别后，卡力岗人的自认同、他认同与制度层面的国家认同均为回族。也就是说，卡力岗人族群认同的建立是由上而下明确的。其族群族性的回族、信仰伊斯兰教也逐渐符号化了。卡力岗人由藏族演变为回族，也是始于伊斯兰教对其日常生活的渗透，据调查，卡力岗人也往往把信仰伊斯兰教作为自己就是回族的主要依据。我们认为，卡力岗人由藏族到回族的演变，伊斯兰教信仰固然是一个重要原因，但他认同与国家认同的共同作用也是一个重要原因。

（三） 国家认同与民族认同

国家语境下的卡力岗人的认同，既包括外界对卡力岗穆斯林文化、信仰、生活习俗的认同，也包括国家对卡力岗人回族身份的认同。

回民作为一个秉持异域情结的群体，国家认同的文化建构对其生存和发展有着巨大的塑造作用。国家和社会精英创造了公共秩序，并使这一秩序渗透到了回民社会中。附和、顺应的策略才是回民在主流文化背景下求得生存和延续的关键。不仅在认识上，而且在行动中，回民让自身竭力融入国家创建的公共秩序之中去，并分享国家所建构出来的"中国人"的文化意义，最终成为国家认同的民族实体之一。国家认同的文化建构，或者说国家在对所支持的文化进行建构的过程中，对信仰伊斯兰教的回族穆斯林产生了巨大的影响。大量的历史文献资料证实，回族的历史发展时期，更是明清国家和社会精英根据宋明理学来创建公共秩序的时期。回族的形成，主要标志是伊斯兰文化与儒家文化的结合，形成了具有中国特色的伊斯兰文化。卡力岗地区回族作为一个随国家边疆开发策略而进入河湟戍边垦殖的群体，能够更多地彰显受国家认同文化作用的痕迹。同样，前文已述，伊斯兰教在清朝时期得以发展与清政府的态度有直接的关系。

值得注意的是，笔者在田野访谈中发现，卡力岗人喜欢用"身份证上写着哩"（访谈资料，男，23 岁）来回答笔者关于民族成分的问题，可见，国家的认定既是他们自我认同的强化，也是他认同中最为重要的因素。据老人回忆，"国家给我们民族（回族）之前，他们（甘都）都叫我们'哦回'，现在回族了"（访谈资料，男，65 岁）。可以看到，卡力岗人的回族身份，与国家的认可、国家的民族政策有着直接的关系。

新中国成立以后，为了实行各民族平等的治国思想，政府在各个族群自我上报民族成分的基础上，开始了民族识别工作。到目前为止，共确定了 56 个民族，并依照次民族划分，针对民族的大小强弱实行不同的民族扶持政策。据此，民族族属，成为公民的国家身份之一。而卡力岗人也被归置到了回族之中，其超越了地域空间，与全国不同地区的回族联系起来，确认了其国家话语中的族群认同，并且与国家认同勾连在一起。

国家认同，是指一个国家的公民对自己国家的历史文化传统、道德价值观、理想信念、国家主权等建立的认同，也可称为"国民认同"。国家认同感是一种重要的国民意识的体现。国家认同的实质是一个民族对自己国族身份的确认，将自己的民族归属与国家利益联系在一起，从而，形成捍卫国家主权和民族利益的主体意识。人们只有确认了自己的国民身份，确立了自己与国家存在的密切联系，确立了自己在国家中的地位，才能将自我归属与国家联系结合起来，才会关心国家利益。研究显示，人们的国家认同是随着人被赋予的国家身份而逐渐建构起来的。国家认同概念出现在 20 世纪 70 年代，是民族国家（nation - state）的产物。在西方学者中，一部分坚持"国族"观点的学者，强调国家认同的主观建构性，例如具有广泛影响的安德森（B. Anderson）的"想象的共同体理论"等。而另一部分研究者，包括史密斯（A. Smith）等，"则坚持国族首先是以民族核心（ethnic core）为基础，再通过政治上的官僚融合与文化上的本土动员所形成。国族同时具有根植性和建构性双重特性。因此，依据民族国家原则的要求，国家认同必然建立在国族认同的基础上，国族认同则主要是以广义上的文化认同为要素。"[①]

在卡力岗的研究中，卡力岗人的回族身份与国族身份直接相连，通过民族识别，确立了其在多民族国家中的民族身份——回族，通过一系列民族政策的实施，卡力岗人与全国各地的回族享受同等的民族地位，其民族认同跨越地域空间建立起来。卡力岗人对自己回族身份的确认，等于将自己的民族归属与多民族国家联系在了一起。通过确认自己回族的国民身份，又将其与中华民族 56 个民族之一的认同联系在了一起，最后，完成了其从族群认同到民族认同的过程。

对卡力岗人的调查表明，他们有着强烈的中华民族身份认同。特别是在他们出国朝觐时，在感叹"人家宗教好"的同时，就是更多地强调了自己中国少数民族、中国穆斯林的身份。近年来，出国朝觐成为卡力岗人生活中的一件大事，据田野访谈和观察记录显示，全村关于生活中大事的记载最多的为礼拜，其次就是出国朝觐。卡力岗村民视出国朝觐为最高荣誉，也是其宗教生活的最高理想，往往一人前往，举全家之力，一家前

---

① 贺金瑞、燕继荣：《论民族认同到国家认同》，《中央民族大学学报》（哲学社会科学版）2008 年第 3 期。

往，全村帮助，人人羡慕，每每都有迎送，次次都会带回圣物供大家分享，朝觐成为卡力岗人的主要精神追求。

他们出国朝觐时，从护照的办理，到与当地穆斯林的互动，无不以中国回族的身份示人，在访谈中，更多的卡力岗人直接称呼自己是中国的穆斯林，中国人！这不仅超越了回族的民族身份，也是国族化认同的直接体现。可见，在国家语境下，卡力岗人的回族认同具有民族认同、国家认同、中华民族认同合一的特点。

四 卡力岗现象的成因与普遍意义

综上所述，卡力岗现象分为两个阶段，前一阶段的信仰演变与文化变迁表现为"先精神后制度再物质"。后一阶段的族群演变与族群认同建构则表现为"先文化后社会制度再风俗惯习"的认同建构过程。

随着卡力岗人接受伊斯兰教，其社会价值观念发生巨大的变迁，这一变迁又表现为符合伊斯兰教所规定的行为规范和社会体系的建立，人们的社会活动也随之程度不同地在价值观念指导下发生着变化，风俗改变了，通婚制度改变了，生产方式和生活习惯也随之改变了。由宗教信条而形成的社会行为理想与社会认同美德也形成了，社会价值观念的变化成为整个社会变迁的先声并形成了特殊的变迁模式。卡力岗文化变迁是由宗教信仰及价值观念的转变开始的，同时也是通过新观念的确立而完成了新的文化模式的确立，充分显示了观念的力量。

受卡力岗文化变迁始于改宗伊斯兰教的影响，卡力岗人的文化变迁与传统文化变迁模式相左，其变迁过程表现为：先思想观念（宗教信仰、心理意识、价值观念、风俗惯习、法律道德、行为规范等）后组织制度（婚姻家庭制度、生活组织、政治组织、社会等级、阶级制度等）再物质文化（生产技术、生活技能、生态系统、生活方式、饮食居住、服饰等）。

从马克斯·韦伯到埃弗雷特·哈根（Everett Hagen）到伯特·莫尔（Wilbert Moore）等一批学者都坚定地认为观念在文化变迁中有着决定性的作用。即社会价值观念的变迁通过人们的行为规范和思想体系表现出来，而人们的社会活动程度不同地在价值观念指导下发生，由此社会价值观念的变化往往成为整个社会变迁的先声。从藏传佛教到伊斯兰教正是卡力岗人观念变化的结果，也是卡力岗人的文化变迁与传统变迁模式相左的主要原因。

田野调查表明，卡力岗人目前保留下来的藏文化当属语言。目前卡力岗人操藏语、汉语和撒拉语，以藏语为最多，并且男性往往掌握两种以上语言，而几乎全部妇女只懂一种语言（东加村例外，几乎所有的人都能操三种语言）。另外，还有一些生活习惯和节日中的藏文化因素也保留着，如射箭活动、走马比赛、锅头连炕（当地人认为锅头连炕是藏族的习俗）等。但随着改革开放，到外地打工人数的增加，近十年来这些活动也停止了，逐渐消失了。

从240年来人们对该地区文化变迁的记载来看，藏文化消失的顺序为：藏传佛教——藏文化价值观念——藏族的族群认同——藏文化所规定的法律道德和行为规范——藏式婚姻家庭制度——社会等级——生活技能——生活方式——饮食居住——服饰——语言等。也就是说卡力岗的变迁梯度与变迁防御层次是先精神后制度再物质。而这又是由文化变迁中观念的作用所致。随着卡力岗人接受伊斯兰教，其社会价值观念发生巨大的变迁，这一变迁又表现为符合伊斯兰教所规定的行为规范和思想体系出现，人们的社会活动也随之程度不同地在价值观念指导下发生着变化，风俗改变了，婚姻制度改变了，生产方式和生活习惯也随之改变了。由宗教信条而形成的社会行为理想与社会认同美德，是推动该族群演变与文化变迁的重要原因之一。社会价值观念的变化成为整个社会变迁的先声并形成了特殊的变迁模式。

特殊的自然环境和文化背景，决定了卡力岗人文化变迁的梯度和应对变迁的文化系统防御层次。田野调查显示，卡力岗人的文化变迁是由宗教信仰及价值观念的转变开始的，同时也是通过新观念的确立而完成了新的文化模式的确立，其中由宗教信条而形成的社会行为理想与社会认同美德，是推动该族群演变与文化变迁的重要原因之一。

卡力岗人由藏族到回族的演变过程，实质是其文化系统中文化特质的改变过程，是接受新的、放弃旧的过程，也是两个文化系统相互接触碰撞的互动调适过程。虽然目前在卡力岗人的文化体系中已经难以看到更多的旧有文化（藏文化）对新文化体系的"作用"痕迹，但卡力岗人有别于其他伊斯兰教地区穆斯林宗教行为的简单性、宗教观念的淳朴性，显然还有旧有文化（藏文化）的"化石"痕迹。在卡力岗人的族群演变过程中，激发人们接受新文化特质的原因主要有两点，一是自然环境的改变和旧有的文化系统、社会结构已经无法满足人们的基本需要，使人们转而接受新的文化体系。但这个过程不是像工业社会的文化变迁开始于先进有效的物质技术的发明与创新①，而是开始于思想观念，因为多民族杂居、多元文化共存、多种宗教信仰共生的"三多地区"，往往也是自然环境较为恶劣的地区，其多山、干旱或高寒的自然条件，使人们无法使用一些在大多数地区给人们带来巨大满足的物质技术发明，如机械农具、水利技术、交通工具、信息技术等。这些在大多数地区能够带来社会生活巨大改变的技术，因受自然环境的影响而在此无用武之地。但这里有着大多数地区所不具备的丰富的多种文化体系和不同的思想观念以及不同的文化模式资源。因此，当旧有文化体系不能满足人们的需要时，人们就会转向新的观念和思想，而这个新的观念和思想在这类地区往往是以宗教的形式表现的，因而，从一个宗教到另一个宗教的改变就成为这类族群演变与文化变迁过程的开始，最后形成了以宗教为基础的新文化特质，进而形成了新的文化模式。

宗教是制约该社会的观念模式。文化的互动调适性是这类族群演变的基础。自然条件或社会环境的变化、人类需求的变化与满足度是这类地区文化变迁的前提条件。价值观念的改变是激发人们接受文化新特质的根本原因。也就是说在"三多地区"，族群演变与文化变迁往往始于价值观念的改变，也最终完成于新的价值观念的确立。

卡力岗人文化变迁的时间推断：第一时间——精神文化；第二时间——制度文化；第三时间——物质文化。

综上所述，卡力岗地区的社会变迁与族群演变模式是受主客观因素限制所形成的。其中主观因素中的信息加工处理方法、文化自身的包容性和客观因素中丰富的文化资源、多民族杂居、多元文化共存、多种宗教信仰

---

① 〔美〕威廉·费尔丁·奥格本：《社会变迁》，王晓毅、陈玉国译，浙江人民出版社，1989，第 138 页。

共生的"三多"地域特色和严酷的自然环境等因素，决定了这些地区文化变迁过程的相似性。因此，由新的观念和思想而引发的文化变迁模式具有了普遍性。因而，从一个宗教到另一个宗教的改变就成为这类族群演变与文化变迁过程的开始，最后形成了以宗教为基础的新文化特质，进而形成了新的文化模式，即宗教信仰——制度文化——物质文化，这一过程表现为图4－1。

借用曹正汉教授的模型，卡力岗人的族群演变关系模式表现为：

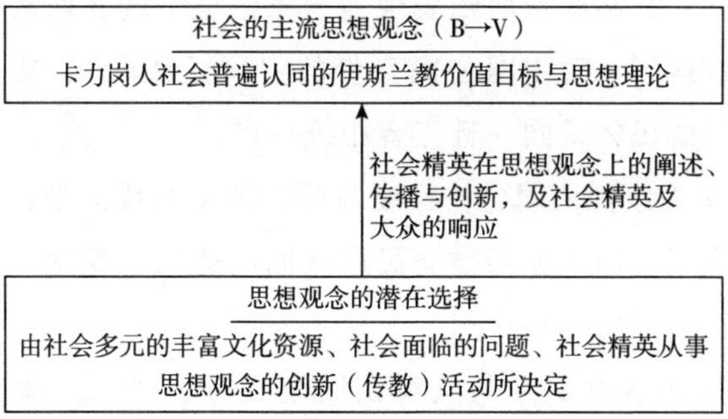

图4－1　卡力岗人的族群演变关系模式

这一模式符合多元文化地区的所有类似文化变迁。

本书得出以下阶段性结论：

（1）在地方语境下，藏传佛教的组织涣散、伊斯兰教的传播及其强大的社会整合功能、卡力岗地区的自然环境与多元丰富的文化资源，是卡力岗人放弃藏传佛教"理性选择"伊斯兰教，进而发生族群演变及族群认同演变的主要原因。

（2）在国家语境下，清政府对藏传佛教的持续打击和对伊斯兰教的阶段性"怀柔"、藏族与回族精英的示范与楷模作用、新中国的民族识别与少数民族政策是卡力岗人民族认同形成的主要前提条件。

（3）卡力岗人的族群演变梯度与层次表现为：先宗教信仰再社会制度最后是风俗习惯的改变。即首先在精神层面接受了伊斯兰教信仰，改变了原有的价值观念体系；其次，在制度层面，门宦制替代了藏传佛教的政教合一统治，村庄制度替代了原来的部落制度，伊斯兰教的宗教禁忌形成了新的社会生活规范和道德规范。最后是文化层面的变迁，表现为确立了伊斯兰教教规为主导的生活方式和风俗习惯、农业生产为主导的生活周期、藏文化的标志之一藏语言尚未被回族使用的汉语言完全取代，形成了藏、汉双语或藏、汉、撒拉多语并用的语言格局，作为文化最具稳定性的语言变迁"正在进行时"。

（4）卡力岗人的族群认同梯度与层次表现为：先价值认同后文化认同再制度认同。

精神层面表现为对伊斯兰教信仰的认同、对新价值观念体系认同的确立；在文化层面表现为对族源认同、社区生活的认同、社会记忆认同和多语言现状的认同；在制度层面则表现为国家语境下的，回族身份与伊斯兰教信仰相联动的认同、对中国公民身份的"国民认同"、文化自觉基础上的中华民族一员的民族认同，且三者相统一。

（5）卡力岗人族群认同建构梯度与层次的主要成因是：伊斯兰教价值观念的决定性作用、国家在场推动民族认同的建构、观念对制度的决定作用和制度对观念形成的推动作用。

（6）卡力岗人族群演变与族群认同模式对于"三多地区"的普遍意义。本书认为：卡力岗人精神—制度—物质的文化变迁模式在三多地区具有普遍意义；卡力岗人宗教—制度—文化的族群演变层次在三多地区具有普遍意义；卡力岗人的价值—文化—国家在场的认同建构梯度与层次具有普遍意义。

参考书目

〔美〕本尼迪克特·安德森：《想象的共同体——民族主义的起源与散布》，吴叡人译，上海人民出版社，2003。

〔美〕塞缪尔·亨廷顿：《我们是谁：美国国家特性面临的挑战》，程克雄译，新华出版社，2005。

〔英〕艾里克·霍布斯鲍姆：《民族与民族主义》，李金梅译，上海人民出版社，2000。

〔英〕厄内斯特·盖尔纳：《民族与民族主义》，韩红译，中央编译出版社，2002。

〔英〕拉德克利夫—布朗：《人类学方法论》，夏建中译，华夏出版社，2002。

〔法〕爱弥尔·涂尔干：《宗教生活的基本形式》，渠东、汲喆译，上海人民出版社，1999。

〔美〕威廉·费尔丁·奥格本：《社会变迁》，王晓毅、陈玉国译，浙江人民出版社，1989。

〔美〕乔治·米德：《心灵、自我与社会》，赵月瑟译，上海译文出版社，2009。

〔美〕斯蒂文·郝瑞：《田野中的族群关系与民族认同》，巴莫阿依、曲木铁西译，广西人民出版社，2000。

〔德〕马克斯·韦伯：《新教伦理与资本主义精神》，于晓等译，生活·读书·新知三联书店，1987。

〔法〕托克维尔：《论美国的民主》，董果良译，商务印书馆，1996。

曹正汉：《观念如何决定制度》，上海人民出版社，2006。

Homer G. Barnett, *Innovation: The Basis of Culture Change*, New York, 1953。

〔美〕C. 恩伯、M. 恩伯：《文化的变异》，杜杉杉译，辽宁人民出版社，1988。

〔美〕托马斯·哈定：《文化与进化》，韩建军等译，浙江人民出版社，1987。

〔美〕克莱德·伍兹：《文化变迁》，施惟达、胡华生译，云南教育出版社，1989。

〔英〕埃文斯-普理查德：《努尔人》，诸建芳等译，华夏出版社，2001。

〔法〕迪迪埃·埃里蓬：《今昔纵横谈——克劳德·列维-斯特劳斯传》，袁文强译，北京大学出版社，1997。

〔美〕施维坚：《中华帝国晚期的城市》，叶光庭等译，中华书局，2000。

费孝通：《中华民族多元一体格局》，中央民族学院出版社，1989。

王明珂：《羌在汉藏之间——一个华夏边缘的历史人类学研究》，联经出版事业股份有限公司出版，2003。

王明珂：《华夏边缘——历史记忆与族群认同》，社会科学文献出版社，2006。

乔健：《族群关系和文化咨询》，载《社会文化人类学讲演集》，天津人民出版社，1997。

纳日碧力戈：《现代背景下的族群建构》，云南教育出版社，2000。

王海龙等：《文化人类学历史导引》，学林出版社，1992。

孙尚扬：《宗教社会学》，北京大学出版社，2001。

李安宅：《藏族家庭与宗教的关系》，载《李安宅藏学文论选》，中国藏学出版社，1992。

郝苏民：《甘青特有民族文化形态研究》，民族出版社，1999。

马戎主编《西方民族社会学的理论与方法》，天津人民出版，1997。

张海洋：《浅论中国文化的多样性：族群认同与跨文化传统》，中国社会科学出版社，1995。

刘夏蓓：《安多藏区族际关系与区域文化研究》，民族出版社，2003。

清格尔泰：《土族语话语材料》，内蒙古人民出版社，1988。

李克郁：《土汉词典》，青海人民出版社，1988。

清格尔泰编著，李克郁校《土族语和蒙古语》，内蒙古人民出版社，1988。

王忻暖：《西藏王统记》，商务印书馆，1957。

马通：《中国伊斯兰教派与门宦制度史略》，宁夏人民出版社，2000。

黄奋生：《藏族史略》，民族出版社，1982。

黎宗华、李延恺：《安多藏族史略》，青海民族出版社，1992。

化隆回族自治县地方志编纂委员会：《化隆县志》，陕西人民出版社，1994。

《化隆回族自治县概况》编写组：《化隆回族自治县概况》，民族出版社，1984。

金宜久主编《伊斯兰教辞典》，上海辞书出版社，1997。

青海省地方志编纂委员会：《青海省志·宗教志》，西安出版社，2000。

陈庆英：《中国藏族部落》，中国藏学出版社，1991。

刘建丽：《宋代西北吐蕃研究》，甘肃文化出版社，1998。

马建春：《各民族共创中华》（西北卷下），甘肃文化出版社，1999。

杨建新：《中国西北少数民族史》，民族出版社，2003。

陈连开：《中国民族史纲要》，中国财政经济出版社，1999。

白寿彝：《白寿彝民族宗教论集》，北京师范大学出版社，1992。

马曼丽：《中国民族史入门》（甘肃民族卷），青海人民出版社，1988。

罗康隆：《族际关系论》，贵州民族出版社，1998。

周建农：《人类意志的现实化》，学林出版社，1991。

刘夏蓓：《西北少数民族通史·明代卷》，民族出版社，2009。

刘夏蓓：《跨世纪少数民族家庭实录·东乡族卷》，云南人民出版社，2003。

Weber, Max, *Economy and Society*, Volume 1, University of California Press, 1968.

Cohen, Ronald, "Ethnicity: Problem and Focus in Anthropology", in Bernad Siegel, Alan Beals and Stephen Tyler (eds.) *Annual Review of Anthropology* 7, Palo Alto: Annual Reviews Inc, 1978.

Barth, Fredrik, *Ethnic Groups and Boundaries: The Social Organization of Culture Difference*, Boston: Little, Brown and Company, 1969.

沈玉萍:《卡力岗现象分析》,《西北第二民族学院学报》2003 年第 4 期。

翁乃群:《国家和地方语境下的族群认同》,《中国研究》2009 年春季卷,社会科学文献出版社,2010。

范可:《中西语境里的"族群"与"民族"》,《广西民族大学学报》(哲学社会科学版) 2003 年第 1 期。

叶江:《当代西方的两种民族理论——兼评安东尼·史密斯的民族 (nation) 理论》,《中国社会科学》2002 年第 1 期。

孙菲:《试析 20 世纪西方族群认同理论在中国民族研究领域的运用》,延边大学硕士论文,2013。

周大鸣:《论族群与族群关系》,《广西民族大学学报》(哲学社会科学版) 2001 年第 12 期。

海路、徐杰舜:《中国族群研究:缘起、成就及问题》,《广西民族研究》2011 年第 1 期。

钱雪梅:《从认同的基本特性看族群认同与国家认同的关系》,《民族研究》2006 年第 6 期。

刘夏蓓:《两汉前羌族迁徙论》,《民族研究》2002 年第 1 期。

刘夏蓓:《青海隆务河流域的"六月会"及文化内涵》,《西北民族研究》2000 年第 1 期。

刘夏蓓:《关于安多藏区族际关系的人类学研究》,《民族研究》2004 年第 5 期。

刘夏蓓:《一个特殊回群体的人类学调查——以卡力岗两个回族村为个案》,《回族研究》2004 年第 4 期。

刘夏蓓:《一个特殊回族群体的人类学调查——以卡力岗两个回族村为个案》,《回族研究》2004 年第 4 期。

刘夏蓓：《卡力岗人——文化变迁的人类学研究》，北京大学博士后出站报告（未出版），2004。

刘夏蓓：《卡力岗人的文化变迁与防御层次研究》，《暨南大学学报》2007 年第 2 期。

刘夏蓓：《迁徙、文化传播与认同：以卡力岗人为个案》，载《族群迁徙与文化认同——人类学高级论坛 2011 卷》。

马伟华、胡鸿保：《青海卡力岗人综述》，《西北民族研究》2006 年第 3 期。

马伟华：《青海卡力岗回族语言认同的调查报告——以化隆德恒隆乡德一村为例》，《青海民族大学学报》2010 年第 2 期。

马伟华：《青海卡力岗回族文化习俗传承与变迁的考察——以化隆县德恒隆乡德一村为例》，《西北第二民族学院学报》（哲学社会科学版）2008 年第 3 期。

马伟华：《青海卡力岗回族宗教认同的调查与思考——以青海省化隆县德恒隆乡德一村为例》，《中南民族大学学报》（人文社会科学版）2009 年第 6 期。

冶清芳：《青海化隆卡力岗地区藏回渊源考》，《青海师范大学学报》1986 年第 4 期。

马有福：《走近卡力岗》，《中国民族》2008 年第 7 期。

韦云波：《镇宁县族际通婚模式及其影响因素研究》，华东师范大学硕士学位论文，2010。

其力木格：《关于影响族际通婚的因素的简述》，《消费指导》2010 年第 3 期。

梁茂春：《什么因素影响族际通婚？——社会学研究视角述评》，《西北民族研究》2004 年第 3 期。

赵勍：《四川藏区近代史上的藏汉民族通婚》，四川师范大学硕士论文，2009。

郭红珍、何星亮：《评王明柯的〈华夏边缘〉》，《广西民族学院学报》2003 年第 3 期。

李琰：《卡力岗人与伊斯兰教》，《中国穆斯林》2004 年第 3 期。

李耕砚、徐立奎：《卡力岗地区部分群众昔藏今回的调查》，《青海社会科学》1981 年第 2 期。

杨虎德、张钟月：《清朝伊斯兰教政策探析》，《青海师范大学民族师范学院学报》2008 年第 2 期。

贺金瑞、燕继荣：《论民族认同到国家认同》，《中央民族大学学报》（哲学社会科学版）2008 年第 3 期。

张中复：《历史记忆、宗教意识与"民族"身份认同——青海卡力岗"藏语穆斯林"的族群溯源研究》，《西北民族研究》2013 年第 2 期。

杨军：《重返卡力岗——卡力岗回族研究的人类学反思》，《回族研究》2013 年第 3 期。

达娃央宗：《青海卡力岗人的族群身份变迁》，《青海民族大学学报》（社会科学版）2013 年第 1 期。

才项措：《青海卡力岗历史文化变迁研究》，西藏大学硕士论文，2013。

桑才让：《卡力岗"藏回"现象的再调查与研究》，《宗教与民族》，2007。

马明德、马学娟：《"卡力岗"现象的文化地理学浅析》，《牡丹江教育学院学报》2011 年第 5 期。

马宏武：《信仰变异与民族特征——卡力岗回族民族特征浅议》，《青海民族研究》2002 年第 2 期。

马学仁：《中国穆斯林中的奇特成员——卡力岗人》，《中国穆斯林》2002 年第 5 期。

冯迎福：《试论卡力岗地区的经济社会与可持续发展》，《青海民族研究》2003 年第 2 期。

李琰：《"卡力岗人"与伊斯兰教》，《中国穆斯林》2004 年第 3 期。

梁莉莉：《卡力岗的藏语穆斯林》，《中国宗教》2005 年第 11 期。

梁莉莉：《元共生中的文化涵化——青海河湟地区"卡力岗"和"家西番"族群的个案研究》，载《第二届中国人类学民族学中青年学者高级研修班论文集》。

秀多吉：《化隆卡力岗地区的社会文化变迁探析》，中央民族大学硕士论文，2011。

马学仁：《卡力岗人社会现象调查》，《宗教与民族》，2003。

（清）左宗棠：《请分甘肃乡闱分设学政析》，《左文襄公奏稿》卷44。

周明武编修《青海省巴燕县风土调查概况》，民国19年（1930年），甘肃省图书馆存。

《青海各县风土概况调查集》，民国21年（1932年），甘肃省图书馆存。

马鹤天：《西北考察记青海篇》，民国25年（1936年），青海省图书馆存。

黄应贵：《空间、力与社会》，"中央研究院"民族学研究所，1995。

（清）杨应琚纂修，《西宁府新志》，乾隆十二年（1747年）刻本，青海省图书馆存。

（清）钟文海：《巴燕戎格厅地理调查表》，宣统元年（1909年），甘肃省图书馆存。

青海少数民族社会历史调查组化隆回族组：《青海化隆回族自治县回民调查综合资料（草）》，1958。

中国科学院民族研究所西藏少数民族社会历史调查组编《藏族简史》，中国科学院民族研究所，1963。

《明实录·孝宗实录》卷三十二，弘治二年十一月壬申年。

王士谦：《东华续录》"雍正朝"卷四。

乾隆：《喇嘛说》，碑藏雍和宫。

王继光、刘夏蓓：《同仁县志资料》，内部，1996。

国务院人口普查办公室：《中国2010年人口普查分乡、镇、街道资料》，中国统计出版社，2012。

访谈提纲

一 社会参与与认同

1. 当别人问你是哪里人时，你一般怎么回答？

2. 你认为你有哪些权利？为什么？

3. 你参加过哪些选举活动？

4. 在你的记忆里，你参加过哪些大的社会活动？现在有哪些变化？为什么？讲讲这方面的故事好吗？

5. 你们村的村长是怎样产生的？

二 宗教与认同

1. 你信仰什么宗教？

2. 你一般什么时间去寺里？每周去几次？每年"天课"多少？你外出打工怎么做礼拜，去当地的清真寺吗？你认为宗教对你的生活重要吗？它们是什么关系？为什么？

3. 你希望将来你的孩子做什么？想让他做阿訇吗？为什么？

4. 你认为信伊斯兰教的人都是回族吗？那为什么东家村的人是撒拉族

呢？信仰一样就一定是一个民族吗？信仰不一样能是一个民族吗？你认为信仰与民族之间是什么关系？

5. 你认为现在你们的宗教与若索人的宗教最大的不同是什么？宗教的不同与现在你们各自的生活现状有关吗？

6. 你认为现在你们的宗教是越来越好了还是越来越不好？现在有多少人去朝觐过了？为什么？人们现在最关心的事是什么？你最关心的事是什么？为什么？

7. 若索寺有多少僧人？（大约什么时候）最多的时候有多少？最少的时候有多少？一般维持寺里一年的最基本开销是多少？现在寺里最小的"阿卡"有多大？家里供养一个僧人一年要多少费用？

8. 据说德恒隆大部分说藏话的回族都是从藏族改的，他们原来跟你们一样是信佛的，后来信仰了伊斯兰教，你认为他们为什么会改变？你们有可能改变吗？

9. 你认为信仰可以改变吗？为什么？

三　语言与认同

1. 你会说什么话（语言）？跟谁学的？在家跟爸爸说什么话？跟妈妈会说什么话？在外边说什么话？

2. 你们村的人说话一样吗？你认识化隆和西宁等其他地方的回族吗？他们跟你们说话不一样吗？不一样能是一个民族吗？为什么？

3. 你认识循化的撒拉族吗？你们说话一样吗？是不是说话一样才能是一个民族？为什么？

四　居住与认同

1. 你们的祖辈就一直住在这里吗？是从哪里迁来的？为什么迁来？这些你是从哪里知道的？你知道有关他们迁来的故事吗？能讲讲吗？

2. 你们村子里都有哪些民族？不是一个民族能住在一个村吗？为什么？村里不同民族之间结亲家（通婚）吗？你们村和哪个村的亲戚最多？他们是什么民族？

3. 你们和邻居之间有哪些往来？（婚丧嫁娶、节日……）

4. 村里都有哪些活动？节日、盖房等大事村民们会相互帮助一起参加吗？（针对杂居村）

5. 村里现在有多少人出去打工？这对村里有什么影响？

五 根意识（记忆）与认同

1. 知道自己祖辈的故事吗？他们是哪里人？信什么教？有什么故事？

2. 知道马来迟的故事吗？是从哪里听说的？

3. 你们怎么看待马来迟？为什么？

4. 你小时候都玩什么游戏？现在村里的孩子都玩什么游戏？是村里所有的孩子一起玩吗？你愿意你的孩子与若索村的孩子玩吗？为什么？

5. 讲讲你记忆里村里举行过的活动。现在还有这些活动吗？为什么？

附　录

一　田野调查地点大事记选^①

元月 1 日　星期四　晴

早 6 点 50 分从清真寺的高音喇叭中传来了晨礼的呼唤声（邦克）唤醒了我们熟睡的一家（真主至大，真主至大，快来礼拜，快来礼拜，快来成功，快来成功，礼拜比睡觉更好，礼拜比睡觉更好）。我和爱人照例起床做了小净（何布太斯），小净的洗法是：洗两手同两肘，洗面容摸头摸脖颈，洗两脚同两踝骨，洗两便处，刷牙净鼻。然后我到清真寺做礼拜，她在家里独自礼拜，小丫头自己起床后洗脸梳头，因她不会做礼拜就躺在床上看书，等着吃早饭。

7 点半晨礼结束了，一路上除做礼拜的男人外看不见什么，连个狗叫声也听不到，村子里显得十分宁静，走到校门口碰见给学校驮水的两个

15～17 岁的女孩，拉着驮有铁水桶的骡子，她俩用头巾包着头捂着嘴，戴着手套，骡子的鞍子和毛梢上也有了一层薄薄的冰甲。我也早已用皮大衣窄毛领围着了自己的耳朵，快步走进房间，烤了一会儿炉火。啊，冬天的早晨真冷呀！

8 点 50 分第一节上课铃响了，我走出宿舍向四周眺望了一下村子里袅袅的青烟，笼罩在上空，偶尔有人家开着大门放出了几只羊、一两头牛和一头毛驴，她爸爸斜披着皮大衣，慢悠悠地跟在牛羊的后面，向山边走去，小丫头背着个背斗随后拾粪，准备回家后煨炕。过了一会儿她妈妈拿着个大扫把清扫了一下大门口儿。看见邻家的媳人后，两人闲谈了几句又进去了。

从此这个村子打破了宁静，牛羊上山了，毛驴满巷跑，人们三五成群，有的靠近墙晒太阳，有的到小卖铺买东西，有的走门串户相互搞些牛、羊的小生意。

中午我到街上闲逛了一圈，随便问了几个村民今天你们过元旦吗？他们似答非答，每一个人的心目中没有一个今天是元旦、我们应该庆贺新年的意思。但我们学校过了个简单的元旦节，中午师生改善了一下生活，下午组织学生搞了一次冬季拔河比赛，晚上观看了一场爱国主义教育影片。

元月 2 日　星期五　晴

今天是主麻日（聚礼）下午 1：30 德一村、德二村及各机关单位的穆斯林到德一清真寺照例做主麻拜，约集中了 500 人，阿訇讲了沃尔滋（演讲），他主要讲了命人行好、止人干歹是穆斯林的天职，批评了制枪、贩枪、偷盗、行奸的人和一些搬嗦是非的人。然后做礼拜，3 点左右结束了。回到学校正好县教育局治青祥局长检查学校工作。随后我带路，治局长到他的初中同学马生成家做客（德一村）。马生成已经是阿訇了，二人一见如故，立成知己，都说"您太老了，我们分别已经 30 年了"。马生成立即宰了两只鸡，用一只鸡来招待了我们，把另一只鸡带给了治局长的老婆。一路上小车司机（汉族）赞不绝口：这个阿訇真是文质彬彬，热情好客。

元月 3 日　星期六　晴

现在是老百姓的农闲时节，德一村的村民们闲着没事干，有的喂牲口，有的晒太阳，有的逛街……

只有三社的马加布乎，为女儿的婚事忙个不停，他的女儿今年 18 岁了，没有上过学，由父母包办，许配给了本村的一家男孩。双方见过面，但没有谈过恋爱，聘金是 3000 元，一大早姐妹、娘娘们给新娘梳头换新衣，从此戴上了盖头。亲朋好友们祝贺婚礼（叫吃宴席），有的拿了些馍馍茶、布料，有的拿了些粮食、钱等，约折合人民币不超过 20 元的礼品。礼添完了开始招待，首先是油饼、馓子、糖卷、包子，再倒上了奶茶，吃喝一阵后端来了大米干饭和萝卜汤（藏话叫夏苦），每人一碗。若是舅舅或其他贵重客人（添的礼比较多），中间还有几个菜和羊肉手抓。

中午时分新郎等五个人来娶亲，新娘的家人及亲戚朋友出门迎接，一到门口双方握手说"赛俩目"（阿语：祝您平安的意思），进门后让到堂屋里，再请来当地阿訇，念证婚词（尼卡海）。阿訇念罢后，双方亲戚开始散钱，每人 1 元（阿语叫海吉牙），结束男方就走了。随后女方家开着手扶拖拉机配送男女共十几人把新娘送到了新郎家，他们说赛俩目迎接，用高茶贵饭来招待，大家吃喝说笑了一阵各自回家，留下的只有新娘和她的亲姐姐两人及姐夫和媒人。

元月 4 日　星期日　晴

今天没事干，我到街道转了一圈，人们也好像是过双休日，整天在路边晒太阳，议论着粮食的价格：小麦市场价 0.40 元/斤，豌豆市场价 0.62 元/斤，青稞市场价 0.42 元/斤，胡麻的价格最好，1.32 元/斤。一般家庭一年的粮食除家庭的生活费、籽种外，可以出售粮食钱 3000 元左右，最少的马有布收入 500 元。

农民还是农民，用卖粮的钱来计划来年的化肥、农药及家庭的电费等零花钱。只能填饱肚子养家糊口，没有什么发展前途。

元月 9 日　星期五　晴

期末考试结束了，学生也回家了，老师们等待学区对工作总结，中午 12：30 我们几位回族教师到德一村清真寺参加聚礼日（主麻）。

聚礼日又叫主麻。是穆斯林每星期五中午时分，男子集中礼拜的日子。1：30 从清真寺的高音喇叭里传出了唤礼声，参加礼拜的人从四面八方蜂拥而来，有德一村的有德二村的，还有德一村五社（日干自然村）的，还有附近村社的到德恒市街道办事的、卖东西的、磨面的、榨油的等，大约集中了 450 人。首先，开学阿訇王乙四夫讲了沃尔滋（演讲）他说："真主命令人们，命人行好，止人干歹。又命令人们立行五功，即念（念古兰经）、立（立站乃麻子——礼拜）、斋（每年封一个月的斋）、课（每年根据家庭收入情况出一次天课——救济穷人）、朝（家庭满贯有余的人一生中到沙特阿拉伯朝觐一次）。其次，批评了不遵守教法教规的一些教友，尤其批评了偷盗、吸烟、饮酒、奸淫、说谎者。第三，他说：今年我村的五名教友到沙特阿拉朝觐，他们是德一三社的马乙布拉夫妇二人、四社的马哈白、开小卖部的马乙四哈克夫妇二人。他们准备出发遂行真主的命令到圣地去悔罪自行，完成五功之一，因此，他们五人向大家要口唤相互做好都哇（向真主祷告）。

礼拜结束后，马乙四哈克散钱，给每人散了 3 元人民币。

元月 10 日　星期六　晴

今天由德一清真寺阿訇及寺管会组织村民，从每户手中收了 10 元钱到马乙布拉家去欢送他夫妇二人前去天房朝觐，上午 11 时约 200 人集中在他们家，开学阿訇讲："一个家庭生活满贯有余的人，他到伊斯兰教的发源地、圣人（穆罕默德）的生亡地、礼拜的朝向地去悔罪、祷告、献牲、游玩、交流、诵经等——完成了功课的时候真主饶了他的一切罪恶，他就像初生的婴儿无罪，因此，一个无罪之人，向真主说心告饶，要求：饶恕我们这些干罪的人的罪过并要求我们家乡人民一切平安，滋给知识，增加经济收入，保佑人们心灵纯洁，要求乡亲们做一个爱国爱教的虔诚的穆斯林。希望你一路平安，圆满完功，顺利而归。送金 200 元。"

马乙布拉激动地哽噎着说了几句话："我去天房朝觐是真主的相助、真主的大能、大家的好都哇，党的好政策我终于成了一位解决了温饱问题、还能朝觐的人，因此，我首先学习关于朝觐的一些条规，再按照朝觐的仪式，尽自己最大的努力，一一完成所有的功课，指望大家的好都哇。"

随后，他家进行了招待，油饼、馓子、糖馍馍、萝卜包子，最后是洋芋粉汤，大家又吃又喝，有说有笑。餐后，一一握手告别。

元月 11~15 日

这几天，德一村的阿訇及寺管会组织村民，从每户人家收了 10 元钱——欢送了前去沙特朝觐的马哈白、马乙四哈克，还有亚曲村的一位、东加村的一位、亚曲滩村的四位。

我到纳加村欢送了本村的马双二布，他也去朝觐，还有我的姐夫、姐姐和马军的父母亲，他们四人也去朝觐，他们四人，虽然家住在西宁市，但临走之前要到自己的老家乡探望一下，父母的坟墓前念念经，祷告一下，给大家舍散一些钱，向大家说个内心之语，要口唤，相互见面握手，很有必要。

纳加人也和德一村一样，阿訇和寺管会从每人家收了 15 元，寺出了些钱，买了一只羊在寺管会主任张木海买家招待了五位前去朝觐的人，并给每人送了 400 元人民币，让他们在路途中使用。

高茶贵饭招待罢了，天也黑了，村民们拥挤在张木海买家仍不肯离去。

随后，开学阿訇讲了朝觐的重视、贵重。朝觐者被称为哈志。

最后，马军的父亲——马满素代表五位哈志表示感谢。

他说，朝觐是我们自己的义务和责任，大家不应该用高茶贵饭来招待我们、欢送我们，尤其本清真寺这样困难的情况下，给我们送钱实在对不起。我们前去后，首先自我反省，自作悔罪，完成功课，再向家庭成员、亲戚朋友、家乡人民、穆斯林同胞们祷告，向真主映求，饶恕他们的罪过，丰富他们的知识，增加他们的财帛，使国家平安、人民安居乐业。

3月1日　星期一　晴　昨天下了雪

开学了，老师和学生陆续报到，开学的工作比较忙，我要求师生从今天晚自习开始上课，有些学生太困难交不起书费，叫我真发愁，我校的收费标准是：

初一：应收 110 元　实收 60 元　减免 50 元

初二：应收 120 元　实收 53 元　减免 67 元

初三：应收 150 元　实收 75 元　减免 75 元

全校 96 名学生，交不起书本费的学生就有 26 名，尤其残病学生，父母双亡，或只有单亲的，或父母离异的这些学生，太可怜了。如初一班的马哈良、马国庆、马淑英（女）、马祥、马成华、马忠治，初二班的韩玉林、马进福、马德信、韩林、马丙乾。

村里这几天的热门话题就是迎接朝觐者的到来，成群结队地探望他们。至于孩子们上学的事关心得比较少，真让人生气。比如张克元、马生录、马成录、马国成等同学，他们到内地打工去了，这也直接影响在校学生的学习情绪。

3月2日　星期二　晴

听说今天下午晌礼后德一村的村民们要慰问朝觐归来的马乙布拉夫妇，我和马会计也去参加，每人掏了 10 元，由德一清真寺寺管会组织，约有 200 人由开学阿訇交代添礼情况，并恭喜他夫妇二人朝觐荣归，讲了一段有关宗教方面的知识。

随后，马乙布拉说，我前去沙特后，才知道了自己的无知。第一，我不知道阿文；第二，我不知道汉文；第三，我不知道英文，只能跟着别人走路。在同伴的带领和帮助下——完成了所有的功课，这完全是真主的大能，今后我要好好看守不身，同时指望大家的好都哇。

3月3日　星期三　晴

今天我的三位堂哥哥从纳加村来到学校，他们说，我们一块到去探望一下德一三社的马乙四哈克——哈志。中午 12：00 我们四人还有我爱人也去了，每人添了一包茯茶，恭喜哈志平安归来，我们刚到，支乎贝村的乡亲们正在吃饭，等他们走后，我们五人坐在了堂屋的炕上。首先给我们拿来了沙特渗渗泉的水，每人喝三口，无花果每人一个，油枣每人一个，海纳每人一包，毛巾每人一条，随后进行了招待。交谈中，马乙四哈克——哈志说："朝觐容易，遵守难，我希望你们做个好都哇，我成一个遵守哈志的人。"

3月4日 星期四 晴

今天下午没事儿干，我到德一村转了一圈，发现有几户人家正在盖房子，与德一三社的马思清交谈了一会儿。他说，他用6000元钱买下了本社马成功的家，因马成功伙同亚曲滩村民进行贩枪，抓进了监狱，家人走了好多钱的后门，结果无效，终于判了四年的刑。无奈家人只能卖家还债。他买了这个家后，在院中打了一口水井，现在准备盖三间大房，打算他老两口座在这里。因为这里稍微热一些，水也比较方便，离清真寺近。

3月5日 星期五 晴

早上清真寺的高音喇叭里通知："今天德二村有一个亡人，主麻（聚礼）集中在德二清真寺里。"中午1：00左右，前来送葬的人们从四面八方，有的开着手扶拉了一车人，有的骑着摩托车，附近村的走着来。首先人们到清真寺或人家里洗了小净，再到清真寺礼主麻拜，然后集中在大场里，给亡人站礼祷告（阿语叫：站者纳则的乃麻子），家人给大众散钱1元（替亡人施舍），最后把亡人抬到坟墓里埋葬，诵经，解散。

3月5日 星期五 晴天 下午有风

今天又是一个主麻日，照例去德一清真寺礼拜，回途中跟三社的老汉——马吾买日闲谈了一阵。他说这几天闲着没事干，昨天跟者麻提（集体众人的意思）到亚曲村慰问了一下朝觐者——哈志。我们去了五辆手扶拖拉机大约有60人，每人掏了10元钱，他家招待得还是好，有干果、菜、手抓，回来时给每人送了一顶白帽子。聊到天气情况时，他说："今天是农历二月十五日，惊蛰。"常言说："惊蛰热，热个多半年，惊蛰冷，冷个多半年。"根据有风的情况来看，今年的天气还是不太好。谈到他家盖房子的情况时，他说："因为我家是中心学校的邻居，今年学校修建时儿子们捡了一些学校的废砖、土块，用这些废砖加土块砌墙在自己的场上盖了几间土平房，给三儿子座家。关于秋后打碾用的场，修在自家的门前面，比较方便。"

3月6日　星期六　晴

双休日照例休息，中午我到街上转一圈，人是比较多的：主要是来买化肥、农药的，我打听了一下化肥、农药的价格，比去年上涨了。如：

磷酸二铵（美国产）　　去年一袋106元　今年一袋140元

云峰二铵（国产）　　　去年一袋96元　今年一袋130元

费乐灵（农药）　　　　去年一瓶11元　今年一瓶12元

我想，国家三令五申，要千方百计减轻农民的负担，其实正在悄悄地加重。再比如说，税费改革前我家的农业年收费是90多元，税费改革后年收费是124.02元。老百姓们在议论："中央的政策是好政策，歪嘴拉麻念错了。"

3月7日　晴　星期日

这几天老百姓最关心的事就是化肥和农药的问题，一个大户，需要10袋左右磷酸二铵、2~3袋尿素、2公斤农药、5袋过磷酸钙，折合人民币1800元左右。德一三社的马麻来说："我承包的土地有30亩，今年借3900元钱全部购买了化肥和农药。"

3月8日　晴　星期一

有些村民等待粮价上涨后才出售，从去年秋天等到了今年春天，可是粮价还是没有上涨，由于购买化肥、农药需要钱，只能把粮食用自家的手扶拖拉机运送到小卖部，这些小卖部都有车，他们收购一车后运到平安县粮食市场，听他们说每市斤粮食上有0.04元的利润。

比如，德一三社的马乙四哈克他首先开小卖部，然后买了一车三康，驾车进行收粮挣了些钱，自己和媳妇二人朝了哈志，还有马乙四满、马建云、马吾买日、马尕加，他们都开小卖部，有车的人，家庭收入好，生活也好。马黑子日说："他的八康车跑外搞运输，最好的一个月挣了 10000 元钱，比小卖部收入好。"

3 月 9 日　星期二　晴

上午 10 点钟，我到德一三社动员来报到的初二学生马丙乾，到他家后，看见他正在赶着几头毛驴驮家肥，由于对面山高、路岐，只能用毛驴送肥。我问孩子为什么不到校时，他妈妈说："孩子的爸爸已去世几年了。家庭以农为主，没有其他经济来源，无力供孩子上学，我打算他去打工。"鉴于此，我跑到马丙乾的伯伯家，因他家开小卖部，条件比较好，希望他供侄子上学，他答应了。过了两天这位学生复学了。

3 月 10 日　星期三　晴

这几天就是村民们送粪，买化肥、农药，筛选籽种的时候，准备播种，可是有一位邻村的老板，他来找雇工，说："我到哈尔滨市开饭馆，需要一个拉面匠、两个临工，拉面匠月薪 700 元，临工月薪 250 元。因为春耕已到，所以一个人也没有找上，只能等到四五月份才能有人出门。"

3 月 11 日　星期四　晴

今天我和爱人到西宁去接马军的父母和我们的姐夫、姐姐，他们朝觐回来，到曹加堡飞机场去接，他们 13 位哈志迎接的人就有好几百，大小车共有 40 辆，好笑的是穆斯林学了一些老外的接待方式：就是相互拥抱，两者的面颊相摸，说"赛俩目"（祝您平安的意思）。

跟马军的父亲谈了一会儿：他说：我的最大感慨有以下几点：①我们所到之处不要门票，每一位警察都很热情。②我们几人在沙特的一家住了 40 天，主人说，他有三四个妇人，可是我们一个也没有见过，主人说，你们的妇人也不要看我们的男人，如果偶尔碰见时，叫她们低头转身。③那里的大人小孩都会诵读《古兰经》，都做礼拜。④政教合一，按教法执政，比如一个人做了贼就切去他的一根手指，第二次偷盗者再切除一根手指。这样的乞丐我见过好几个。⑤我们既不会阿语，又不懂英语，非常困难。

3月12日　星期五　晴

马××父亲比较大方，他雇了一辆大班车，可以坐30人，又雇了一辆小面包车，可以坐11人，拉着来接他们的纳加村人回家，他弟兄二人也去，先到老母亲的坟墓前祈祷，再到清真寺礼拜，并且给纳加村的人赠渗渗泉的水，每人饮三口，还给了无花果和油枣，再给每家赠送了两条拜毡。

由于时间紧张，他们在村里喝了些边茶，匆匆返回西宁了。

3月13日　星期六　晴

今天我在纳加村与村民一道，掏了15元钱去探望朝觐归来的老汉——马双二布。开学阿訇代表本村村民给哈志送了600元人民币，以祝贺他完功而归。马双二布哈志也前言不搭后语地表了几句，主要介绍了朝觐的简单经过，总之感谢真主之恩，感谢大家的支持，他一路平安，顺利而归。

3月14日　星期日　晴

上午10：00到乡政卫生院去打吊针，同时来就诊的有德一三社村民马奴海，聊了一会儿，他说这几天村民们正在准备春耕，有的送肥，有的选种，有的购买化肥，有的整修犁铧，还有的倒卖牲畜、耕牛等。

现在种田困难的是，一些年轻人不愿待在家里了。他们千方百计到外打工、搞副业。对于庄稼的事他们不负责任，就靠老农和妇女下苦。去年秋后乡政府宣传德一村要退耕还林种草一部分土地，要求我们利用农闲时在自家的承包地里挖好种树的坑坑，可是到了现在还没有动静。听说，退耕还林种草结束了。如果结束了那我们一是白下了苦，二是挖坏了自家的承包地，三是粮食会减产的。哎！老百姓有苦难言呀。

3月15日　星期一　晴

今天三社马木海买子阿訇的女儿办离婚手续，事情是这样的：女方嫁给德一一社马阿布都之子，因二人年龄小（男方18岁、女方16岁），二人感情不和，女儿不愿当媳妇，一直待娘家，媒人再三调节，家长再三动员丫头到婆家，她一口咬定坚决不去，在这种情况下女方家只能请求离婚。但男方不同意，双方争持不下，互相吵架。此事由干部、老农、阿訇进行了处理，男方的要求是不离婚，理由是你只当了一年的媳妇，我给你送了 2000 元的聘金、1000 元的结婚开支费用，你在我家里没有住半年，白白的离婚太便宜你了。女方坚决离婚，理由是我对你没有感情，不愿做妻，非离不可。经中间人调节，女方退给男方 3000 元人民币，让男方说声同意离婚。男方说，先交钱再说"同意离婚"。为难的是丫头的爸爸，他开始东奔西跑，到处借钱，终于交清了现金，得到了男方的同意。女儿按教规可以坐三个月的守婚期，三个月后可以出嫁了。

我的感受：①德一村近亲结婚多，村内结婚多，思想观念陈旧；②结婚年龄小，包办结婚，婚后双方感情不和离婚率高；③妇女地位低，要的聘金少，出嫁时连个柜柜也不陪送；④文化素质差，没有法律意识，很少办理结婚或离婚登记手续；⑤与说汉话的纳加村相比较则反之。

3 月 16 日　星期二　晴

又到乡卫生院打吊针，跟在座的病人们谈起了德一村的事，德一村支部书记马学文 2003 年退休后，他不愿待在家里，领着爱人到化隆县甘都镇阿河滩村转包了别人家的几亩土地，并住在他们家里，与家主人一样只承担国家和村里征收的费用，其余收入全归自己。家主人到内地开饭馆去了，对马学文来说是一大喜事。一是住在汉河流域，气候宜人，空气新鲜；二是交通方便办事容易；三是土地少，产量高，蔬菜瓜果随时可以吃，对自己的身心健康大有好处。可是德一村的阿訇老农不同意，去接他回老家，理由是：①您是村里的老书记，村里的有些大小事情还需要您来帮忙；②人老了跟本村的者麻提（清真寺）希望大家天天见面。

老书记斗强不过众人的脖子，只好回老家了，他又拿起二牛抬扛，开始耕作自己的山区庄稼了。

3 月 17 日　星期三　晴

德一村的有些村民，从今天开始播种了，因为山地没有完全解冻，所以他们选了一块阳坡地，架着两毛驴。到地里去，先撒种，再撒化肥，然后翻地，最后用榔头把地里的土块打碎就结束了。

3月18日　星期四　晴

今天开始播种的人家又增加了几户，一开始种的都是小麦，耕作方式不一样，有的人家只用一头骡子耕种，叫作单套；有的人家在两头毛驴的脖子上连接着一根木棒（叫给子），中间连着犁铧进行耕种，叫作双套。

3月19日　星期五　晴

今天是主麻日。阿訇说："从今天起在春耕期间为了不占用劳动时间，就不讲沃尔滋（演讲）了，希望大家一点半到齐，开始礼拜。"

下午2：00有一部分群众在自家的附近种地，这里的耕种者都是男子汉，妇女们送饭，拿着榔头打土块，有的帮助丈夫撒化肥、拌农药。

3月20日　星期六　雪

一大早雪花还在纷纷扬扬，到11点左右，雪停了，太阳露出了半边脸，人们拿着木锨、扫帚上房扫雪，有些人高声叫起来，好雪啊！好雪！今年的庄稼出苗没问题了。雪足有10公分厚。

真是瑞雪兆丰年。

3月21日　星期日　晴

昨天是农历二月三十，春分又叫天舍，人们都到巷道口聊天，今天天气好，80%的雪就要融化完了，明天休息一天，从后天开始可以正式种田了，天不舍地不开。今年多数人计划增加胡麻播种面积，减少青稞种地面积。

3月22日　星期一　晴

早晨路途中有些冰雪，一到中午，冰雪融化，道路泥泞，车辆、手扶拖拉机还不能行驶，下午多数人驮上籽种开始种田了。

3月26日　星期五　晴

全村村民整天种田，虽然今天是主麻日，来礼拜的人数少了1/3。礼拜时间也很短，阿訇没有演讲。大约用了一个小时。

4月1日　星期四　晴天转多云

种田，有些村民已经种完了，小麦、青稞、豌豆，在种胡麻、拉盖。

4月2日　星期五　晴

今天是主麻日，是穆斯林的聚礼日，是一个尊贵的日子，一大早清真寺的喇叭里通知：德一三社的马下巴阿卧之妻已去世，年轻人们到坟院打坟，聚礼结束后送埋体（亡人）。听人说这个亡人是一位年仅 36 岁的孕妇，患了急性肾炎，全身浮肿，由于家庭贫困无钱看病，只能忍着，到了晚期才叫乡卫院大夫诊断，事已晚矣！大夫走后病人已故。家里留下的是丈夫和一个孩子。

送葬的人大约集中了 800 人，先给每人舍散了半包茯茶、一小碗食盐，再一些成年人给亡人站礼、祈祷，然后把亡人抬送坟墓，下尸，埋好坟堆后，大家静坐听阿訇念一本经，最后众人举手祷告后解散。

4月3日　星期六　晴

有些村民已经种完了小麦、青稞、豌豆、胡麻、拉盖，开始种自家的菜蔬，如菜瓜、小油菜、葱等。

4月4日　星期日　晴

今天全学区教师到甘都镇，给新上任的学区校专——马进良同志恭喜，参加人数 73 人，其中有德一四社的个体户马哈白果，一路上我们议论着道路坎坷不平，又危险，大家盼着国家何日才能考虑到德恒隆的公路。

4月5日　星期一　晴

德一村的种田基本结束，大家松了口气，高兴地说："今年风调雨顺，土地渐湿，出苗没问题，丰收在望。"

4月6日　星期三　晴天转多云

响礼（撒神）结束后，4 月 2 日的亡者家请德一村的大人小孩，他为亡人舍散，给众人邀请招待，先是馒头、油、粮馍馍、洋芋包子，再给大家喝梅仁（用青稞滚的饭，如大米稀饭）。在场院里吃罢后，众人都走了，不一会儿，妇女们从自家有的拿些食粮，有的拿一包茶，有的拿 2 斤青油等来慰问亡者家。下午 5 点天阴沉沉地下起了雪。

4 月 15 日　星期四　晴

德一五社的一位老农去世，全村停止生产送埋体（亡者）。由于农活比较闲了，所以邻村群众也来得比较多，大约有 900 人。

4 月 16 日　星期五　晴

村里的主要农活基本完备，为了使一些年轻人早日出门打工，有的人家急着上房泥，有的人家急着种洋芋，有的人家休息。

4 月 18 日　星期日　晴

上午 9：00 左右从清真寺的喇叭里传来了不幸的消息："沙连堡共有七位亡人，大家要送埋体，其中三位是塔加村的，四位是沙连堡村的。"听人说，这七人租了一辆小车到格尔市采玉石，途中撞车身亡。人们都叹息，他们还很年轻，丢下父母和妻子儿女，早早离开了人间，很可怜。

4 月 19 日　星期一　晴

年轻人们开始出门了，他们的主要去向是：一部分人到果洛、玉树、天峻等牧人区挖冬虫夏草，两三个月时间少者能挣 1000 多元，多者上万元；还有一部分人到黄南州牧业区打围墙、盖房子等干杂活，几个月时间也能挣两三千元钱。

总之，德一村的老百姓由于缺乏文化，缺乏技术，只能干笨重而繁重的体力劳动。

4 月 20 日　星期二　晴

中午乡政府街道前，满载着一卡车民工挖（虫草）出发了，他们是纳加村的人，满载了一车厢，看得人很是心酸。哎——他们为了挣钱，为了养家糊口，不顾个人的安全。

4 月 23 日　星期五　晴

今天是主麻日，下午 2：00 我到德一清真寺礼拜，看见穆斯林同胞少了很多，他们都是些年轻人，外出搞副业去了，还有一部分年轻人准备出发。阿訇演讲中说：出门的年轻人们，第一不要忘了教门，不要忘了礼拜；第二不要做坏良心的事，绝不能偷、骗，要勤劳致富；第三，不要把自己青少年孩子送到内地当童工，那十分可怜，一是没有做礼拜的时间，二是整天忙于端盘子、洗碗、拖地，提高不了他们的知识水平，希望把孩子送到清真寺念经或上学读书，给他们学些知识。

4 月 24 日　星期六　晴

晴空万里，红日当头，吃罢早餐和妻子、女儿三人到纳加村参加圣纪节。

圣纪节就是每年一次怀念伊斯兰教的创始人穆罕默德——圣人。这天是纪念圣人生亡的日子。纳加村宰了一头牛，准备了七大锅麦仁（用小麦或青禾的颗粒做的饭）。炸了油饼，邀请了邻村的教友，大约集中了 300人，前来参加的外村人有的拿了些菜，有的拿了些钱，5～50 元不等，作为自己的礼品，由纳加村寺管会接收。

上午 11：00 人基本上到齐了，念圣纪开始，首先请《古兰经》，把经从阿訇的房内由一人用盘子端着，众人随从念赞圣词，送到大殿内，然后大家围坐成一个圆环形，开始念经（赞主，赞圣，诵读古兰演讲沃尔滋），约两个小时，结束后大家坐在寺院里会餐，最后，由寺管会负责给每人散一个油饼、一块肉。回家。

4 月 28 日　星期三　晴

德一村的一卡车年轻人（40 人）到兴海县牧业区挖冬虫夏草。

4 月 29～30 日　晴

德一清真寺抽水（把泉里的水用水泵抽到清真寺的水窖里）。

5 月 21 日　星期五　晴

今天到德一清真寺礼主麻拜，走到清真寺一看礼拜的人大约少了 2/3，年轻人几乎外出搞副业。

6 月 1 日　星期二　晴

6 月 1 日是儿童的节日，学区通知，各校自行庆祝。老师们领着学生到山涧游玩了一天，老百姓们还是拔草，不过村委还是比较关心儿童的，德一村捐了 100 元，德二村捐了 50 元。

6 月 13～16 日　晴

①村里正常拔草。②外出挖虫草的青年人陆续回来，他们最多的人挣了 5000 元，最少的也 1000 元左右。

7 月 5 日　星期一　晴

德一三社已瘫痪多年的老农去世，全村停止生产帮助送葬，请了好几个村子，由于外出的年轻人太多，故送埋体的人不多，约 300 人。

7 月 8 日　星期四　晴

今天下午晌礼后在德一三社的亡人（马下巴过）家念海堤（请客，替亡人舍散），请全村男子和孩子，日后妇人们从自家拿着茶、青油或粮食面粉、馍馍等礼品到亡人家进行慰问。

7 月 9 日　星期五　晴

从昨晚 10 点钟开始下雨，一直下到天亮 8 点钟，这场雨是救命雨。今天到清真寺礼拜时，人们都说：是一场救命雨，庄稼恢复了健康，山坡也显得绿了，家里的集雨水窖里也有了水，解决了人畜饮水问题。

7 月 10 日　星期五　晴

与德一村的村民闲聊了一会儿，当前的热门话题是，青年人外出挖虫草的情况，收入最好的是德一三社的马乙四夫，他夫妇二人到果洛州挖虫草，在短短的一个多月时间内二人挣了 13000 元，大家十分眼热。可惜挖虫草的时间已经过了，只能回家，再出门找别的活儿干。

二 略谈我县藏传佛教概况①

我县现在黄教寺院 34 处，红教寺院 37 处。本教寺院 3 处，嘛呢康 164 处，佛塔 7 座。

1. 小黄教寺院（格鲁派）：现有黄教寺院 34 处。其中 33 处是老寺，一处是 1980 年新建的附寺。本县黄教寺院夏琼寺是黄教创始（母）寺，佛教后弘发起寺丹斗寺是藏王达玛灭佛后佛教复兴发起寺。这两个寺历史悠久，威望很高。根据历史资料的记载。过去全县共有 45 处寺院。现在已经开放了 34 处，没有复建的有 4 处。宗教改革前群众自行撤散的有 7 处，过去的三四处寺院合并成一处寺院。这些合并前的寺院没有记入现在的寺院总数。全县寺院中创寺最早的是唐代开始的，这些寺院是丹斗寺、夏琼寺、宝光寺（雄先）、色智寺、斗贡巴寺、安达其哈先康寺、东海昂（甘都）寺、卡岗寺等。这些寺院宗改前有大小活佛 208 名，现有 13 名活佛；宗改前有 1445 户僧舍，现有 864 户僧舍；宗改前宗教人员 3997 名，现有宗教人员 1478 名；宗改前有阿卡（僧侣）2588 名，现有 1108 名；宗改前有完德（僧徒）1201 名，现有完德 357 名，其中 18 岁以下的有 250 名。我县藏族信教群众中存在三个教派，即藏传佛教中的黄教、红教以及原始宗教—本教，信仰黄教的群众数量最多，大约占全县藏汉族总人数的 80%以上。全县黄教寺院中，寺内机构最多的是夏琼寺，已开设法相院、密宗院、医学院、密宗行部院、印经院，还加学历史、哲学、时轮、文学、数学、天文和文学艺术等知识。支扎上寺设有法相院，加学其他知识。其余各寺院开设藏语文科、工艺美术科和诵经科。在我县黄教活佛中具有高威望、学问渊博的有德央、伟史、夏麦、才旦夏茸、夏日东、白日光、玛尼堪保、智华、格谢、多巴（大）和多巴（小）等人。宗改前殿堂最多的是夏琼寺，共有 32 幢，最高的是三层楼，合计 1470 间僧舍，这些数字中不

---

① 原载《青海文史资料》。

包括六大活佛的宅院和各僧舍。现在，复建了 7 幢，最高的是二层楼，共有 186 间僧舍。其余各寺院宗改前殿堂在 8 幢以下，最少的只有 2 幢。现在复建后，殿堂最多的达 2 幢。

2. 红教寺院（宁玛派）：在我县建寺最早的有办主哇寺（雄先）、支哈加寺（金源）和却寺（二塘）。现在开放的寺院有 37 处。在我县藏族信教群众中，信仰红教的人数相当于信仰黄教的藏族总数，这是因为黄教是从红教的基础上产生、发展起来的。在全藏区来说，红教寺创建早在藏王第二十七代接多朵热年赞时期，据有些史书记载及民间传说，佛经在西藏地区从空中降下。从此，藏传佛教在西藏广泛传播开来，佛教寺院逐年建起，以至形成。这时期大约为北朝中期（公元 386～534 年）。

化隆的寺院，宗改前有宗教人员 2059 名，现有 1401 名；宗改前有活佛 10 名，现有 2 名；宗改前有阿卡红 1519 名，现有 1013 名；宗改前有（教徒）530 名，现有红义 384 名。各寺普遍均以朗诵经典为主，并有跳神午等宗教活动仪式，各寺只有一个经堂，规模与黄教寺有所不同。条件较好的寺，每年冬夏各举行一次宗教仪式活动。大的朗诵经典活动夏季 30 天，冬季 10 天，而一般寺院冬夏季各举行一次，每次 7 天，每月阴历初十和二十五各举行一次，每次一天。据查，近现代本县内红教中最大的活佛是堪达和旦正两位。

3. 本教寺院：本教藏语称为完波，也有译为本波教的，这个宗教是藏族地区固有的一种宗教，产生于原始社会时期，据说它的祖师叫先饶米沃且，意为最高的巫师，他的生卒年代和事迹不详。据西藏佛教史略中说："公元 7 世纪以前未和佛教发生接触的本教有很多困难，因为当没有文字记载，后期的人对本教的描述都是和佛教的发展交织在一起的。我们只能从中找到一些线索，借此看到一些本教的原来面目。此外，国外还发表过《十万白龙》《色尔尼》等本教经典，这些本教经典实际上都是与佛教发生了接触的变化了的本教的经典。"可以看出，到了后期藏王松赞干布时期，王师洛保善保扎被派遣到印度留学，回国于公元 646 年后才创造了藏语文字，并从印度梵文经典中选取一部分译成藏文经典。经典达到流传高潮时，本教寺院才从藏文佛经中选题摘取而成为本教。从此，本教与佛教接触以至存在于今天。

　　根据我县实际，信仰本教的群众很少，但历史早于其他教派，大约有1200多年（唐代上元元年，公元760年吐蕃占领廓州）的历史，可是到了三址七代藏王赤松德赞时期，大禁本教，大兴佛教，直到现在本教信仰群众极少，全县只有7个村庄信本教，大约占藏区人数的20‰。目前，开放的有三个寺院（多西、夏什堂、桑加吾具）。过去有两个活佛（班玛、提中），现有一名活佛（班玛），现在多西村有一位本教活佛叫白旦僧，他是四川藏区活佛。但后来不知什么原因，一直到现在都在多西村。我县本教宗改前有宗教人员145名，现有131名；宗改前有活佛两名，现有一名；宗改前有完波99名，现有80名；宗改前有完群44名，现有50名。其宗教活动仪式，每年冬夏季各举行一次，每次7天，每月阴历初十举行一次，每次一天，各寺只有一个经堂，规模与红教寺基本相同。

　　4. 嘛呢康：我县嘛呢康历史最悠久、规模较大的是尖扎嘛呢康（昂思多）。我县20个乡镇167个村有嘛呢康，其中古建的有136个村，新建的有31个村，合计有167个村。古建嘛呢康的136个村中，136座嘛呢已经转动；未复建的古建嘛呢康8个村，现在已开放了164个村的嘛呢康，已经转动的有171座。我县建立的嘛呢康（包括藏汉并建的）有五种嘛呢，即观世音菩萨的六字真言，颂三尊菩萨（桑格扎、桑登、旦正）。举行仪式和方法，一个嘛呢康里最多设有三座，但在我县数量极少，一个嘛呢康里设有两座的有一部分，数量不大。数量较多的是一个嘛呢康设有一座嘛呢，其转动方法有三种，即手拉绳子转动、用水推转、用电带转。嘛呢康是从唐代开始建立的，大约有1300年的历史。

　　5. 佛塔：据传说，我县历史最长的是群科镇谢什玉村——雪什藏（安多却旦让毛）的佛塔，而规模最大的是雄先卡夏德佛塔。塔的种类大约有8个，即菩提、时轮、降服魔鬼、稳定地质等塔，宗改前20个村庄设有37座佛塔，现已复建7座，未能复建的有30座，不包括寺院佛塔。我县建塔大约在600多年前。

撰稿：公保
1988 年 12 月 25 日

三　隆务河流域"六月会"节目单①

上午

1. 众男士竖立种种白哈大旗，向四方献供。

2. 男士们的舞蹈供养（也可译为"献供"——下同）。

3. 姑娘们的舞蹈供养。

4. 擂鼓使神欢喜的各种神舞。

5. 绘虎脸、豹脸画纹，为使祖先（此一词也可指皇帝、先师等）欢喜而恭敬献供。

6. 从一岁到百岁间之长寿阿杂煦（此一词原意是指印度游方僧，寺院法舞中亦多有出现）之手杖供养。

7. 祝说吉祥辞，口头游戏（相声）。

8. 擂鼓酬神供养。

9. 男士们的兵器供养。

下午

10. 为使庄稼丰收、一切吉祥、部落团结而做诙谐游戏供养。

11. 神特别欢喜之山歌花曘供养。

12. 为使山神阿米莫浑（此神在藏区比较有名，含义为"祖先军官"）和香拉热咱（疑是当地神灵）二位心意喜欢的供养。

13. 如似彩虹幕的观音菩萨舞姿供养。

完结。

---

① 笔者在田野调查中请一位"六月会"的组织者整理，原件为藏语，汉语为意译。

后 记

　　这篇文字从进入田野开始，已经有了十年的时间，先是作为博士后研究报告成型，后加入藏彝走廊族群认同课题，几经补充修改，逻辑与衔接始终不满意，但是，是作业总得交卷，以此抛砖引玉，投砾引珠。

　　本书得以面世，我要感谢我的外祖母，是她培养了我的阅读习惯，给了我阅读的启蒙和乐趣，才使我今天不畏惧爬梳文献，乐得与字相伴。今年恰逢她100周年诞辰，也是离世三周年，我谨以此书纪念她，感谢她对我的抚育与教诲！我还要感谢我的外祖父，是他与外祖母一起给了我最多的爱和赞赏，让我对自己充满了自信。我特别要感谢我的爱人，每每前往田野地点，总是他张罗车马辎重，不仅给予我精神支持，而且给予我物质保障。我还要感谢我的女儿，我的工作往往占用了本该对她的陪伴，十年飞逝，如今她已经成了我的小助手，翻译整理、查阅资料，订票取件，为我节省了诸多的时间。我还要感谢翁乃群教授，他不仅宽容我的己见，没有用课题的规矩和成果的齐整要求我割舍，而且资助了我对卡力岗的回访，使我对卡力岗的调查没有停留在"过去"。我要感谢我的研究生丁玉洁、王成刚、蔡瑶、荆潇等，是他们冒着严寒，承受着孤寂，在卡力岗走村串户，获得了不少有价值的资料，是他们不辞辛苦地校对文献，保证了引注的准确性。另外，我要感谢卡力岗德恒隆中学的张原老师，他不仅为我提供吃住，还为我的调查提供了大量有价值的线索，可以说，没有他和他的家人的帮助，我的卡力岗调查要逊色很多，在此，对于接受我访谈和给予我帮助的所有卡力岗村民一并表示我诚挚的谢意，没有大家的支持，就没有本书。

卡力岗现象是人类学宝藏，目前的研究还处在起步阶段，其丰富的内容还有待同仁们共同探索，本书所做研究挂一漏万，相信有很多不足甚至错误之处，敬请指正！

2014 年 10 月

于北京

图书在版编目(CIP)数据

信仰与变迁：卡力岗人的民族志研究／刘夏蓓著.—
北京：社会科学文献出版社，2015.12
ISBN 978 - 7 - 5097 - 8164 - 7

Ⅰ.①信…　Ⅱ.①刘…　Ⅲ.①社会人类学 - 研究
Ⅳ.①C912.4

中国版本图书馆 CIP 数据核字（2015）第 240813 号

信仰与变迁
——卡力岗人的民族志研究

著　　者／刘夏蓓

出 版 人／谢寿光
项目统筹／祝得彬
责任编辑／仇　扬

出　　版／社会科学文献出版社·当代世界出版分社(010)59367004
　　　　　　地址：北京市北三环中路甲 29 号院华龙大厦　邮编：100029
　　　　　　网址：www.ssap.com.cn
发　　行／市场营销中心（010）59367081　59367090
　　　　　　读者服务中心（010）59367028
印　　装／北京季蜂印刷有限公司

规　　格／开　本：787mm × 1092mm　1/16
　　　　　　印　张：18.5　字　数：289 千字
版　　次／2015 年 12 月第 1 版　2015 年 12 月第 1 次印刷
书　　号／ISBN 978 - 7 - 5097 - 8164 - 7
定　　价／89.00 元

本书如有破损、缺页、装订错误，请与本社读者服务中心联系更换